國史要義

柳詒徵 著

貴州出版集團
貴州人民出版社

圖書在版編目（CIP）數據

國史要義 / 柳詒徵著 . -- 貴陽 : 貴州人民出版社 , 2024. 9. -- ISBN 978-7-221-18644-7

Ⅰ. K207

中國國家版本館 CIP 數據核字第 2024TR6869 號

國史要義

柳詒徵　著

出 版 人　朱文迅
責任編輯　辜　亞
裝幀設計　采薇閣
責任印製　衆信科技

出版發行　貴州出版集團　貴州人民出版社
地　　址　貴陽市觀山湖區中天會展城會展東路 SOHO 辦公區 A 座
印　　刷　三河市金兆印刷裝訂有限公司
版　　次　2024 年 9 月第 1 版
印　　次　2024 年 9 月第 1 次印刷
開　　本　710 毫米 ×1000 毫米 1/16
印　　張　16
字　　數　96 千字
書　　號　ISBN 978-7-221-18644-7
定　　價　88.00 元

出版説明

《近代學術著作叢刊》選取近代學人學術著作共九十種，編例如次：

一、本叢刊遴選之近代學人均屬于晚清民國時期，卒于一九一二年以後，一九七五年之前。

二、本叢刊遴選之近代學術著作涵蓋哲學、語言文字學、文學、史學、政治學、社會學、目録學、藝術學、法學、生物學、建築學、地理學等，在相關學術領域均具有代表性，在學術研究方法上體現了新舊交融的時代特色。

三、本叢刊遴選之近代學術著作的文獻形態包括傳統古籍與現代排印本，爲避免重新排印時出錯，本叢刊據原本原貌影印出版。原書字體字號、排版格式均未作大的改變，原書之序跋、附注皆予保留。

四、本叢刊爲每種著作編排現代目録，保留原書頁碼。

五、少數學術著作原書内容有些許破損之處，編者以不改變版本内容爲前提，稍加修補，難以修復之處保留原貌。

六、原版書中個别錯訛之處，皆照原樣影印，未作修改。

由于叢刊規模較大，不足之處，懇請讀者不吝指正。

國史要義十篇敘目

柳詒徵著

國史要義

中華書局印行

柳詒徵著

國史要義

中華書局印行

國史要義十篇敍目

國史要義十篇

鎮江柳詒徵

史原第一

史之初興。由文字以記載。故世稱初造文字之倉頡沮誦爲黃帝之史。

世本沮誦蒼頡作書。宋衷曰、黃帝之世始立史官、蒼頡沮誦居其職、（初學記）爲黃帝左右史。

紀述事迹。宣明時序。推遷之久。曆數以興。故世亦稱羲和大撓之倫爲黃帝之史。

世本黃帝使羲和占日、常儀占月、臾區占星氣、伶倫造律呂、大撓作甲子、隸首作算數、容成綜此六術、著調曆。（史記曆書索隱）宋衷曰、皆黃帝史官也。（左傳序疏）

蓋先有創作。而後人追溯而錫之職名。非當部族初興之時。已有史官也。然經籍論文字曆數之用。皆重在施政教民。

易繫辭上古結繩而治、後世聖人易之以書契、百官以治、萬民以察。

說文序黃帝之史倉頡、見鳥獸蹏迒之迹、知分理之可相別異也、初造書契、百工以乂、萬品以察。

堯典欽若昊天、敬授人時。

則凡民衆之需要。皆恃部落酋長左右疏附者之聰明睿知以啓之。而後凡百事爲。乃有所率循而不紊。

民之所仰職有所專由是官必有史而吾國之有史官乃特殊於他族說文釋史字曰史記事者也是爲通義吾國與他族之史皆記事也周官釋史曰史掌官書以贊治此爲吾史專有之義由贊治而有官書由官書而有國史視他國之史起於詩人學者得之傳聞述其軼事者不同世謂吾民族富於政治性觀吾史之特詳政治及史之起原可以知其故矣

周官宰夫掌百官府之徵令辨其八職 六曰史掌官書以贊治

國產多竹編削爲書可執可記可閣可藏是亦異於他族而言史原者所宜究也王制曰太史執簡記國語曰右執鬼中皆執竹也與竹並用者亦有木版曰方聘禮記曰百名以上書於策不及百名書於方中庸曰文武之政布在方策周官司書掌邦中之版木版固與竹簡並用然以其不利於編排故用竹爲多編集竹片則名曰册重要之册以丌閣藏則名曰典司此要籍因亦曰典

說文典从册在丌上尊閣之也

古史孔多唐虞時已有五典史克述虞書愼徽五典(左傳文公十八年)皋陶謨稱五典五惇是唐虞之前已有若干典也五惇之義自來未析稽之內則蓋古有惇史記載長老言行皋陶謨所謂五典五惇殆即惇史所記善言善行可爲世範者故歷世尊藏謂之五典五惇惇史所記謂之五惇猶之宋元史官所編之書謂之宋史元史矣

內則凡養老五帝憲三王有乞言五帝憲養氣體而不乞言有善則記之爲惇史(吾史注重嘉言懿行蓋自惇史以來即然)三王亦憲既養老而後乞言亦微其禮皆有惇史

典冊相承。歷世滋多。周公誥多士曰、惟爾知、惟殷先人有冊有典。吾史首堯典。固卽夏商相傳之典矣。史典舊典。通知程式。記事命官。必資史以作冊。周書克殷、載尹佚筴、洛誥曰、王命作冊逸祝冊。世存金文。亦多本史冊。史冊之積累者。不知凡幾。今所傳誦、特選擇寶藏億萬中之一二耳。第竹簡短狹。不能多書。一簡裁二十許字。記事尚簡。實緣限於工具。故必扼要而言。或爲綜述之語。今人以他國古代詩歌繁衍。或近世史傳詳贍。病吾古史之略。至詆春秋爲帳簿式。不足稱史書者。皆未就古人用竹簡之時代著想。卽劉氏史通謂敍事之工者、以簡要爲主。推本尚書寡事。春秋省文。亦未能說明其所以寡事省文之原也。

古史官之可攷者。蓋始于虞之伯夷。

大戴記誥志、丘聞周太史曰、政不率天、下不由人、則凡事易壞而難成、虞史伯夷曰、明、孟也、幽、幼也、雌雄迭興、而順至正之統也。（孔廣森曰、引之言率天之事、）

孫星衍尙書今古文注疏臯陶謨疏、史公云、禹伯夷臯陶相與語帝前、經文無伯夷者、大戴禮誥志篇子引虞史伯夷曰、明、孟也、幽、幼也、以解幽明庶績咸熙、是伯夷爲虞史官、史遷以臯陶方祗厥敍、及夔曰戞擊鳴球至庶尹允諧、爲史臣敍事之文、則卽伯夷所述語也。

夏商之史。相傳有終古及向摯。皆掌圖法。

呂氏春秋先識、夏桀迷惑、太史令終古出其圖法、執而泣之、殷紂迷惑、內史向摯載其圖法、出亡之周、

酒誥稱太史友內史友。足證商代有太史內史諸職。第其職務不可詳攷。周之史官。若史佚辛甲之倫。皆開國元老。史官地位特尊。故設官分職。視唐虞夏商爲多。而其職掌又詳載于周官。自隋志以來。溯吾史原。必本之周之五史。惟後世囿于史官但司記注撰著。初不參加當時行政。故于周官五史之職掌若與

史書史學無關，但知溯職名所由來。而不悟政學之根本。實則後史職權，視周代有所減削，而分析而官書史體及其所以爲書之本，皆出于周也。

周官春官宗伯序官太史下大夫二人、上士四人。小史中士八人、下士十有六人、府四人、史八人、胥四人、徒四十人。　內史中大夫一人、下大夫二人、上士四人、中士八人、下士十有六人、府四人、史八人、胥四人、徒四十人。　外史上士四人、中士八人、下士十有六人、胥二人、徒二十人。　御史中士八人、下士十有六人、其史百有二十人（此句特殊載明其史且載於府之上）府四人、胥四人、徒四十人。

又太史掌建邦之六典以逆邦國之治，掌法以逆官府之治，掌則以逆都鄙之治，凡辨法者攷焉，不信者刑之。凡邦國都鄙及萬民之有約劑者藏焉，以貳六官。六官之所登若約劑亂則辟法，不信者刑之。正歲年以序事，頒之於官府及都鄙，頒告朔於邦國。閏月詔王居門終月。大祭祀與執事卜日，戒及宿之日與羣執事讀禮書而協事。祭之日執書以次位常，辨事者攷焉，不信者誅之。大會同朝覲以書協禮事，及將幣之日執書以詔王。大師抱天時與太師同車。大遷國抱法以前。大喪執法以涖勸防，遣之日讀誄，凡喪事攷焉。小喪賜謚。凡射事飾中舍算，執其禮事。

又小史掌邦國之志，奠繫世，辨昭穆，若有事則詔王之忌諱。大祭祀讀禮法，史以書敘昭穆之俎簋。大喪、大賓客、大會同、大軍旅，佐太史。凡國事之用禮法者掌其小事。卿大夫之喪賜謚讀誄。

又內史掌王之八枋之法以詔王治：一曰爵，二曰祿，三曰廢，四曰置，五曰殺，六曰生，七曰予，八曰奪。執國法及國令之貳以攷政事，以逆會計。掌敘事之法，受納訪以詔王聽法。凡命諸侯及孤卿大夫則策命之。凡四方之事書內史讀之。王制祿則贊爲之，以方出之，賞賜亦如之。內史掌書王命遂貳之。

又外史掌書外令，掌四方之志，掌三皇五帝之書，掌達書名於四方，若以書使於四方則書其令。

又御史掌邦國都鄙及萬民之治令以贊冢宰凡治者受法令焉掌贊書凡數從政者

總五史之職詳析其性質蓋有八類執禮一也掌法二也授時三也典藏四也策命五也正名六也書事七也考察八也歸納于一則曰禮五史皆屬春官宗伯春官爲典禮之官卽堯典之秩宗伯夷以史官典三禮其職猶簡故宗伯與史不分二職歷夏商至周而政務益繁典册益富禮法益多命令益夥其職不得不分然禮由史掌而史出於禮則命官之意初無所殊上溯唐虞下及秦漢官制源流歷歷可循漢書百官公卿表奉常秦官掌宗廟禮儀屬官有太史令丞景帝更奉常爲太常後漢因之太史仍屬太常此非本于周官五史之隸春官宗伯歟

於此有最宜注意之一事卽曲禮述古官制太史與太宰同爲天官典司六典與五官之典司五衆者顯有司天與治人之分而周官則冢宰爲天官太史屬春官皆爲治人事之官也

曲禮天子建天官先六大曰大宰大宗大史大祝大士大卜典司六典天子之五官曰司徒司馬司空司士司寇典司五衆

推迹初民震耀于自然現象禱祈祭祀最歸仰于神明故宗祝卜史皆司天之官而所謂太宰者實亦主治庖膳爲部落酋長之下之總務長祭祀必有牲牢故宰亦屬天官曲禮所述蓋邃古之遺聞距周已久遠矣顓頊以來絕地天通司天者漸趨重于司人觀楚語觀射父述天地神明類物之官之演變可見其中論宗之職以能知犧牲之物而又心率舊典者爲言足知宗與宰史之聯繫

楚語觀射父曰古者民神不雜 使名姓之後能知四時之生犧牲之物玉帛之類采服之儀彝器之量次主之度屏攝之位壇場之所上下之神氏姓之出而心率舊典者爲之宗

舜命伯夷典三禮。卽以其心率舊典也。呂刑述命重黎絕地天通之後。稱伯夷降典折民惟刑。在禹平水土稷降播種之上。知伯夷所典之禮之中。已有法制刑章。而非徒專治祭祀矣。馬融釋三禮爲天神地祇人鬼之禮。鄭玄易之曰天事地事人事之禮也。義各有當。最古之禮專重祭祀。歷世演進。則兼括凡百事爲。宗史合一之時已然。至周則益崇人事。此宗與史古爲司天之官。而後來爲治人之官之程序也。

古之宰爲天官也。與史聯事。周之冢宰爲天官也。仍與史聯事。蓋部落酋豪之興。必倚一人副之以綰百務。又必倚一人隨之以記所爲。于是總務長與祕書長之兩員。爲構成機關必不可少之職務。相沿既久。而史與相乃並尊。相綰百務。史司案牘。互助相稽。以輔首領。故雖由司天者演變而治人事。其聯繫不可變也。周之六官。惟宰握典法則柄全權。其他百僚。不能相抗。惟史所掌與宰均衡。雖宰之所屬。如小宰司會司書亦掌典法則之貳。但小宰等僅以助長官之本職。非相考察也。五史之職。則全部官書。咸在據之以逆、以考、以辨、以贊。非司會司書之比。宰及百官不能紊法違章。實由於此。行政妙用基于累世之經驗。非一時一人憑理想而制訂也。

大戴記曰。德法者御民之銜勒也。吏者轡也。刑者筴也。天子御者。內史太史左右手也。古者以法爲銜勒。以官爲轡。以刑爲筴。以人爲手。故御天下數百年而不懈墮。又曰是故天子御者。太史內史左右手也。六官亦六轡也。天子三公合以正六官。均五政。齊五法。以御四者。故亦惟其所引而之。（盛德篇）此解釋周官史職最爲精卓。古之有史。非欲其著書也。倚以行政也。然倚史以行政。而又屬之春官。不爲天子私人。其秩亦止中下大夫。而非公卿。雖得考察冢宰及百官。而必守禮奉法。有宗伯以臨之。有冢宰以統之。尊卑總別之間所以能得設官之利而無其弊也。

古制既明史原乃有可攷史官掌全國乃至累世相傳之政書故後世之史皆述一代全國之政事而尤有一中心主幹爲史法史例所出卽禮是也傳稱韓宣子適魯觀書于太史氏見易象與魯春秋曰周禮盡在魯矣吾乃今知周公之德與周之所以王也（左傳昭公二年）此春秋者魯史官相傳之書尙非孔子所修者然已非汎汎記事之書其所書與不書皆有以示禮之得失故韓起從而歎之使爲普通書記所掌檔案他國皆有韓起何必贊美故世謂古者止有書記官之史而無著作家之史必至漢魏以來始有著作家之史者正坐不知此義也古史浩繁人難盡閱掌檔案者既有全文必爲提要苟無提要何以詔人故史官提要之書必有定法是曰禮經左傳隱公七年春滕侯卒不書名未同盟也凡諸侯同盟于是稱名故薨則赴以名告終稱嗣也以繼好息民謂之禮經杜預謂此言凡例乃周公所制禮經也周公所制雖無明文要以五史屬於禮官推之史官所書早有禮經以爲載筆之標準可斷言也。

世傳夏殷已有春秋墨子嘗見百國春秋。

史通春秋家者其先出於三代案汲冢瑣語記太丁時事目爲夏殷春秋。　孟子曰晉謂之乘楚謂之檮杌而魯謂之春秋其實一也然則乘與紀年檮杌其皆春秋之別名者乎故墨子曰吾見百國春秋蓋指此也。

魯之春秋何以能見周禮而他國之春秋不能見乎此一疑問也。學者但取墨子明鬼篇所述周之春秋燕之春秋宋之春秋齊之春秋所載神鬼之事與孔子所修之魯之春秋相較卽知魯之春秋最重人事不載一切神話其體最爲純潔其書最有關於政治故韓愈以謹嚴二字目之古史起於神話吾國何獨不然。惟禮官兼通天人、而又總攝國政、知神話之無裨人事、乃有史例以定範圍。（史記析封禪書與禮書為二、漢書郊祀志亦不併入禮樂志、皆以別神話史與人事史也）雖周宣王時之春秋、尚記杜伯之事。亦見國語、非墨子所臆造。以至左邱明之所傳、山海經之所載、搜神述異、往往而有。而魯之春秋、不此之務、惟禮為歸。此韓起所以云然。惟魯史雖一稟禮經、而猶有未盡諦者。如晉侯召王、雖為實事、不明君臣之分。故必改書曰天王狩於河陽。

左傳僖公二十八年、晉侯召王、以諸侯見、且使王狩。仲尼曰、以臣召君、不可以訓。（據此知魯舊史蓋據實書晉侯召王）故書曰天王狩於河陽、言非其地也、且明德也。

又有屬辭未簡、有所改訂。如雨星不及地尺而復、修之曰星霣如雨。則著作之演進而益精者也。

公羊傳莊公七年、不修春秋曰、雨星不及地尺而復。君子修之曰、星霣如雨。

三傳之釋春秋也、各有家法。不必盡同、而其注重禮與非禮、則一也。例如天王使家父來求車、丹桓宮楹、刻其桷、三傳皆言其非禮。

左傳桓公十五年春、天王使家父來求車、非禮也。

又莊公二十三年秋、丹桓宮之楹、二十四年春、刻其桷、皆非禮也。

公羊傳桓公十五年春二月、天王使家父來求車、何以書、譏、何譏爾、王者無求、求車非禮也。

莊公二十三年秋、丹桓宮楹、何以書、譏、何譏爾、丹桓宮楹非禮也。　二十四年春王三月、刻桓宮桷、何以書、譏、何譏爾、刻桓宮桷非禮也。

穀梁傳桓公十五年春二月、天王使家父來求車、古者諸侯時獻於天子、以其國之所有、故有辭讓而無徵求、求車非禮也、求金甚矣。

莊公二十三年秋丹桓宮楹禮天子諸侯黝堊大夫倉士黈丹楹非禮也。 二十四年春王三月刻桓宮桷禮天子之桷斲之礱之加密石焉諸侯之桷斲之礱之大夫斲之士斲本刻桷非正也夫人所以崇宗廟也取非禮與非正而加之於宗廟以飾夫人非正也（穀梁尤尙正義故造言非正非禮之原起於非正之心 斥莊公以非正之心飾夫人因之肆行非禮也）

其他言禮與非禮者不可勝舉。後史承之褒譏貶抑不必即周之典法要必本於君臣父子夫婦兄弟之禮以定其是非。其飾辭曲筆無當於禮者後史必從而正之。故禮者吾國數千年全史之核心也。伯夷所典五史所掌本以施於有政範疇當時。久之社會變遷人事舛牾史官所持之禮僅能爲事外之論評不能如周官之逆辨考贊矣。而賴此一脈之傳維繫世教元凶巨慝有所畏正人君子有所宗雖社會多晦盲否塞之時而史書自有其正大光明之域。以故他族史籍注重英雄宗教物質社會第依時代演變而各有其史觀不必有繼繼相承之中心思想。而吾國以禮爲核心之史則凡英雄宗教物質社會依時代之演變者一切皆有以御之而歸之於人之理性。非苟然爲史已也。

史通書志篇夫刑法禮樂風土山川求諸文籍出於三禮及班馬著史別裁書志考其所記多效禮經。章學誠禮教篇亦曰史家書志之原本於官禮。史記天官平準等書猶以官職名篇惜他篇未盡然也。兩君皆以史之書志本於官禮蓋僅就著述之形式言之而不知史家全書之根本皆繫於禮何其視禮之隘也。夫本紀世家何以分分於禮也。封爵交聘何以表表以禮也。列傳之述外戚宦官佞倖酷吏姦臣叛逆伶官義兒何以定名由禮定之也。名臣卓行孝友忠義何以定名以禮定之也。不本於禮幾無以操筆屬辭。第以鎔冶之深相承有自漫謂故事當爾遂未溯其本原。斯則就史言史者之失也。然即就史言史亦必基於此中心思想而後有所評衡例如馬遷之紀項羽蔚宗之紀后妃劉氏何以譏之（見史通本紀列傳等篇）晉史黨晉而不有魏齊史黨齊而不有宋鄭氏何以譏之（見通志序）一經諦思本末具見特前人習之而不必言今人忘之而以爲不足言耳

以史言史者之未識史原坐以儀爲禮也僅知儀之爲禮故限於史志之紀載典章制度而若紀表列傳之類不必根於禮經不知典章制度節文等威繁變之原皆本於天然之秩敘故皋陶謨之言典禮曰天敘天秩天不可見則徵之於民曰天聰明自我民聰明天明畏自我民明威

皋陶謨天敘有典勅我五典五惇哉（鄭玄曰五典五敎也五教據左傳謂父義母慈兄友弟恭子孝據孟子謂父子有親君臣有義夫婦有別長幼有序朋友有信）天秩有禮自我五禮有庸哉（鄭玄曰五禮天子也諸侯也卿大夫也士也庶民也）天命有德五服五章哉天討有罪五刑五用哉　天聰明自我民聰明天明畏自我民明威

五典由惇史所傳條舉人類之倫理而爵賞刑章由之而漸行制定此五種倫理思想必非一王一聖所創垂實由民族之聰明所表現於何徵之堯典曰放勳乃殂落百姓如喪考妣三年四海遏密八音可見唐虞以前吾民族早有孝念考妣之風尚故史臣舉此以形容其思君之哀使其時民衆但知暱其妻孥不知有考妣則狀皃哀痛當曰如喪豔妻愛子胡爲舉考妣乎民俗之興發源天性聖哲敘之遂曰天敘推之天子諸侯大夫士庶宜有秩次亦出於天而禮之等威差別隨以演進矣從民俗而知天原天理以定禮故倫理者禮之本也儀節者禮之文也觀秩敘之發明而古史能述此要義司馬遷所謂究天人之際者蓋莫大乎此徒執書志以言禮不惟隘於禮抑亦隘於史矣

天人之際。所包者廣。本天敍以定倫常。亦法天時以行政事。故古者太史之職。在順時覛土。以帥陽官守典奉法以行月令。

周語古者太史順時覛土 先時九日太史告稷曰自今至於初吉陽氣俱烝土膏其動 稷以告王曰史帥陽官以命我司事 太史贊王王敬從之 后稷省功太史監之。

月令先立春三日太史謁之天子曰某日立春（夏秋冬同） 乃命太史守典奉法司天日月星辰之行宿離不貸毋失經紀以初爲常。

季冬之月天子乃與公卿大夫共飭國典論時令以待來歲之宜乃命太史次諸侯之列賦之犧牲以共皇天上帝社稷之饗。

周官太史之職。賅之曰正歲年以敍事。此敍事二字固廣指行政而史書之以日繫月以月繫時以時繫年所以紀遠近別同異者。亦賅括於其內矣。古史年月。或有簡略。周書寶典首曰維王三祀二月丙辰朔王在鄗則年月日地四者具焉。其紀時者。若嘗麥書維四年孟夏王初祈禱於宗廟又曰太史乃藏之盟府以爲歲典。其後史例益進則雖無事必書首時。編年史之淵源若此視他族由敎堂紀事之牌乃漸彙而爲編年史者何如乎。

復次古史授時。重在行政。記言記事。孳乳相因。其體製必多複雜。孔子曰我欲載之空言。不如見之行事之深切著明也而純粹記事不雜空言之春秋乃成定體。其後若虞氏春秋呂氏春秋殆沿古者有雜記空言之春秋而爲之。而呂覽首十二紀。尤可見其名春秋之意。戰國時孔子所修之春秋已盛行。（觀莊子韓非子所稱春秋可見） 亦有記空言之春秋。如桃左春秋曰人主之疾死者不能處半（韓非子備內篇）即記空言者也。爲呂覽者首陳時令。而又以紀治亂存亡蓋欲在孔子所修春秋之外別樹一記言之春秋之職。要亦出於古法。不得謂之非史。故史公與孔子之春秋牽連言之。劉知幾不明斯義。世之專攻呂書者亦未之思也。

呂氏春秋序意凡十二紀者、所以紀治亂存亡也、（推當時人著書之意、蓋重在能使讀此書者知治亂存亡、不必逐年依次書寫事實、且人之所以欲知前古之治亂存亡者、在能本之以治當時之國政、故摘取史實、參以議論、以證明其授時行政之重要而已、孔子之春秋、主旨亦在紀治亂存亡、而其言約義豐、别有左氏春秋輔之、網舉目張、不同諸子、且其法在假日月以定曆數、藉朝聘以正禮樂、呂紀授時行政之意、亦在其中矣、）所以知壽夭吉凶也、上揆之天、下驗之地、中審之人、若此則是非可不可、無所遁矣。　行也者、行其理也、行數循其理、（今月令在小戴記中、即禮也、禮即循理之謂、）

史記十二諸侯年表序趙孝成王時、其相虞卿上采春秋、下觀近世、亦著八篇為虞氏春秋。呂不韋者、秦莊襄王相、亦上觀尙古、刪拾春秋、集六國時事、以為八覽六論十二紀、為呂氏春秋。及如荀卿孟子公孫固韓非之徒、往往捃摭春秋之文以著書、不可勝紀。

史通六家儒者之說春秋也、以事繫日、以日繫月、言春以包夏、舉秋以兼冬、年有四時、故錯舉以為所記之名也、苟如是、則晏子虞卿呂氏陸賈、其書篇第本無年月、而亦謂之春秋、蓋有異於此者也。（劉書專泥形式、故拘守漢志左史記言右史記事事為春秋言為尙書之語、謂尙書為例不純、執班書為斷代史、力詆古今人表、皆未觀其通也、）

舉百國春秋桃左春秋呂氏春秋、與孔子所修之春秋及左氏春秋相較。皆有不逮。故治史者祖之。非漫然傳習其術也。知春秋者莫若莊周。揭其要旨曰、春秋以道名分。（莊子天下篇）名分者何。禮也。禮者史之所掌。天子諸侯卿大夫士之於君臣父子夫婦兄弟及國際友朋之禮。胥有典法示人遵守。故春秋依其名分。辯其是非。以求治人之道。記曰。名者人治之大者也。春秋操之。故長於治人。

史記太史公自序春秋辨是非故長於治人大傳名者人治之大者也可無愼乎

顧名之源流亦多曲折治史者不可不知也古之文字卽曰名祭法曰黃帝能正名百物以明民共財當時之所謂正名蓋推行倉沮之文字使知分理之相別異遠夷遐方蓋不相通禹貢曰揆文教又曰聲教訖於四海則吾華夏之族推行文字教之發音漸廣而及於其時之四海矣周官外史掌達書名於四方大行人曰王之所以撫邦國諸侯者九歲屬瞽史諭書名聽聲音明文字爲史之專職而其贊治之效不徒記事尤重同文周宣王太史籀作大篆秦太史令胡母敬作博學七章皆史官所有事漢法太史試學僮能諷書九千字以上乃得爲吏故其時謂通行之文字爲史書（段氏說文注詳述漢人之習史書）則據古誼而言後世謂乙部爲史書者乃冒古者文字之名而世所矜言之小學出於保氏六書者亦當謂之史學矣惟此史學爲後世經生及閭里書師所尸而史官不之重故迄今同文正名之功猶有未竟苗猺諸族不能通吾秦漢以來之文字則由古史職之義不明也

名之爲用明民廣教爲政治統一之工具初非爲禮家表彰史家立義法也然世變相沿文質遞變爲禮者乃詳爲區別以表彰如同一祭祀也別之以祠礿嘗烝同一田獵也別之以苗蒐狩獮名號凡目樊然各殊在今人視之若甚無謂而深察其意者且以之言天人之際焉

春秋繁露深察名號篇名也者名其別離分散也號凡而略名詳而目目者徧辯其事也凡者獨舉其大也享鬼神者號一曰祭祭之散名春曰祠夏曰礿秋曰嘗冬曰烝獵禽獸者號一曰田田之散名春苗秋蒐冬狩夏獮無有不皆中天意者物莫不有凡號號莫不有

散名如是是故事如順於名名各順於天天人之際合而爲一

推之人之命名以昭彼已之別生之有死初無貴賤之殊男女之有匹偶公務之有主從由質而言均可表示而尙文之世必廣爲之禮以寓其教民淑世之旨如記稱周道幼名冠字五十以伯仲死諡一人之身自氏族外復有若干稱謂他族讀吾書者每不之解卽吾國治史者亦多病之（章氏繁稱篇及陔餘叢考卷二左傳叙事氏名錯雜條均言之）原禮之初意由幼而冠由冠而艾勖以成人昭其進德要之沒身加以考核大行受大名細行受細名其律人若是之嚴也

周書諡法諡者行之迹也號者功之表也車服者位之章也是以大行受大名細行受細名行出於已名生於人

太史治大喪於遣之日讀誄蓋告於南郊稱天以誄

曾子問賤不誄貴幼不誄長禮也惟天子稱天以誄之

白虎通義天子崩大臣至南郊諡之者何以爲人臣之義莫不欲襃稱其君掩惡揚善者也故之南郊明不得欺天也

故孟子曰名之曰幽厲雖孝子慈孫百世不能改楚共王之歿自請爲靈若厲（左傳襄公十三年）躬之不淑則受譴人天元首之尊莫逃公議此所以爲名教嬴政不知但取世及以暨萬世雖亦不過由文而質而禮意之亡祚亦尋蹙漢人復之諡兼美惡宋後始止美諡（詳陔餘叢考卷十六兩漢六朝諡法條歷舉諸史之爭諡議者）而師儒錫字多有字說以教青年蓋無往而非使人顧名思義也

史本於禮而尙文故曰文勝質則史說春秋者遂謂孔子之修春秋欲反周之文從殷之質其義深博茲不縷舉第就春秋道名分言之衞侯復國滅同姓而稱名

左傳僖公二十五年經春王正月丙午、衞侯燬滅邢。 杜注衞邢同姬姓、惡其親親相滅、故稱名罪之。 曲禮諸侯不生名、諸侯失地名、滅同姓名。

杞君來朝用夷禮而稱子。

左傳僖公二十七年春經杞子來朝、傳杞桓公來朝、用夷禮故曰子。

鄭克叔段示滅兄弟之恩。

左傳隱公元年、鄭伯克段於鄢、段不弟、故不言弟、如二君、故曰克、稱鄭伯、譏失敎也。

晉殺申生以彰父子之變。

左傳僖公五年經晉侯殺其世子申生。 杜注稱晉侯、惡用讒。

公羊傳晉侯殺其世子申生、曷爲直稱晉侯以殺殺世子母弟直稱君者、甚之也。

崩薨卒葬區內外而有書否。

公羊傳隱公三年三月庚戌天子崩、何以不書葬、天子記崩不記葬、必其時也、諸侯記卒（春秋魯公書薨、諸侯則書卒、）記葬、有天子存不得必其時也、曷爲或言崩或言薨、天子曰崩、諸侯曰薨、大夫曰卒、士曰不祿。

又十一年、春秋君弒賊不討、不書葬、以爲無臣子也、子沈子曰、君弒、臣不討賊、非臣也、子不復讎、非子也。

州國名字別夷夏而示進退。

公羊傳莊公十年、荆者何、州名也、州不若國、國不若氏、氏不若人、人不若名、名不若字、字不若子。

穀梁傳莊公十四年、州不如國、國不如名、名不如字。

伯姬朝子則一語參譏。

穀梁傳僖公五年、杞伯姬來朝其子、婦人既嫁不踰竟、踰竟非正也。諸侯相見曰朝、伯姬爲志乎朝其子也、伯姬爲志乎朝其子、則是杞伯失夫之道矣。諸侯相見曰朝、以待人父之道待人之子、非正也、故曰杞伯姬來朝其子、參譏也。

繒子同謀則婚姻不正。

又十四年、季姬及繒子遇於防、使繒子來朝、遇者同謀也、來朝者來請己也、朝不言使、言使非正也、以病繒子也。

其文極簡而示禮極嚴、執名分以治人、而人事悉括於其中、而無所遁。後史視之、倜乎遠矣。

古史限於工具、則文簡、後史利用縑紙、則文豐、豐者詳舉事狀、不必約以一辭、而史義相承、仍必謹於名分。如陳壽魏志、已遜范書、而於魏武之自進爵位、猶必臨以天子、固亦自謂不失名分也。

魏志武帝紀、建安元年、天子假太祖節鉞、錄尚書事。　天子拜公司空、行車騎將軍。　十三年、漢罷三公官、置丞相御史大夫、夏六月、以公爲丞相。　十八年、天子使御史大夫郗慮持節策命公爲魏公。

後漢書獻帝紀、建安元年、鎭東將軍曹操自領司隸校尉、錄尚書事。　曹操自爲司空。　十三年、曹操自爲丞相。　十八年、曹操自立爲魏公、加九錫。

唐初玄武門之變、明代靖難兵之起、據事書之、可以見修史者進而益嚴。

舊唐書高祖紀、武德九年六月庚申、秦王以皇太子建成與齊王元吉同謀害己、率兵誅之、詔立秦王爲皇太子。

新唐書高祖紀、九年六月丁巳、太白經天、庚申、秦王世民殺皇太子建成、齊王元吉。　太宗紀、太子建成與齊王元吉謀害太宗、未發、九年六月、太宗以兵入玄武門、殺太子建成及齊王元吉、高祖大驚、乃以太宗爲皇太子。

傳維麟明書建文帝本紀建文元年秋七月癸酉、燕王棣兵起號靖難、明史建文帝本紀建文元年秋七月癸酉、燕王棣舉兵反。

史記平準書之終曰、烹弘羊、天乃雨、漢書張禹傳曰、上臨候禹、禹數視其小子、范書荀彧傳、彧飲藥而卒、明年操遂稱魏公云。以此知紀傳之文、雖視春秋為詳、而屬辭嚴簡、仍一脈也。史通稱謂篇首述孔子正名之說。次論諸史訛謬。謂何以申勸沮之義。杜渝濫之端。至清儒治史、偏尚考據矣。然論遷史而上推舜典。

陔餘叢考史記高祖本紀先總叙高祖一段、及述其初起事、則稱劉季、得沛後稱沛公、王漢後稱漢王、即帝位後則稱上、後代諸史皆因之、其實此法本於舜典、未即位以前稱舜、即位之後分命九官、即稱帝曰、古時雖樸略、而史筆謹嚴如此。

論通鑑而兼駁辛楣

東塾讀書記朱子答尤延之書云、溫公舊例、凡莽臣皆書死、如太師王舜之類、獨揚雄匿其所受莽朝官稱而以卒書、似涉曲筆、不免却按本例書之曰、莽大夫揚雄死、澧謂王莽篡漢、曹丕亦篡漢、仕於莽者皆書死、仕於丕者書卒（綱目書陳群卒）不能畫一也、然錢辛楣謂史家通例、未有書死者（春秋論）則非也。漢書王莽傳書太師王舜死、大司馬甄邯死、而通鑑因之、豈得云非史例乎。 史記秦始皇本紀三年、王齮死、七年、將軍驁死、夏太后死、十二年、文信侯不韋死。秦楚之際月表二世元年、周文死、陳涉死。鄭世家鄭子十二年、祭仲死。趙世家肅侯十二年、商君死、孝成王十四年、平原君趙勝死。韓世家昭侯二十二年、申不害死。韓長孺傳丞相田蚡死。匈奴傳驃騎將軍去病死。以後諸史書死者亦不少。

義法之嚴。至一字必爭。其出入由此可知。名者人治之大。古人運之於禮。禮失而賴史以助其治。而名教之用以之爲約束聯繫人羣之柄者亙數千年而未替以他族之政術本不基於禮義名教而惟崇功利之史籍較之宜其鑿枘而不相入矣夫人羣至渙也各民族之先哲固皆有其約束聯繫其羣之樞紐或以武功或以宗教或以法律或以物資亦皆擅有其功效吾民族之興非無武功非無宗教非無法律亦非匱於物資顧獨不偏重於他民族史迹所趨而兢兢然持空名以致力於人倫日用吾人治史得不極其源流而熟衡其利弊得失之所在乎

老莊之學最深於史病儒者及史家之持空名而爲姦宄所盜也則以禮教名義爲不足恃如曰田成子一旦殺其君而盜其國所盜者豈獨其國耶並與其聖知之法而盜之聖人不死大盜不止其言若甚激切矣然老莊所持以斥姦宄者猶必用大盜之一辭則是仍以名教也穀梁曰春秋有三盜微殺大夫謂之盜非所取而取之謂之盜辟中國之正道以襲利謂之盜（哀公四年）故老莊之惡大盜無以異於春秋也往有新聞記者以史學相質謂治史於今日不必本之春秋矣應之曰君日從事於新聞日操春秋之法胡爲有此言使不操春秋之法何必日日斥侵略國書僞組織乎此君聞之憮然若失由此可以知吾史之原迄今日未失其功用也

史權第二

吾國史家豔稱南董秉筆直書史之權威莫尙焉。

左傳宣公二年晉靈公不君　趙穿攻靈公於桃園宣子（趙盾）未出山而復太史書曰趙盾弑其君以示於朝宣子曰不然對曰子為正卿亡不越竟反不討賊非子而誰宣子曰烏乎我之懷矣自詒伊慼其我之謂矣孔子曰董狐古之良史也書法不隱趙宣子古之良大夫也為法受惡。

公羊傳宣公六年親弑君者趙穿也親弑君者趙穿則曷為加之趙盾不討賊也何以謂之不討賊晉史書賊曰晉趙盾弑其君夷皋趙盾曰天乎無辜吾不弑君誰謂吾弑君者乎史曰爾為仁為義人弑爾君而復國不討賊此非弑君而何。

穀梁傳宣公二年秋九月乙丑晉趙盾弑其君夷皋穿弑也盾不弑而曰盾弑何也以罪盾也其以罪盾何也曰靈公朝諸大夫而暴彈之觀其辟丸也趙盾入諫不聽出亡至於郊趙穿弑公而後反趙盾史狐書賊曰趙盾弑公盾曰天乎天乎予無罪孰謂盾而忍弑其君者乎史狐曰子為正卿入諫不聽出亡不遠君弑反不討賊則志同志同則書重非子而誰故書之曰晉趙盾弑其君夷皋。

左傳襄公二十五年崔杼妻棠姜美莊公通焉　夏五月乙亥公問崔子遂從姜氏　侍人賈舉止衆從者而入閉門甲興公登臺而請弗許請盟弗許請自刃於廟勿許　公踰牆射之中股反隊遂弑之　太史書曰崔杼弑其君崔子殺之其弟嗣書而死者二人其弟又書乃舍之南史氏聞太史盡死執簡以往聞既書矣乃還。

然趙盾崔杼當國重臣史氏書事公開不懼崔殺三人覩趙盾之甘受惡名者已大不同而猶有踵而書者杼亦無如何而聽其書之此事之大可疑者也司馬昭之弑逆陳泰但敢曰誅賈充以謝天下而其進

於此者乃不敢直言。

魏志陳泰傳注干寶晉紀高貴鄉公之殺司馬文王會朝臣謀其故太常陳泰不至使其舅荀顗召之子弟內外咸共逼之垂涕而入王待之曲室謂曰玄伯卿何以處我泰曰誅賈充以謝天下文王曰爲吾更思其次泰曰泰言惟有進於此不知其次文王乃不更言。

魏氏春秋帝之崩也太傅司馬孚尙書右僕射陳泰枕帝尸於股號哭盡哀時大將軍入於禁中泰見之悲慟大將軍亦對之泣謂曰玄伯其如我何泰曰獨有斬賈充少可以謝天下耳大將軍久之曰卿更思其他泰曰豈可使泰復發後言遂歐血薨。

使晉齊諸國史官無法守可據縱一二人冒死爲之不能必四五人同執一辭必書之而不顧一切劉知幾但曰爲於可爲之時則從爲於不可爲之時則凶又曰烈士徇名壯夫重氣寧爲蘭摧玉折不作瓦礫長存而董狐之時所以可爲顧未深考蓋時代懸隔法制迥殊止知重個人之氣節不知究古史之職權也。

史通直書夫爲於可爲之時則從爲於不可爲之時則凶如董狐之書法不隱趙盾之爲法受屈彼我無忤行之不疑然後能成其良直擅名今古至若齊史之書崔弒馬遷之述漢非韋昭仗正於吳朝崔浩犯諱於魏國或身膏斧鉞取笑當時或書塡坑穽無聞後代夫世事如此而責史臣不能申其强項之風勵其匪躬之節蓋亦難矣。 蓋烈士徇名壯夫重氣寧爲蘭摧玉折不作瓦礫長存若南董之仗氣直書不避强禦韋崔之肆情奮筆無所阿容雖周身之防有所不足而遺芳餘烈人到於今稱之。

春秋之時史官蓋有共同必守之法故曰君舉必書。

左傳莊公二十三年夏公如齊觀社非禮也曹劌諫曰不可夫禮所以整民也故會以訓上下之則制財用之節朝以正班爵之義帥長幼之序征伐以討其不然諸侯有王王有巡守以大習之非是則君不舉矣君舉必書書而不法後嗣何觀。

又曰德、刑、禮、義。無國、不、記。

左傳僖公七年管仲曰、夫合諸侯以崇德也、會而列姦、何以示後嗣、夫諸侯之會、其德刑禮義、無國不記、記姦之位、君盟替矣、作而不記、非盛德也。

故一國君臣之大事。他國史策亦皆書之。如孫林父甯殖出其君。名在諸侯之策。知一、國之事。非僅、本、國、記之。他、國、之史官、有共同、之、書法、以、記、之矣。

左傳襄公二十年衞甯惠子（甯殖）疾召悼子（甯喜）曰、吾得罪於君、悔而無及也、名藏在諸侯之策曰孫林父甯殖出其君、君入則掩之、若能掩之則吾子也、若不能、猶有鬼神、吾有餒而已、不來食矣。

世之考史者徒知考、辨、古史、記、言、記、事、孰、左孰、右。而不、措、意於、春、秋、諸、史、無、國、不、記、之、法。未、爲知要也。

禮記玉藻天子玄端而居、動則左史書之、言則右史書之。

漢書藝文志古之王者世有史官、君舉必書、所以愼言行、昭法式也、左史記言、右史記事、事爲春秋、言爲尙書、帝王靡不同之。

夫備物典策、祝宗卜史、惟伯禽始封爲備。故曰周禮盡在魯。他國史官、似不能盡秉周禮。

左傳定公四年、分之土田陪敦、祝宗卜史、備物典策、官司彝器、因商奄之民、命以伯禽、而封於少皞之虛。 分唐叔以大路、密須之鼓、闕鞏、姑洗、懷姓九宗、職官五正、命以康誥而封於夏虛。

然觀傳文魯舉卜史典策。晉舉職官五正。蓋辭、避、重複。故官、不列、舉。列國、之有史官、遵用周、制、當日、始封已、然。其史官、出於王朝、守其世、學者。殆尤、篤於史德。董狐、家世董、晉典籍。推其、遠源。蓋出、於辛甲。

左傳昭公十五年王（景王）語籍談曰、昔而高祖孫伯黶司晉之典籍、以爲大政、故曰籍氏、及辛有之二子董之晉、於是乎有董史。

杜注。辛有周人也其二子適晉爲太史籍黶與之共董督晉典因爲董氏董狐其後。

晉語文王訪於辛尹。　韋注辛辛甲尹尹佚皆周太史。

漢書藝文志道家辛甲二十九篇注紂臣七十五諫而去周封之。

左傳襄公四年昔周辛甲之爲太史也命百官官箴王闕。

其治典籍以爲大政。非有王章。何所依據。故於君臣變故。奮死不顧。而巨憝權臣。亦有所嚴憚而莫之敢奪。左氏凡例。弑君書法有稱君稱臣之別。此凡例者。殆董史等所共知。

左傳宣公四年凡弑君稱君君無道也稱臣臣之罪也。　文公十六年書曰宋人弑其君杵臼君無道也。

其究主名。申大義。或別有詳於官制者。守道守官。甘以身殉宜矣。

左傳昭公二十年仲尼曰守道不如守官君子韙之。

又定公四年子魚曰社稷不動祝不出竟官之制也。（祝史同官祝有官制史亦有官制可見）

公羊家之說春秋經書弑君之賊不再見。而趙盾衞孫免侵陳再見於宣公六年。以見盾不親弑。謂史狐所書者爲史例。孔子所書者爲經例。

春秋繁露玉杯篇趙盾弑君四年之後別牘復見非春秋之常辭也　盾之復見直以赴問而辨不親弑非不當誅也。

王闓運公羊傳箋晉史書賊曰晉趙盾殺其君夷獋此史例也春秋經例不可用史例用史例則盾反有詞故以經助史。　據晉史之言

如春秋之例則盾亦不當復見今復見者正所以治之也。

蓋孔子修春秋。據舊史而益加精嚴。而舊史之書事。久有義例。故恆見經史之殊。甯殖出君。自知其名在

諸、侯、之策。而、今、之、春、秋、乃、書、曰、衛、侯、出、奔、齊。（襄公十四年）尤、可、見、孔、子、之、春、秋、異、於、舊、史。而、甯、殖、所、言。必屬、實、事、使、諸、侯、之、策、固、無、其、文。何、爲、以、此、自、誣、乎

春秋國君之於史謂之社稷之臣。

檀、弓衞有太史曰柳莊寢疾、　公曰若疾革、雖當祭必告、公再拜稽首、請於尸曰、有臣柳莊也者、非寡人之臣、社稷之臣也。

軍不先史不能得人之國。

左、傳閔公二年、狄人囚史華龍滑與禮孔以逐衞人、二人曰、我太史也、實掌其祭、不先國不可得也、乃先之、至則告守者曰、不可待也、夜與國人出。

將帥進退有史參加。

左、傳襄公十四年、左史謂魏莊子曰、不待中行伯乎、莊子曰、夫子命從帥。

盟誓朝貢史悉紀載。

左、傳襄公二十三年、將盟臧氏、季孫召外史掌惡臣而問盟首焉。　二十九年、魯之於晉也、職貢不乏、玩好時至、公卿大夫相繼於朝、史不絕書、府無虛月。

不第君臣命位司其策授已也。

左、傳僖公二十八年、王命尹氏及王子虎內史叔興父策命晉侯爲侯伯。　襄公十年、偪陽妘姓也、使周內史選其族嗣納諸霍人、禮也。

哀公三十年、鄭伯有既死、使太史命伯石爲卿、辭、太史退則請命焉、復命之、又辭、如是三、乃受策入拜。

至如魯之史革更書斷罟。

魯語莒太子僕弒紀公、以其寶來奔、宣公使僕人以書命季文子曰、夫莒太子不憚以吾故殺其君、而以其寶來、其愛我甚矣、為我與之邑、今日必授無逆命矣。里革（即左傳之太史克）遇之、而更其書曰、莒太子殺其君而竊其寶來、不識窮固、又求自邇、為我流之於夷、今日必通無逆命矣、（按此卽後世給事中中書舍人封駁之權輿）明日、有司復命、公詰之、僕人以里革對、公執之、曰違君命者、女亦聞之乎、對曰、臣以死奮筆（此與董狐南史同一不畏死者）奚啻其聞之也、臣聞之曰、毀則者為賊、掩賊者為藏、竊寶者為宄、用宄之財者為姦、使君為藏姦者、不可不去也、臣違君命者、亦不可不殺也、公曰、寡人實貪、非子之罪、乃舍之。　左傳文公十八年載是事、出於季文子、惟宣公問之、則使太史克對、其言述周禮誓命尤詳、蓋卽季文子主動、亦必以史官格君之非也。

又宣公夏濫於泗淵、里革斷其罟而棄之。　公聞之曰、吾過而里革匡我、不亦善乎、是良罟也、為我得法、使有司藏之、使吾無忘諗、師存侍曰、藏罟不如寘里革於側之不忘也。（可見其史官當在君側）

晉史黯之箴趙鞅、楚倚相之謗申公、侃侃直言、廷爭面折。

晉語趙簡子田於螻、史黯聞之、以犬待於門、簡子見之、曰何為、曰有所得犬、欲試之茲囿、簡子曰、何為不告、對曰、君行、臣不從、不順、主將適螻而麓、不聞、臣敢煩當日、簡子乃還。

楚語左史倚相廷見申公子亹、子亹不出、左史謗之、舉伯以告、子亹怒而出、曰女無亦謂我老耄而舍我、而又謗我、左史倚相曰、唯子老耄、故欲見以交儆子、若子方壯、能經營百事、倚相將奔走承序、於是不給、而何暇得見。

是當時各國史官職權之尊、實具有特殊地位、非後世史官僅掌撰述之比。近人論史者、比之司法獨立。然亦未能推其比於司法獨立之由來。蓋非從五史職掌、觀之、無以知其系統矣。

周之太史所掌典則灋制。既與冢宰相同。而王者馭臣出治之八枋、悉由內史所詔。國法國令之貳。咸在史官。以攷政事。以逆會計。臚舉、其目、則治、教、禮、政、刑、事。總攝、六官。官屬、官職、官聯、官常、官成、官法、官刑、官計。賅括百職。祭祀、法則、賦貢、禮俗、田役、既無不知、而所謂祿位、刑賞、廢置、尤爲有國大權、必操於元首及執政者。太史掌之。內史亦掌之。舉凡爵祿、廢置、殺生、予奪、或王所未察、及其未當者、均得導之、佐之、是史雖僅僅文官幕僚之長、而一切政令皆其職權所司。由是可知周之設官、惟史權高於一切。諸侯之國、其有太史、內史諸職者、王朝當亦規定其職權、必非各國自爲風氣、或一二史官沾名市直也、審矣(韓起曰周禮盡在魯、蓋魯特完備、他國非不知周之禮經、特不如周之詳盡耳、)

且史之掌典法則也。與小宰司書司會雖同、而禮書禮法四方之志、三皇五帝之書、則小宰司書諸官所不備也、故周之史官、爲最高之檔案庫、(各官之檔案有各官之史掌之其成爲典則禮法者計已刊修如後世之會典、)爲實施之禮制、館爲美備之圖書府、冢宰之僚屬、不之逮也、由是論之、後世史籍所以廣志禮樂兵刑職官選舉食貨藝文河渠地理、以及諸侯世家、列國載記、四裔藩封、非好爲浩博無涯涘也、自古史職所統、不備不足以明吾史之體系也、而本紀所書、列傳所載、世表所繫、命某官、晉某爵、設某職、裁某員、變某法、誅某罪、錄某後、祀某人、一一皆自來史職所掌、而後史踵其成規、當然記述者也、惟古之施行記述、同屬史官、後世則施行記述、各不相謀、而史籍乃專屬於執筆者之著述耳、他族立國、無此規模、文人學者、自爲詩文、或述宗教、或頌英雄、或但矜武力、而爲相斫書、或雜記民俗、而爲社會志、其體系本與吾史異趣、或且病吾史之方板簡略、不能如其活動周詳、是則政宗史體、各有淵源、必知吾國政治之綱維、始能明吾史之系統也。

周官史職不言諫爭。惟曰贊曰詔曰考曰逆。則施行之當否與隨事之勸戒。已寓其中。且曰逆者。預事防維。夙申法守。則消弭於未然者多。而補救於事後者少矣。王制有天子受諫百官受質之文。皆承太史典禮執簡記之下。則諫及質者。史所有事也。

王制太史典禮執簡記奉諱惡。天子齊戒受諫。司會以歲之成質於天子。冢宰齊戒受質。大樂正大司寇市三官以其成從質於天子。大司徒大司馬大司空齊戒受質。百官各以其成質於三官。大司徒大司馬大司空以百官之成質於天子。百官齊戒受質。

殷史辛甲執圖法而諫至七十五次。及在周爲太史。且命百官官箴王闕。則史之據法典以諫君。其來久矣。大戴記謂三代之禮。天子不得爲非。失度則史書之。工讀之。

大戴記保傅篇三代之禮天子春朝朝日秋暮夕月。食以禮。徹以樂。失度則史書之。工誦之。三公進而讀之。宰夫減其膳。是天子不得爲非也。

召公所述瞽史獻典教誨。爲天子聽政舊制。

周語天子聽政。使公卿至於列士獻詩。瞽獻典。史獻書。師箴。瞍賦。矇誦。百工諫。庶人傳語。近臣盡規。親戚補察。瞽史教誨。耆艾修之。而後王斟酌焉。是以事行而不悖。

師曠述史之爲書。自夏書官師相規而來。

左傳襄公十四年師曠曰。夫君神之主也。民之望也。若困民之主。匱神乏祀。百姓絕望。社稷無主。將安用之。弗去何爲。天生民而立之君。使司牧之。勿使失性。有君而爲之貳。使師保之。勿使過度。自王以下。各有父兄子弟以補察其政。史爲書。瞽爲詩。工誦箴諫。大夫規誨。士傳言。庶人謗。商旅於市。百工獻藝。故夏書曰。遒人以木鐸徇於路。官師相規。工執藝事以諫。正月孟春。於是乎有之。諫失常也。天之愛民甚矣，豈其使一人肆於民上，以從其淫而棄天地之性必不然矣。

則古史之職以書諫王，其源甚古，不必始於周代，其原則實在天子不得爲非一語。使一人肆於民上以從其淫，其禍至烈，而吾族聖哲深慮預防之思想，乃以典禮史書限制君權，其有失常，必補察之，勿使過度。雖其事不似他族之以憲法規定，而歷代相傳以爲故事，則自甚惡如桀紂厲幽失其約束之效力者外，凡中材之主，皆可賴此制以維持於不敝。夫自天子失度，史可據法以相繩，則冢宰以降，孰敢縱恣？史權之高於一切，關鍵在此。後世臺諫之有監察權，不僅監察官吏，實歷代一貫相承之良法美意。蘇軾所謂委任臺諫一端，是聖人過防之至計，風采所繫，不問尊卑，言及乘輿，則天子改容，事關廊廟，則宰相待罪者（蘇軾上神宗書中語），非由自古雖天子不得爲非之定義而來乎。

惟是吾國史權之尊，固彷彿有他國司法獨立之制度，然其精義，又與他族之言權者有別。他族之言權者，每出於對待而相爭，吾國之賦權者，乃出於尙德而互助，此言史權者最宜鄭重辨析者也。歷世賢哲主持政權，上畏天命，下畏民碞，惟慮言動之有愆，致貽國族以大患，樂得賢者補闕拾遺於左右，爰有動則左史書之，言則右史書之之法。其初以備遺忘，其後以考得失，相勉於善，屈己從人，而史之監察權由是樹立。主持大政者，不惟不之防禁，且欣受而樂從。皋陶謨曰，臣哉鄰哉，鄰哉臣哉。又曰，予違汝弼，汝無面從，退有後言，欽四鄰。古之君臣，猶之賓主，其謂之鄰者，取其密邇而相輔助，故太史內史，皆若友朋，共爲大政。又恐後世不知此義，定爲四輔之制。洛誥曰，亂爲四輔，所以誕保文武受民，其法固傳自虞書，非周特創。大戴記述明堂之位，史佚與周召太公同爲四聖，卽所謂亂爲四輔也。

大戴記保傅篇明堂之位曰、篤仁而好學、多聞而道慎、天子疑則問、應而不窮者、謂之道、道者、導天子以道者也、常立於前、是周公也。誠立而敢斷、輔善而相義者、謂之充、充者、充天子之志也、常立於左、是太公也、絜廉而切直、匡過而諫邪者、謂之弼、弼者、拂天子之過者也、常立於右、是召公也。博聞彊記、接給而善對者、謂之承、承者、承天子之遺忘者也、常立於後、是史佚也。故成王中立而聽朝、則四聖維之、是以慮無失計、而舉無過事、殷周之所以長久者、其輔翼天子有此具也。

中央政府如此。諸侯之國亦然。觀衛武公抑戒之自儆、可以知此種根本觀念。非出於臣下要求權利。而爲主持政務者要求互助。蓋深知匡弼箴規不惟有益於國事。實則有益於其身家。保世滋大與覆宗隕命相較若何。故賢者乃勤求如恐不及。

楚語左史倚相曰、昔衛武公年數九十有五矣、猶箴儆於國曰、自卿以下至於師長士、苟在朝者、無謂我老耄而舍我、必恭恪於朝、朝夕以交戒我、聞一二之言、必誦志而納之、以訓導我、在輿有旅賁之規、位宁有官師之典、倚几有誦訓之諫、居寢有褻御之箴、臨事有瞽史之導、宴居有師工之誦、史不失書、矇不失誦、以訓御之、於是乎作抑戒以自儆也、及其沒也、謂之睿聖武公、

後世古意寖湮。然如唐太宗之欲觀國史。猶以知前日之惡爲後來之戒爲言。此中國之政術。特異於他族者也。

通鑑唐紀太宗貞觀十七年、上謂監修國史房玄齡曰、前世史官所記、皆不令人主見之、何也、對曰、史官不虛美、隱惡、人主見之必怒、故不敢獻、上曰、朕欲自觀國史、知前日之惡、爲後來之戒、公可譔次以聞。

復次吾國史權。雖無明文規定。若他族之爭立國憲以保障言論之自由。然亦未嘗無明定之責任。保傅篇曰。太子有過。史必書之。史之義不得不書過。不書過則死。此卽古史有明定責任之證。且非獨太子之

史如此卽宮中之女史亦然。

大戴記保傅篇太子旣冠成人免於保傅之嚴則有司過之史有虧膳之宰太子有過史必書之史之義不得不書過不書過則死過書而宰徹去膳夫膳夫之義不得不徹膳不徹膳則死。

詩衞風靜女毛傳古者后夫人必有女史彤管之法史不記過其罪殺之后妃羣妾以禮御於君所女史書其日月授之以環以進退之生子月辰則以金環退之當御者以銀環進之著於右手旣御著於左手事無大小記以成法。

周官誓太史曰殺誓小史曰墨。說者疑史爲事字之訛或謂爲後人所竄改不知此乃使史官自勉於職。不避權勢最要之條文與戴記毛傳可以互證。

周官秋官條狼氏誓邦之太史曰殺誓小史曰墨。

故蔡墨曰一日失職則死及之。

左傳昭公二十九年蔡墨曰（杜注蔡墨晉太史）物有其官官修其方朝夕思之一日失職則死及之。

不然齊史何以視死如歸里革何以以死奮筆史魚何以甘以尸諫哉。

大戴記保傅篇衞靈公之時蘧伯玉賢而不用迷子瑕不肖而任事史鰌患之數言蘧伯玉賢而不聽病且死謂其子曰我卽死治喪於北堂吾生不能進蘧伯玉而退迷子瑕是不能正君者死不當成禮而置屍於北堂於我足矣靈公往弔問其故其子以父言聞靈公造然失容曰吾失矣立召蘧伯玉而貴之召迷子瑕而退之徙喪於堂成禮而後去衞國以治史鰌力也。

孟子曰春秋天子之事。趙注曰孔子懼王道遂滅故作春秋因魯史記設素王之法謂天子之事也。杜預左傳集解序亦曰說者以爲仲尼自衞反魯修春秋立素王丘明爲素臣蓋謂孔子以春秋爲無冕之王也。素王之稱。自伊尹時已有之。

史記殷本紀、伊尹處士、湯使人聘迎之、五反然後肯往、從湯言素王及九主之事。集解引劉向別錄曰、九主者、有法君專君授君勞君等君寄君破君國君三歲社君、凡九品、圖畫其形。

莊周亦言玄聖素王之道。（天道篇）素王疑即古史相傳紀述天子得失之事。孔子修春秋。用古史之法。故曰設素王之法。然孔子以魯臣何以得行天子之事。以周官證之。其義自明。古之史官。本以導相天子爲職。其所詔告及所記錄。爵祿廢置殺生予奪。何一非天子之事。孔子修春秋。特遵史官之職而爲之。非欲以私人僭行天子之事。其恐人之罪之者。以爲雖遵史法。而身非史官耳。穀梁傳謂春秋有臨天下之言。說者亦以王者撫有天下解之。

穀梁傳哀公七年、春秋有臨天下之言焉、有臨一國之言焉、有臨一家之言焉。注、徐乾曰、臨者撫有之也、王者無外、以天下爲家、盡其有也。

實則春秋所治。自天王始。（如天王使家父求車。譏其非禮之類。）豈惟以天子之事治天下。第其治天子諸侯者。必本周之典禮。故雖嚴而非僭也。

後世史職。遠遜於古矣。其蹤跡遷流。猶斷續可見。史通稱趙鞅晉一大夫。猶有直臣書過。

說苑、昔周舍事趙簡子、立於門三日、簡子問之、舍曰、願爲諤諤之臣、墨筆操牘、司君之過而書之、日有記、月有效、歲有得也、簡子說。

陳勝、蕭何、猶踵其法。

史記陳涉世家、以朱防爲中正、胡武爲司過、主司羣臣。

後漢書文苑傳崔琦傳蕭何佐漢、乃設書過之吏。　劉攽曰、吏當作史。

而君、舉、必、書、之語。亦幾、等於固、定、之憲章。漢、唐、學者。時時、稱、述、以、資、諫、戒。

後漢書荀悅傳悅言古者天子諸侯、有事必告於廟、朝有二史、左史記言、右史記事、事爲春秋、言爲尙書、君舉必記、善惡成敗、無不存焉、下及士庶、苟有茂異、咸在載籍、或欲顯而不得、或欲隱而名章、得失一朝、而榮辱千載、善人勸焉、淫人懼焉。

又酷吏傳陽球傳奏罷鴻都文學曰、伏承有詔勑中尙方爲鴻都文學樂松江覽等三十二人圖象立贊、以勸學者、臣聞傳曰、君舉必書、書而不法、後嗣何觀、案松覽等皆出於微蔑、斗筲小人、　有識掩口、天下嗟歎、臣聞圖象之設、以昭勸戒、欲令人君動鑒得失、未聞豎子小人詐作文頌、而可妄竊天官、垂象圖素者也。

舊唐書魏知古傳知古累修國史、　睿宗女金仙玉眞二公主入道、有制各造一觀、季夏盛暑、營造不止、知古上疏諫曰、　且國有簡冊、君舉必記、動則左史書之、言則右史書之、是以非禮勿言、非禮勿動、夫如是則君之所舉、可不愼歟、臣備位諫諍、兼秉史筆、書而不法、後嗣何觀、臣愚以爲不可。

又徐堅傳監修唐史、神龍初、再遷給事中、時雍州人韋月將上書告武三思不臣之迹、反爲三思所陷、中宗即令殺之、時方盛夏、堅上表曰、月將誣搆良善、故違制命、準其情狀、誠合嚴誅、但今朱夏在辰、天道生長、即從明戮、有乖時令、致傷和氣、君舉必書、將何以訓、伏願詳依國典、許至秋分、則知恤刑之規、冠於千載、哀矜之惠、洽乎四海、中宗納其所奏、遂令決杖配流嶺表。（册府元龜國史部敍亦曰、古之王者、世有史官、君舉必書、書法不隱、所以愼言行、示勸戒也、）

柳虬當西魏時。猶以直筆於朝顯言其狀爲請史。且稱其事遂施行。是春、秋、故事。至北、朝、時、猶、若、伏、流、之、一、現。縱、當、時、法、意。久、異、成、周、史、之、職、掌。亦、已、迴、殊。而、其、遺、風、善、制。流、傳、之、久。可、以、概、見。

北周書柳虬傳、虬以史官密書善惡、未足懲勸、乃上疏曰、古者人君立史官、非但記事而已、蓋所以爲監誡也、動則左史書之、言則右史書之、彰善癉惡、以樹風聲、故南史抗節、表崔杼之罪、董狐書法、明趙盾之愆、是知直筆於朝、其來久矣、而漢魏以還、密爲記注、徒聞後世、無益當時、非所謂將順其美、匡救其惡者也、且著述之人、密書其事、縱能直筆、人莫之知、何止物情橫議、亦自異端並起、故班固致受金之名、陳壽有求米之論、著漢魏者非一氏、造晉史者至數家、後代紛紜、莫知準的、諸史官記事者、請皆當朝顯言其狀、然後付之史閣、庶令是非明著、得失無隱、使聞善者自修、有過者知懼、敢以愚管、輕冒上聞、乞以瞽言、訪之衆議、事遂施行。

觀高澄及韋安石之言。都甚敬畏史權。

北齊書魏收傳、齊文襄謂司馬子如曰、魏收爲史官、書吾等善惡、聞北伐時、諸貴常餉史官飲食、司馬僕射頗曾餉不、因共大笑、仍謂收曰、卿勿見元康等在吾目下趨走、謂吾以爲勤勞、我後世身名在卿手、勿謂我不知。

新唐書朱敬則傳、請高史選、以求名才、侍中韋安石嘗閱其稾史、歎曰、董狐何以加、世人不知史官權重宰相、宰相但能制生人、史官兼制生死、古之聖君賢臣、所以畏懼者也。

惟韓愈猥以人禍天刑爲慮。其識乃不逮柳宗元。合觀其言。亦可知政宗隆替史職伸屈之因。

韓愈答劉秀才論史書、孔子聖人、作春秋、辱於魯衞陳宋齊楚、卒不遇而死、齊太史氏兄弟幾盡、左邱明紀春秋時事以失明、司馬遷作史記刑誅、班固瘐死、陳壽起又廢、卒亦無所至、王隱謗退死家、習鑿齒無一足、崔浩范曄赤誅、魏收天絕、宋孝王誅死、足下所稱吳兢亦不聞身貴、而今其後有聞也、夫爲史者、不有人禍、則有天刑、豈可不畏懼而輕爲之哉。

柳宗元與韓愈論史官書、退之以爲紀錄有刑禍、避不肯就、尤非也、又言不有人禍、必有天刑、若以罪夫前古之爲史者、然亦甚惑、凡居其位、思直其道、道苟直、雖死不可回也、如回之、莫如亟去其位、孔子之困於魯衞宋蔡齊楚者、其時暗、諸侯不能以也、其不遇而死、不以作春秋故也、當其時雖不作春秋、孔子猶不遇而死也、若周公史佚雖紀言書事、猶遇而顯也、又不得以春秋爲孔子累、范曄悖亂、雖不爲史、其族亦赤、司馬遷觸天子喜怒、班固不檢下、崔浩沽其直以鬥暴虜、皆非中道、左邱明以疾盲、出於不幸、子夏不爲史亦盲、不可以是爲戒、其餘皆不出此、是退之宜守中道、不忘其直、無以他事自恐、退之之恐、惟在不直不得中道、刑禍非所恐也。

降至唐文宗時、鄭朗猶能守職。

新唐書鄭朗傳、開成中、權起居郎、文宗與宰相議政、適見朗執筆螭頭下、謂曰、向所論事、亦記之乎、朕將觀之、朗曰、臣執筆所書者史也、故事、天子不觀史、昔太宗欲觀之、朱子奢曰、史不隱善、不諱惡、自中主以下、或飾非護失、見之則史官無以自免、且不敢直筆、褚遂良亦稱史記天子言動、雖非法必書、庶幾自飭、帝悅、謂宰相曰、朗援故事、不畀朕見起居注、可謂善守職者、然人君之爲善惡必記、朕恐平日言之不協治體、爲將來羞、庶一見得以自改、朗遂上之。

蘇軾之諫神宗、以國史記之爲神宗惜、是皆蹤跡遷流、斷續可見者也。

蘇軾上神宗書、靑苗放錢、自昔有禁、今陛下始立成法、每歲常行、雖云不許抑配、而數世之後、暴君污吏、陛下能保之歟、異日天下恨之、國史記之曰、青苗錢自陛下始、豈不惜哉。

綜觀史迹、古史之權、由隆而替、古史之職、亦由總而分、夫古之五史、職業孔多、蔽以一語、則曰掌官書以贊治、由斯一義、而歷代內外官制、雖名實貿遷、沿革繁夥、其由史職演變者乃特多、是亦研究史權所宜附論及之者也。吾國自周官以後、殆無一代能創立法制、設官分職、大抵因仍演變、取適一時、故雖封建郡縣、形式不同、地域廣輪、日增於昔、而內外重要職務、恆出於周之史官、其由周代中士下士之御史、演變爲御史大夫中丞、建立臺察之制、爲世所共知者、無論矣。秦漢京師地方長官、實曰內史、秦以御史監郡。漢由丞相遺史刺州嗣遂演爲刺史州牧之職。（均見漢書百官公卿表）蓋史本祕書幕職近在中樞熟諳政術且爲政治首長所親信故對於首善之區及地方行政典司督察勝於外僚後世如金元行省以中書省臣出領清之督撫猶帶尚書侍郎職銜均此意也。

周官之制相權最尊而太史內史執典禮以相匡弼法意之精後世莫及。秦漢不知禮意而以丞相總大政。御史大夫貳之猶存周制於什一。武宣以降丞相與御史大夫之權浸微大權悉操於人主此其與古制最相舛戾者也。（觀周官國政咸總於冢宰知其時王者實垂拱無爲）然人主以私意而忘禮意而事實所需仍不能出於古制。爰有中書尚書近在宮禁典治官書出納詔奏。其職實周之內史。惟周之內史爲外廷之要職。而中書尚書爲天子之私人耳。司馬遷以太史令爲中書令即以外廷之史變爲內廷之史之證。成帝罷宦官增置尚書分曹治事。迄東漢而政歸臺閣三公徒擁虛名居相位者非領尚書錄尚書事不得與聞機要。蓋以內史掌相權。而又懼內外之隔閡。復以宰相參加內史與周制適成一反比例矣。知中書尚書之爲內史。則知魏晉以降演變至唐爲中書尚書門下三省。至宋爲中書門下。至元及明初爲中書省。明中葉至清初爲殿閣大學士。清雍乾以降爲軍機大臣者。皆內史也。（門下省由漢之僕射侍中給事中演變、亦即內史故給事中掌封駁以其職在內廷得進言於人主與聞用人行政也）而尚書由漢之六曹演變而爲六部。則又以內史而變爲行政長官。與內史之出爲地方長官同一性質。故吾謂歷代內外重要官制皆出於史也。唐宋時內史變爲相矣。史職仍不可闕。於是有翰林學士掌內制。中書舍人掌外制。即古史之掌策命者也。翰林學士號爲內相。演變而爲明之大學士。史又變爲相矣。上下二千年。或以史制相。或以相領史。及史變爲相復別置史而史又變爲相故二千年中之政治史之政治也二千年中之史亦卽政治之史也子母相生最可玩味而其利弊得失亦復循環相因無論武人崛起裔族勃興苟欲經世保邦必倚史以成文治此其利與得也君主專制不知任相而所倚以爲治者因亦不能創制顯庸第以奉行故事熟習例案救弊補偏適應環境爲事此其弊與失也夫以進化公例言萬事演蛻胥由混合而區分吾國史權最隆之時乃職權混合之時至其區分則行政監察著述各席其權而分途演進不得謂史權之沒落惟不綜觀官制及著作之淵源乃不能得其條理脈絡之所在耳章氏史釋篇略論內閣六科翰林中書之屬比於古史顧氏日知錄極論唐宋及明代封駁之制之善第都未能從源及流爲吾國史職作一整個有系統之敍述淸代所定歷代職官表以淸爲主而上溯之尤未明於官制遞嬗之故爰爲縱論及之

漢之尚書 附

尚書郎今所謂祕書處典其事者即曰尚書猶今之治祕書者即曰祕書也。秦時相府有尚書。

秦策文信侯相秦臣事之爲尚書習奏事。

漢則爲內廷之職以能史書者爲令史。

漢書藝文志漢興蕭何草律著其法曰太史試學童能諷書九千字以上乃得爲史又以六體試之課最者以爲尚書御史史書令史。

韋昭曰若今尚書蘭臺令史也。　按蕭何律文之意蓋謂最工書者得爲尚書之史書令史或爲御史之史書令史韋注似未分析又據蕭何律知西漢開國即有所謂尚書故文帝誅薄昭之故事在尚書特自成帝以後設官始多權亦日重耳。

郎官善書者亦給事其中。

漢書張安世傳少以父任爲郎用善書給事尚書（師古曰於尚書中給事也）精力於職休沐未嘗出上行幸河東嘗亡書三篋詔問莫能知唯安世識之具作其事後購求得書以相校無所遺失上奇其材擢爲尚書令。　按此三篋殆猶今之所謂公事箱觀下云具作其事蓋篋中文書各有應行事件安世能識其綱要故作書施行若是古書不當云具作其事也。

西漢之季以博士高第爲尚書蓋必經光祿選試。

漢書孔光傳是時博士選三科（言分三等也）高爲尚書次爲刺史其不通政事以久次補諸侯太傅光以高第爲尚書觀故事品式數歲明習漢制及法令上甚信任之轉爲僕射尚書令。

東漢之季則由三公選薦或出特拜不經選試。

後漢書李固傳舊任三府選令史、光祿試尚書郎、（言舊制尚書郎由光祿試之也）時皆特拜、不復選試。

又王暢傳是時政事多歸尚書、桓帝特詔三公令高選庸能、太尉陳蕃薦暢清方公正、有不可犯之色、由是復爲尚書。

漢書百官公卿表不詳其職掌。

漢書百官公卿表僕射秦官、自侍中尚書博士郎皆有。　孟康曰、皆有僕射、隨所領之事以爲號也。　侍中左右曹諸吏散騎中常侍、皆加官。　侍中中常侍得入禁中諸曹受尚書事。　按後漢書朱穆傳、漢家舊典、置侍中中常侍各一人、省尚書事、（注、省覽也、）黃門侍郎傳發書奏、皆用姓族、自和熹太后以女主稱制、不接公卿、乃以閹人爲常侍小黃門通命兩宮、知百官公卿表所謂侍中中常侍得入禁中諸曹受尚書事者、即穆所謂省尚書事也、武帝游宴後廷、用宦者爲中尚書、（見蕭望之及石顯傳）而侍中中常侍仍用姓族、不皆閹人、其侍中中常侍盡用閹人、自和熹太后稱制始、故百官公卿表曰、侍中中常侍得入禁中諸曹受尚書事、明其爲姓族、非閹人、而以有此加官、故得入禁中也、若如後漢之中常侍常在禁中、不必曰得入禁中矣。

續漢志始詳著之。

續漢百官志尚書令一人、千石。本注曰、承秦所置、武帝用宦者、更爲中書謁者令、成帝用士人、復故、掌凡選署及奏下尚書曹文書衆事。　尚書僕射一人、六百石。本注曰、署尚書事、令不在、則奏下衆事。　尚書六人、六百石。本注曰、成帝初置尚書四人、分爲四曹、（曹猶今之科也）常侍曹尚書主公卿事、二千石曹尚書主郡國二千石事、民曹尚書主凡吏上書事、客曹尚書主外國夷狄事、世祖承遵、復分二千石曹、又分客曹爲南主客曹北主客曹、凡六曹。　左右丞各一人、四百石。本注曰、掌錄文書期會、左丞主吏民章報及騶伯史、右丞假署印綬及紙筆墨諸財用庫藏。　侍郎三十六人、四百石。本注曰、一曹有六人、主作文書起草。　令史十八人、二百石。本注曰、曹有三主書、後增劇曹三人、合二十一人。　按尚書爲天子之祕書處。分曹辦事。與相府之分曹者內外相當。相府之諸曹掾史。丞相之祕書也。漢書百官公卿表亦未詳言。續漢志百官志太尉公一人、長史一人、千石、本注曰、署諸曹事。掾史屬二十四人、本注曰、漢舊注、東西曹掾比四百石、餘掾比三百石、屬比二百石、故曰公府掾比古元士三命者也。或曰、漢初掾史辟、皆上言之、故有秩比命士。其所不言、則爲百石屬（此猶今之簡任委任）其後皆自辟除、故通爲百石云。（此則一律爲委任也）西曹主府史署用、東曹主二千石長史遷除及軍吏、戶曹主民戶祠祀農桑、奏曹主奏議事、辭曹主辭訟事、法曹主郵驛科程事、尉曹主卒徒轉運事、賊曹主盜賊事、決曹主罪法事、兵曹主兵事、金曹主貨幣鹽鐵事、倉曹主倉穀事、黃閣主簿錄省衆事、令史及御屬二十三人、本注曰、漢舊注、公令史百石、自中興以後、注不說石數、御屬主爲公御、閤下令史主閤下威儀事、記室令史主上表章報書記、門令史主府門、其餘令史各典曹文書。合相府（即太尉府）之祕書處與內廷之祕書處、設立多職、分曹辦事觀之、可見中央政府統治各地、文書猥多、性質複雜、非設多曹不能賅括、而內廷尚書有視相府諸曹爲少者。趙甌北所謂其所不掌者、惟刑罰有廷尉、禮儀有太常、軍馬有大司馬、賦稅有大司農、糾劾有御史而已。然漢舊儀三公曹主斷獄、及天下歲盡集課事、又典齋祀、則亦總持刑獄財賦禮儀也。二千石曹民曹皆兼主盜賊、漢舊儀二千石曹尚書掌中郎官水火盜賊辭訟罪眚、民曹尚書典繕治功作監池苑囿盜賊事、則續漢志本注所引尚書六曹職務、特舉其略、不可以其文之不備、即謂爲職所不統也。

尚書在帝左右。

漢書霍光傳、尚書左右皆驚。

掌制詔下御史。

史記三王世家、三月乙亥、御史臣光守尚書令奏未央宮、制曰、下御史、六年三月戊申朔乙亥、御史臣光守尚書令丞非下御史。

讀章奏。

漢書霍光傳尙書令讀奏、尙書令復讀。

主封事。

漢書魏相傳故事諸上書者皆爲二封署其一曰副領尙書者先發副封所言不善屏去不奏相復因許伯白去副封以防壅蔽。

累朝故事皆歸掌錄。

漢書元后傳詔尙書奏文帝時誅將軍薄昭故事。 按漢書文帝十年冬、將軍薄昭死、注引鄭氏曰、昭殺漢使者、文帝不忍加誅、使公卿從之飲酒欲令自引分昭不肯使羣臣喪服往哭之、乃自殺鄭氏所述、當即出於尙書所記之故事。

故尙書號爲百官之本樞機重職。

漢書賈捐之傳尙書百官本。 石顯傳尙書百官之本。

又蕭望之傳中書令弘恭石顯久典樞機。 孔光傳凡典樞機十餘年。

以愼密而能守法爲貴。

孔光傳領尙書事、後爲光祿勳、復領尙書諸吏給事中如故、 守法度、修故事、 上有所問、據經法以心所安而對、不希指苟合、如或不從、不敢强諫爭、以是久而安時有所言、輒削草藁、以爲章主之過、以奸忠直人臣大罪也、有所薦舉、唯恐其人之聞知、沐日歸休兄弟妻子燕語終不及朝省政事、或問光溫室省中樹皆何木也、光嘿不應、更答以它語、其不泄如是。

臣門如市、臣心如水、世傳爲名言。

漢書鄭崇傳上責崇曰、君門如市人、何以欲禁切主上、崇對曰、臣門如市、臣心如水。

顧以士大夫爲人主治祕書。猶不便於燕私、故自武帝至宣元時、以宦者爲中書令。於出入內庭尤便。弘恭石顯所由寵任也。

漢書蕭望之傳宣帝以史高為大司馬車騎將軍、望之為前將軍、周堪為光祿大夫、皆受遺詔輔政、領尚書事。　初宣帝不甚從儒術、任用法律、而中書宦官用事、中書令弘恭石顯久典樞機、明習文法、亦與車騎將軍高為表裏、論議常獨持故事、不從望之等。　望之以為中書政本、宜以賢明之選、自武帝游宴後廷、故用宦者、非國舊制、又違古不近刑人之義、白欲更置士人、繇是大與高恭顯忤。

又佞幸傳石顯字君房、濟南人、弘恭沛人也、皆少坐法腐刑為中黃門、以選為中尚書、宣帝時任中書官、恭明習法令故事、善為請奏、能稱其職、恭為令、顯為僕射、元帝即位數年、恭死、顯代為中書令、是時元帝被疾、不親政事、方隆好於音樂、以顯久典章奏、中人無外黨、精專可信任、遂委以政、事無小大、因顯白決、貴幸傾朝、百僚皆敬事顯、顯為人巧慧習事、能探得人主微指、內深賊、持詭辯以中傷人、忤恨睚眦、輒被以危法、初元中、前將軍蕭望之及光祿大夫周堪宗正劉更生皆給事中、望之領尚書事、知顯專權邪辟、建白以為尚書百官之本、國家樞機、宜以通明公正處之、武帝游宴後廷、故用宦者、非古制也、宜罷中書宦官、應古不近刑人、元帝不聽、繇是大與顯忤、後皆害焉、　自是公卿以下畏顯、重足一迹、顯與中書僕射牢梁少府五鹿充宗結為黨友、諸倚附者皆得寵位、　其後御史大夫缺、羣臣皆舉大鴻臚馮野王行能第一、天子以問顯、顯曰、九卿無出野王者、然野王親昭儀兄、臣恐後世必以陛下度越衆賢、私後宮親以為三公、上曰、善、吾不見是、迺下詔嘉美野王、廢而不用。

成帝時罷中書宦官。（成帝紀建始四年）自是迄東漢權在尚書。而魏晉以降士大夫為中書令者。又為政權所萃其勢軼於尚書。蓋尚書、中書、皆人主之祕書。重尚書、則尚書握其權。重中書、則中書握其權也。

陔餘叢考　尚書本秦官少府之屬、在內掌文書者、漢因之、武帝始用宦官為中書謁者令、於是尚書與中書職事多相連、其時中書如唐之樞密使、明之司禮監、而尚書通掌章奏、出詔命、參決衆事、如唐之中書門下、明之內閣也。　曹操以劉放孫資為祕書郎、文帝即位、更祕書爲中書、以放爲監、資爲令、遂掌機密、明帝益任焉、其時中書監令號爲重任、蔣濟曰、今外所言、輒云中書、晉書荀勖由中書監除尙書令、或賀之、而勖有奪我鳳池之歎、至晉惠帝時、孫秀爲中書監、王戚爲中書令、權傾中外、則更任之極重者矣。

東漢開國。以侯霸爲尙書令。始能定當時之政制。

後漢書侯霸傳、族父淵以宦者有才辨任職、元帝時、佐石顯等領中書、號曰大常侍、成帝時、任霸爲太子舍人、 建武四年、光武徵霸、與車駕會壽春、拜尙書令、時無故典、朝廷又少舊臣、霸明習故事、收錄遺文、條奏前世善政法度、有益於時者、皆施行之、（據此知霸之明習故事、蓋自其族父嘗領中書、故能記識前世善政法度也、）

其時大臣難居相任。（亦見侯霸傳）政歸臺閣。封爵進退。一出尙書。

後漢書馮勤傳、給事尙書、以圖議軍糧、任事精勤、遂見親識、每引進、帝輒顧謂左右曰、佳哉吏也、由是使典諸侯封事、勤差量功次輕重、國土遠近、地勢豐薄、不相踰越、莫不厭服焉、由是封爵之制、非勤不定、帝益以爲能、尙書衆事、皆令總錄之。

積之既久。尙書操實權、而非相。三公以虛名、而受責。選舉、誅賞、都由尙書。質言之。則東漢之政府。一祕書之政府也。

後漢書陳忠傳、時三府任輕、機事專委尙書、而災眚變咎、輒切免公台、忠以爲非國舊體、上疏諫曰、臣聞君使臣以禮、臣事君以忠、故三公稱曰冢宰、王者待以殊敬、在輿爲下、御坐爲起、入則參對而議政事、出則監察而董是非、漢典舊事、丞相所請、靡有不聽、今之三公雖當其名、而無其實、選舉誅賞、一由尙書、尙書見任、重於三公、陵遲以來、其漸久矣。

祕書所重在例案。援據例案。則是非有準。故自孔光石顯皆以明習故事。久居尙書。東漢尙書之稱職者。亦莫不曰曉習故事。閑達國典。所謂萬事不理問伯始者。徒以胡廣達練事體明解朝章耳。

後漢書蔡茂傳郭賀能明法、建武中爲尚書令、在職六年、曉習故事、多所匡益。

又黃香傳帝惜香幹用、久習舊事、復留爲尚書令。

又黃瓊傳稍遷尚書僕射、瓊隨父（卽香）在臺閣、習見故事、及後居職、練達官曹、爭議朝堂、莫能抗奪。

又劉祐傳補尚書侍郎、閑練故事、文札强辨、每有奏議、應對無滯、爲僚類所歸。

又竇武傳尚書郎張陵嬀皓苑康楊喬邊韶戴恢等、文質彬彬、明達國典。

又陽球傳補尚書侍郎、閑達故事、其章奏處議、常爲臺閣所崇信。

又胡廣傳達練事體、明解朝章、雖無謇直之風、屢有補闕之益、故京師諺曰、萬事不理問伯始。

故事不賅則求之經訓。

後漢書張敏傳爲尚書、建初中有人侮辱人父者、而其子殺之、肅宗貰其死刑而降宥之、自後因以爲比、是時遂定其議、以爲輕侮法、敏駁議曰、　孔子曰、民可使由之、不可使知之、春秋之義、子不報讎、非子也、而法令不爲之減者、以相殺之路不可開故也、　議寢不省、敏復上疏、　孔子垂經典、皋陶造法律、原其本意、皆欲禁民爲非也、未曉輕侮之法、將以何禁、　和帝從之。

又韓稜傳竇憲與車駕會長安、尚書以下議欲拜之、伏稱萬歲、稜正色曰、夫上交不諂、下交不黷、禮無人臣稱萬歲之制、議者皆慚而止。

經典故事、咸得其比。則權倖畏之、亦猶民主國家、必援據憲法、其限制君權、體恤民物、有時且可獨申己意、不爲羣議所撓。

後漢書楊秉傳劾奏中常侍侯覽具瑗等、　書奏、尚書召對秉掾屬曰、公府外職、而奏劾近官、經典漢制、有故事乎、秉使對曰、春秋趙鞅以晉陽之甲、逐君側之惡、傳曰、除君之惡、惟力是視、鄧通懈慢、申屠嘉召通詰責、文帝從而請之、漢世故事、三公之職、無所不統。尚書不能詰、帝不得已、竟免覽官、而惻瑗國。

又朱暉傳、元和中、召拜爲尚書僕射、 是時穀貴、縣官經用不足、朝廷憂之、尚書張林上言、穀所以貴、由錢賤故也、可盡封錢、一取布帛爲租、以通天下之用、又鹽食之急者、雖貴人不得不須、官可自鬻、又宜因交阯益州上計吏往來、市珍寶、收采其利、武帝時所謂均輸者也、於是詔諸尚書通議、暉奏據林言不可施行、事遂寢。後陳事者復重述林前議、以爲於國誠便、帝然之、有詔施行、暉復獨奏曰、王制天子不言有無、諸侯不言多少、食祿之家不與百姓爭利、今均輸之法、與賈販無異、鹽利歸官、則下人窮怨、布帛爲租、則吏多姦盜、誠非明主所當宜行。帝卒以林等言爲然、得暉重議、因發怒切責諸尚書、暉等皆自繫獄、三日、詔勅出之、曰、國家樂聞駁議、黃髮無愆、詔書過耳、何故自繫。暉因稱病篤、不肯復署議、尚書令以下惶怖、詔暉曰、今臨得譴讓、奈何稱病、其禍不細。暉曰、行年八十、蒙恩得在機密、當以死報、若心知不可、而順旨雷同、負臣子之義、今耳目無所聞見、伏待死命。遂閉口不復言、諸尚書不知所爲、乃共劾奏暉、帝意解、寢其事。後數日、詔使直事郎問暉起居、太醫視疾、太官賜食、暉乃起謝。

又虞詡傳、遷尚書僕射、 先是寧陽主簿詣闕、訴其縣令之枉、帝大怒、持章示尚書、尚書遂劾以大逆、詡駁之曰、主簿所訟、乃君父之怨、百上不達、是有司之過、愚憨之人、不足多誅、帝納詡言、笞之而已、詡因謂諸尚書曰、小人有怨、不遠千里、斷髮刻肌、詣闕告訴、而不爲理、豈臣下之義、君與濁長吏何親、而與怨人何仇乎、聞者皆慚。

故漢廷之優禮尚書、冠冕百僚、良以尚書能爲元首、處理國事、恆得其宜。不獨司喉舌、工文牘、以精勤自效爲人主私人已也。

後漢書宣秉傳、光武特詔御史中丞與司隸校尉尚書令、會同並專席而坐、故京師號曰三獨坐。

又鍾離意傳、藥崧者、河內人、天性朴忠、家貧爲郎、常獨直臺上、無被枕杜、食糟糠、帝每夜入臺、輒見崧、問其故、甚嘉之、自此詔大官賜尚書以下朝夕餐給帷被皂袍及侍史二人。 漢官儀尚書郎入直臺中官供新青縑白綾被或錦被晝夜更宿帷帳畫通中枕臥旃蓐、冬夏隨時改易大官供食五日一美食下天子一等尚書郎伯使二人女侍史二人皆選端正者伯使從至止車門還女侍史絜被服、執香爐燒燻從入臺中給使護衣服也。

又張禹傳延平元年遷為太傅錄尚書事鄧太后以殤帝初育欲令重臣居禁內乃詔禹舍宮中給帷帳牀褥太官朝夕進食五日一歸府每朝見特贊與三公絕席 數上疾乞身詔遣小黃門問疾賜牛一頭酒十斛勸令就第其錢布刀劍衣物前後累至。

又韓稜傳五遷為尚書令與僕射郅壽尚書陳寵同時俱以才能稱肅宗嘗賜尚書劍唯此三人特以寶劍自手署其名曰韓稜楚龍淵、郅壽蜀漢文陳寵濟南椎成時論者為之說以稜淵深有謀故得龍淵壽明達有文章故得漢文寵敦朴善不見外故得椎成。 竇氏敗稜典案其事深竟黨與數月不休沐帝以為憂國忘家賜布三百匹。

又周榮傳子興少有名譽永寧中尚書陳忠上疏薦興曰古者帝王有所號令言必弘雅辭必溫麗垂於後世列於典經故仲尼嘉唐虞之文章從周室之郁郁竊見光祿郎周興孝友之行著於閨門清厲之志聞於州里蘊匵古今博物多聞三墳之篇五典之策無所不覽屬文著辭有可觀採尚書出納帝命為王喉舌臣等既愚闇而諸郎多文俗吏鮮有雅才每為詔文宣示內外轉相求請或以不能、而專已自由辭多鄙固與抱奇懷能隨輩栖遲誠可歎惜詔乃拜興為尚書郎。

又黃香傳祗勤物務憂公如家 帝知其精勤數加恩賞。

又馮衍傳子豹拜尚書郎忠勤不懈每奏事未報常俯伏省閣或從昏至明肅宗聞而嘉之使黃門持被覆豹勑令勿驚。

西漢重臣率稱領尚書或平尚書事視尚書事並參尚書事。

漢書霍光傳霍山自承領尚書。（蕭望之孔光領尚書事見前）

張安世傳拜爲大司馬車騎將軍、領尚書事。

張敞傳爲太中大夫、與于定國並參尚書事。

張禹傳爲諸吏光祿大夫、秩中二千石、給事中領尚書事。

史丹傳父高、宣帝疾病、拜高爲大司馬車騎將軍領尚書事。

師丹傳哀帝即位、爲左將軍、賜爵關內侯食邑、領尚書事。

何並傳大司馬車騎將軍王音內領尚書、外典兵馬。

薛宣傳復召宣給事中、視尚書事。

成帝紀以元舅侍中衞尉平侯王鳳爲大司馬大將軍、領尚書事。

董賢傳爲三公常給事中領尚書。

東漢則曰錄尚書事。其兩人並命則曰參錄尚書事。

後漢書章帝紀以趙憙爲太傅、牟融爲太尉、並錄尚書事。

和帝紀以鄧彪爲太傅、賜爵關內侯、錄尚書事、百官總己以聽。

又大司農尹睦爲太尉、錄尚書事。

殤帝紀太尉張禹爲太傅、司徒徐防爲太尉、參錄尚書事。

安帝紀太尉馮石爲太傅、司徒劉憙爲太尉、參錄尚書事。

順帝紀太常桓焉爲太傅、大鴻臚朱寵爲太尉、參錄尚書事。

又劉光爲太尉錄尚書事。

又大鴻臚龐參爲太尉錄尚書事。

沖帝紀以太尉趙峻爲太傅大司農李固爲太尉參錄尚書事。

質帝紀司徒胡廣爲太尉司空趙戒爲司徒與梁冀參錄尚書事。

靈帝紀以前太尉陳蕃爲太傅上竇武及司徒胡廣參錄尚書事。

又司徒胡廣爲太傅錄尚書事。

又後將軍袁隗爲太傅與大將軍何進參錄尚書事。

獻帝紀司徒王允錄尚書事總朝政。

又司空淳于嘉爲司徒光祿大夫楊彪爲司空並錄尚書事。

又光祿大夫馬忠爲太尉參錄尚書事。

又太僕朱儁爲太尉錄尚書事。

又太常楊彪爲太尉錄尚書事。

又衞尉趙溫爲司徒錄尚書事。

又鎭東將軍曹操自領司隸校尉錄尚書事。

夫以一文牘祕書之機構。而內外演變。極其複雜而重要者。何也。準故事則有例案可循。而行政合於心習。操命令則有威權可擅。而事先宜愼防。維賢明之主。以太史內史隸六官。則政治無不公開。專制之世。

以尚書中書為內職則宰制任其私便。故觀於兩漢尚書之職可以得政權之要義。焉分職愈多。轄地愈廣。集權愈尊。委任大臣則慮兩府三公奪其魁柄。總持禁近則惟左右侍從為其腹心。於是由齟齬而調整。又必就外官之可倚重者。總領其事。而其他重臣不參機密。僅能負其所掌一機關之責。於大政無與焉。明之各部尚書不入內閣者。不敵大學士之尊。清之大學士不入軍機者。亦不過虛擁中堂之名。前後一轍也。顧此祕書文牘之職。由人主與大臣爭權而為此因齟齬而調整之機構。又別有兩患焉。禁近復藏內幕。則宦豎之力得而駕之。外官或擅兵柄。則武人之力得而奪之。歷朝已事。不可縷舉。要皆集權之必然趨勢也。東漢陳忠李固等。恆思調變內外。

後漢書陳忠傳（其諫疏前半見前）近以地震策免司空陳褒、今者災異、復欲切讓三公、昔孝成皇帝以妖星守心、移咎丞相、使賁麗納說方進、方進自引、卒不蒙上天之福、徒乖宋景之誠、故知是非之分、較然有歸矣、又尚書決事、多違故典、罪法無例、詆欺為先、文慘言醜、有乖章憲、宜責求其意、割而勿聽。　忠意常在褒崇大臣、待下以禮、其九卿有疾、使者臨問、加賜錢布、皆忠所建奏、頃之、拜尚書令、延光三年、拜司隸校尉、糾正中官外戚賓客、近倖憚之、不欲忠在內。

又李固傳陛下之有尚書、猶天之有北斗也、斗為天喉舌、尚書亦為陛下喉舌、斗斟酌元氣、運平四時、尚書出納王命、賦政四海、權尊勢重、責之所歸、若不平心、災眚必至、誠宜審擇其人、以毗聖政、今與陛下共理天下者、外則公卿尚書、內則常侍黃門、譬猶一門之內、一家之事、安則共其福慶、危則通其禍敗。

而竇武之敗。乃由宦豎盜發其書。則內幕之內幕尤可懼也。

後漢書竇武傳武奏免黃門令魏彪、以所親小黃門山冰代之、使冰奏素狡猾尤無狀者長樂尚書鄭颯、送北寺獄、蕃謂武曰、此曹子便當收殺、何復考、爲武不從、令冰與尹勳侍御史祝瑨雜考颰、辭連及曹節王甫、勳冰卽奏收節等、使劉瑜內奏、時武出宿歸府、典中書者先以告長樂五官史朱瑀、瑀盜發武奏。

論漢尚書之職、必上推之於周之史職、下極之於後世之祕書、其義始備。古史起源、固亦不過專司記錄。以其切近主權者、諫爭規勸、易於進言、而史權由之而重。漢之尚書、非其比矣。然如申屠剛、鍾離意、張陵諸賢、焜燿史策、實亦可以成主德而申公憲。

後漢書申屠剛傳、遷尚書令、光武嘗欲出游、剛以隴蜀未平、不宜宴安逸豫、諫不見聽、遂以頭軔乘輿輪、帝遂爲止。

又鍾離意傳、徵爲尚書、時交阯太守張恢坐贓千金、徵還伏法、以資物簿入大司農、詔班賜羣臣、意得珠璣、悉以委地而不拜賜、帝怪而問其故、對曰、臣聞孔子忍渴於盜泉之水、曾參回車於勝母之閭、惡其名也、此臧穢之寶、誠不敢拜、帝嗟歎曰、清乎尚書之言、乃更以庫錢三十萬賜意、轉爲尚書僕射。車駕數幸廣成苑、意以爲從禽廢政、常當車陳諫般樂遊田之事、天子卽時還宮。永平三年夏旱、而大起北宮、意詣闕免冠上疏、　詔因謝公卿百僚、遂應時澍雨焉。時詔賜降胡子縑、尚書案事、誤以十爲百、帝見司農上簿、大怒、召郎將笞之、意因入叩頭曰、過誤之失、常人所容、若以懈慢爲愆、則臣位大罪重、郎位小罪輕、咎皆在臣、臣當先坐、乃解衣就格、帝意解、使復冠而貰郎。帝性褊察、好以耳目隱發爲明、故公卿大臣數被詆毀、近臣尚書以下、至見提拽。朝廷莫不悚慄、爭爲嚴切、以避誅責、唯意獨敢諫爭、數封還詔書、臣下過失、輒救解之。　帝雖不能用、然知其至誠、亦以此故不得久留、出爲魯相。後德陽殿成、百官大會、帝思意言、謂公卿曰、鍾離尚書若在、此殿不立。

又張陵傳、官至尚書、元嘉中歲首朝賀、大將軍梁冀帶劍入省、陵呵叱之、令出、勅羽林虎賁奪冀劍、冀跪謝、陵不應、卽劾奏冀、請廷尉論罪、有詔以一歲俸贖、而百寮肅然。初冀弟不疑爲河南尹、舉陵孝廉、不疑疾陵之奏冀、因謂曰、昔舉君、適所以自罰也、陵對曰、明府不以陵不肖誤見擢序今中公憲以報私恩不疑有愧色。

故制度無定亦視居其職者之若何。至如翟酺之詐孫懿以求爲尙書。則學者之無行可資監戒者耳。

後漢書翟酺傳時尙書有缺詔將大夫六百石以上試對政事天文道術以高第者補之酺自恃能高而忌故太史令孫懿恐其先用乃往候懿既坐言無所及惟涕泣流連懿怪而問之酺曰圖書有漢賊孫登將以才智爲中官所害觀君表相似當應之酺受恩接悽愴君之禍耳懿憂懼移病不試由是酺對第一拜尙書。（試尙書以天文道術亦可見尙書性質與古史官相近）

史統第三

史之所重在持正義梁隋以來爰有正史之名歷代相沿充溢簿錄顧正史二字初未有確定界說隋志稱世有著述皆擬班馬以爲正史乃依其世代聚而編之以備正史故唐六典曰乙部爲史其類一十有三一曰正史以紀紀傳表志四庫提要曰總括羣書分十五類首曰正史大綱也章學誠辨其類例不同亦未陳正史之定義

章學誠論修史籍考略舊例以二十一家之書同列正史其實類例不淸馬遷乃通史也梁武通史鄭樵通志之類屬之班固斷代專門之書也華謝范沈諸家屬之陳志分國之書也十六國春秋九國志之類屬之南北史斷取數代之書也薛歐五代諸史屬之晉書唐書集衆官修之書也宋遼金元諸史屬之

梁啓超以官書目之義亦未諦官書不限於正史正史亦不盡官書也

梁啓超中國史籍十類表　第一正史　甲官書所謂二十四史是也　乙別史華嶠後漢書習鑿齒蜀漢春秋等其實皆正史（習鑿齒漢晉陽秋是編年體非華氏後漢書一類）

尋六典之說蓋世所公認諸史不盡有表志而紀傳之體實同故自隋志以降編年之體皆別爲類不入正史紀傳體之爲正史允足備一義矣第正史之名始於梁阮孝緒其正史削繁一書今雖不傳疑其所謂正史卽七錄所謂國史取別於僞史者也

隋書經籍志雜史類正史削繁九十四卷阮孝緒撰

阮孝緒七錄紀傳錄十二類一曰國史 七曰僞史。

梁武通史吳蜀二主皆入世家五胡及拓跋氏列於夷狄傳。（見史通史記家）阮氏所持之義。必與通史相同。五胡拓跋概非正史。其於曹魏不用習氏之說。則蕭梁受禪。不能斥魏也。準此以言。隋志之載正史。已不同於阮氏。魏周諸書次於齊梁。則以隋承周後。不得外拓跋於夷狄矣。至劉知幾史通。歷舉正史。並及十六國春秋。則又大異於隋志。崔書在隋志屬於霸史。唐志亦列僞史。其不得爲正史。盡人所知也。即劉氏亦屢稱爲僞史。顧置之正史之列。

史通正史篇 貞觀中詔以前後晉史十有八家制作雖多未能盡善乃勅史官更加纂錄採正典與雜說數十餘部兼引僞史十六國書。崔鴻歿後永安中其子續寫奏上請藏諸祕閣由是僞史宣布大行於時。

豈以鴻書紀綱皆以晉爲主。故特重之耶。然國書曰錄。主紀曰傳。亦與三國志不同。列之正史。未審其何所取義也。

史通正史篇崔鴻考覈衆家辨其同異除煩補闕錯綜綱紀易其國書曰錄主紀曰傳都謂之十六國春秋。

又探賾篇崔鴻鳩諸僞史聚成春秋其所列者十有六家而已魏收云鴻世仕江左故不錄司馬劉蕭之書又恐識者尤之未敢出行於外。案於時中原乏主海內橫流逖彼東南更爲正朔適使素王再出南史重生終不能別有異同忤非其議安得以僞書無錄而猶歸罪彥鸞者乎。且必以崔氏祖宦吳朝故情私南國必如是則其先徙居廣固委質慕容何得書彼南燕而與羣胡並列愛憎之道豈若是邪。且觀鴻書之紀綱皆以晉爲主亦猶班書之載吳項必繫漢年陳壽之述孫劉皆宗魏世何止獨遺其事不取其書而已哉。但伯起躬爲魏史傳列島夷不欲使中國著書推崇江表所以輒假言崔志用紓魏羞。

唐志正史內附集史李氏南北史列焉。鄭樵藝文略正史末有通史亦卽所謂集史也。元主中夏以遼金之史與宋並列。遼金雖未統一以魏齊周之史爲正史例之固承隋志之義也自元及清蓋無所謂霸史僞史之說。章氏生清代雖熟於史義顧亦不能質言姑以遼金元史爲集衆官修之書比之晉唐而阮氏正史之義訖未有人發之。今之政體既異前世正僞雜霸之辨似可存而不論。然民族主義及政權統一。皆今之所最重亦卽吾史相承之義有以啓之。故由正史之名推其義之從來則三統五德及後世正統之辨固今日所當理董不必爲清人隱諱之辭及前哲辨析未精者所囿矣。

公羊傳隱公元年曰何言乎王正月大一統也。三年曰故君子大居正。一統與居正實貫上下千古而言。故董仲舒對策曰春秋大一統者天地之常經古今之通誼也。炎黃以來吾史雖有封建郡縣之殊禪讓世及之制而羣經諸子以迨秦漢紀載述吾政教所及之區域贏縮不同地望互異要必駢舉東西南朔所屆以示政權之早歸於一。

堯典宅嵎夷曰暘谷平秩東作宅南交平秩南訛宅西曰昧谷平秩西成宅朔方曰幽都平在朔易。

禹貢東漸於海西被於流沙朔南暨聲教訖於四海。

王制西不盡流沙南不盡衡山東不盡東海北不盡恆山凡四海之內斷長補短方三千里。

爾雅東至於泰遠西至於邠國南至於濮鈆北至於祝栗謂之四極觚竹北戶西王母日下謂之四荒岠齊州以南戴日爲丹穴北戴斗極爲空桐東至日所出爲太平西至日所入爲大蒙。

大戴記五帝德北至於幽陵南至於交趾西濟於流沙東至於蟠木。

呂氏春秋任數東至開梧、南撫多顤、西服壽靡、北懷儋耳。

又爲欲北至大夏、南至北戶、西至三危、東至扶木。

又求人禹東至榑木之地、南至交趾孫樸續樠之國、西至三危之國、北至人正之國。

秦瑯琊臺刻石文西涉流沙、南盡北戶、東有東海、北過大夏。

史記五帝本紀黃帝東至於海、西至於空桐、南至於江、北逐葷粥。　顓頊北至於幽陵、南至於交趾、西至於流沙、東至於蟠木。

故其思想之廣大、動以天下爲言。皋陶謨曰光天之下、至於海隅蒼生、萬邦黎獻、共惟帝臣。立政曰方行天下、至於海表、罔有不服。北山之詩曰溥天之下、莫非王土、率土之濱、莫非王臣。戰國時人、且以爲自舜以來之詩（呂氏春秋愼人）是以部落酋長、不妨以千百計、而統治之者、必歸於一、個中央政府、此其與他族史迹之型成、徒以一都、一市、一國、一族、與其他市、府、國、族、頡頏、雜立、代興、爭長、垂數千年、不能統於一者、迥殊之特色也。

由天下之觀念、而有天下非一人之天下也、天下之天下也之觀念（呂氏春秋貴公）又有天下非一家之有也、有道者之有也之觀念（逸周書殷祝）故曰垂三統列三正、去無道開有德、不私一姓。此實吾民族持以衡史最大之義。其衡統一之時代、必以道德爲斷。三統五德、不必拘一姓之私、而無道者雖霸有九州、不得列之正統。雖曰五德本於五行、其取相勝或相生、本無定說、學者多病其誕妄、然以道德表治統、固不得爲迷信也。

漢書谷永傳天生蒸民、不能相治、爲立王者以統理之、方制海內、非爲天子、列土封疆、非爲諸侯、皆以爲民也。垂三統、列三正、去無道、開有德、不私一姓、明天下迺天下之天下、非一人之天下也。

春秋繁露三代改制質文篇三正以黑統初正日月朔於營室斗建寅天統氣始通化物、物見萌達、其道黑、故朝正服黑。正白統者、歷正日月朔於虛斗建丑天統氣始蛻化物、物始芽、其色白故朝正服白。正赤統者、歷正日月朔於牽牛斗建子、天統氣始化物、物始動、其色赤、故朝正服赤。（據盧文弨校補）三統之變、近夷遐方、無有生煞者、獨中國後、（按此文卽謂近夷遐方不能以相生相勝之義得吾治統得吾治統者、獨中國之民族耳）而三代改正必以三統天下、曰三統五端化四方之本也、天始廢始施地必待中、是故三代必居中國、法天奉本、執端要以統天下、朝諸侯也。是以朝正之義、天子純統色衣、諸侯統衣纏緣紐、大夫士以冠、參近夷以綏、遐方各衣其服而朝、所以明乎天統之義也、其謂統三正者、曰正者正也、統改其氣、萬物皆應而正、統正其餘皆正。

史記秦始皇本紀始皇推終始五德之傳、以爲周得火德、秦代周德從所不勝、方今水德之始、（此以相勝爲義、）

漢書律曆志世經炮犧繼天而王、爲百王先、首德始於木、故爲帝太昊。共工氏伯九域、雖有水德、在火木之間、非其序也、任知刑以彊、故伯而不王、秦以水德在周漢木火之間、周人遷其行序、故易不載。炎帝以火承木、故爲炎帝。黃帝氏作火生土、故爲土德。少昊摯立、土生金、故爲金德。顓頊受之、金生水、故爲水德。帝嚳受之、水生木、故爲木德。帝堯封于唐、木生火、故爲火德。堯嬗舜以天下、火生土、故爲土德。舜嬗禹以天下、土生金、故爲金德。成湯伐夏、金生水、故爲水德。周武王伐紂、水生木、故爲木德。漢高祖伐秦繼周、木生火、故爲火德。（張蒼以漢爲水德、公孫臣以漢爲土德、其說不一、）

史記高祖本紀贊曰、漢興、承敝易變。使人不倦。得天統矣。此言其道能承天之統也。漢書郊祀志、宣帝卽位、由武帝正統興。則謂一姓傳位之正統也。師丹傳稱劾奏董宏知皇太后至尊之號、天下一統。而稱引亡秦以爲比喻。則以太后之稱不宜有二。爲一統。又稱爲人後者爲之子、故爲所後服斬衰三年、而降其父母葬。明尊本祖而重正統也。亦以哀帝之嗣成帝爲正統。皆帝王家事。非指國權之遷變。故治史者謂後儒誤用正統二字。不知漢人所謂正統。固有專義。然世經謂秦在木火之間。顏師古曰、志言秦爲閏位。王莽傳贊曰、紫色鼃聲、餘分閏位。則正閏之辨、漢已有之矣。秦新失德。均不得爲正統。曹魏篡逆。同於新莽。故習鑿齒斥魏而正蜀。

晉書習鑿齒傳、桓溫覬覦非望、鑿齒著漢晉春秋以裁正之、起漢光武、終於晉愍帝、於三國之時、蜀以宗室爲正、魏雖受漢禪、晉尚爲篡逆、至於文帝平蜀、乃爲漢亡、而晉始興焉。

世說注引習鑿齒漢晉春秋晉承漢統論、曰若以魏爲有代王之德、則其道不足、道不足則不可謂制、當年若以有靖亂之功、則孫劉鼎立、共工秦政、猶不見敘於帝王、況暫制數州之衆哉。

其所持義。地未統一。道不足稱。蜀爲宗室。實兼三義。初非止私一姓。史通既辨晉書之非。又以通史爲當說似兩歧。然探賾篇所謂定邪正之途、明順逆之理、則固深得習氏之用心也。

史通探賾篇、習鑿齒之撰漢晉春秋、以魏爲僞國者、此蓋定邪正之途、明順逆之理耳、而檀道鸞稱其當桓氏執政、故撰此書、以絕彼瞻烏、防茲逐鹿。安有變三國之體統、改五行之正朔、勒成一史、傳諸千載、而藉以權濟物議、取誡當時。　按此駁晉書承檀氏之說、命意尤正、有所爲而爲者、固不逮無所爲而爲、後世以朱子當南宋、故取習氏之說者、其識乃下於劉氏。

史通世家篇、魏有中夏、而揚益不賓、終亦受屈中朝、見稱僞主、爲史者必題之以紀、則上通帝王、牓之以傳、則下同臣妾、梁主勅撰通史、定爲吳蜀世家、持彼僭君、比諸列國、去太去甚、其得折中之規乎。

自宋以來。持正統論與不持正統論者迭作、而傳授之正、疆域之正、種族之正、道義之正、諸觀念、恆似鑿納而不能相通使四者皆備則固人無異詞而史實所限則必一一精析而後得當驟視之似持論不同切究之則固皆以正義爲鵠也茲先就不持正統論者言之司馬溫公之爲通鑑自謂臣愚誠不足以識前代之正閏又曰正閏之論自古及今未有能通其義確然使人不可移奪者然必曰苟不能使九州合爲一統皆有天子之名而無其實者也又曰正閏之際非所敢知但據其功業之實而言之周秦漢晉隋唐皆嘗混壹九州傳祚於後子孫雖微弱播遷猶承祖宗之業有紹復之望四方與之爭衡者皆其故臣也故全用天子之制以臨之其餘地醜德齊莫能相壹名號不異本非君臣者皆以列國之制處之彼此均敵無所抑揚庶幾不誣事實近於至公（均見通鑑魏紀論）是其主張惟以能統一九州爲正而於秦隋不加貶削則國族之不自力雖以種族之正屈於偏安者可以鑒此而知自奮義固未可非也然於紀年之法不得不取列國之一以繫他國之事故又曰天下離析之際不可無歲時月日以識事之先後據漢傳於魏而晉受之晉傳於宋以至於陳而隋取之唐傳於梁以至於周而宋承之故不得不取魏宋齊梁陳後梁後唐後晉後漢後周年號以紀諸國之事非尊此而卑彼有正閏之辨也則不逮綱目並書之允史通曰紀之爲體猶春秋之經繫日月以成歲時書君王以顯國統（本紀篇）是紀年即顯國統不辨正閏不分尊卑則擇取其一者不如列國並書矣

王船山亦不持正統論者也然生際明清之交又丁元室之後人力所窮史實又異而其孤懷宏識又深病李槃等之局於一姓之私則寧歸之於一治一亂而不忍承認元淸之統一故船山之不持正統論與溫公相似而實不同然其不持私己之偏辭務求大公之通論與溫公之意亦無不合

王夫之讀通鑑論卷十九三代而下、吾知秦隋之亂、漢唐之治而已、吾知六代五季之離、唐宋之合而已、治亂合離者天也、合而治之者人也、舍人而窺天、舍君天下之道而論一姓之興亡、於是而有正閏之辨、但以混一者爲主、故宋濂作史、以元爲正、而亂華夷、皆可託也。夫漢亡於獻帝、唐亡於哀帝、明矣、延旁出之孤緒、以蜀漢繫漢、黜魏吳、而使晉承之、猶之可也、然晉之篡立、又奚愈於魏吳、而可繼漢邪、蕭詧召夷以滅宗國、竊據彈丸、而欲存之爲梁統、蕭衍之逆、且無以愈於陳霸先、而況於詧、李存勗朱邪之部落、李昪不知誰氏之子、必欲伸其冒姓之妄於諸國之上、以嗣唐統而授之宋、則劉淵可以繼漢、韓山童可以繼宋乎、（近世有李槃者云然）一合而一離、一治而一亂、於此可以知天道焉、於此可以知人治焉。

又叙論一天下之生、一治一亂、當其治、無不正者以相干、而何有於正、當其亂、既不正矣、而又孰爲正、有離有絕、固無統也、而又何正不正耶。以天下論者、必循天下之公、天下非一姓之私也、惟爲其臣子者、必私其君父、則宗社已亡、而必不忍戴異姓異族以爲君、若夫立乎百世以後、持百世以上大公之論、則五帝三王之大德、天命已改、不能強繫之以存、故杞不足以延夏、宋不足以延商、夫豈忘禹湯之大澤哉、非五子不能爲夏而歌雒汭、非箕子不能爲商而吟麥秀也、故昭烈亦自君其國於蜀、可爲漢之餘裔、而擬諸光武、爲九州兆姓之大君、不亦誣乎、充其義類、將欲使漢至今存而後快、則又何以處三王之明德、降苗裔於編氓耶。蜀漢正矣、已亡而統在晉、晉自篡魏、豈承漢而興者、唐承隋、而隋抑何承、承之陳、則隋不因滅陳而始爲君、承之宇文氏、則天下之口口已亂、何統之足云乎、無所承、無所統、正不正、存乎其人而已矣、正不正、人也、一治一亂、天也、猶日之有晝夜、月之有弦望晦朔也、非其臣子以德之順逆定天命之去留、而詹詹然爲已亡無道之國延消謝之運、何爲者耶、宋亡而天下無統、又奚說焉。近世有李槃者、以宇文氏所臣屬之蕭詧、爲篡弑之蕭衍延苟全之祀、而使之統、陳沙陀夷族之朱邪存勖、不知所出之徐知誥、冒李唐之宗、而使之統分據之天下、父子君臣之倫大紊、而自矜爲義、有識者一吷而已。　按船山之言、不私一姓、痛斥李槃、則延南明之緒者、在船山猶未以爲然也、但船山於華夷之辨極嚴則又深憾於吾族之不自力故其責治亂於人與溫公之義初不相悖且與五德代興及綱目無統之說亦不相悖李槩等之識正坐不解五德代興及無統之說耳

又其論石勒拓跋宏之事曰天下所極重而不可竊者二天子之位也是謂治統聖人之教也是謂道統而痛責敗類之儒竊道統以教之竊（讀通鑑論卷十三）是船山論史固自有所謂統專以華夷道義爲衡非漫然無所統也故主蕭齊以存華夏斥楊廣以誅篡逆又與尊南朝而閏秦隋者持義相等矣

讀通鑑論卷十六齊高帝〔凡篡位者未即位皆稱名已即位則稱帝史例也蕭齊無功竊位不足列於帝王之統系而以帝稱者以北有拓跋氏之稱魏故主齊以存華夏〕

又卷十九〔凡六代不肖之主皆仍其帝稱篇內獨稱煬帝曰逆廣以其與劉劭同其覆載不容之罪且時無夷狄割據不必伸廣以明正統〕據此知船山存六代之帝稱即以明正統

清魯一同亦不持正統論者曰去一無實之名而各如其所自爲帝則曰帝王則曰王是其論正統雖與歐陽修異而仍是歐著五代史帝梁之法（參閱五代史記梁本紀論）

魯一同正統論重正統則竊於奪輕正統則竊於予且夫既已謂之正矣而輒以予夫盜賊篡弒極不正之人此人之所以滋不服也故曰莫若並去正統之名去正統之名而後可以惟吾所予篡而得者謂之篡盜而得者謂之盜而皆不絕其爲君而卒亦不予之爲正春秋之法用夷禮則夷之通上國則進之予奪何常惟變所適今去一無實之名而各如其所自爲帝則曰帝王則曰王高光崛起李趙纘緒魏晉篡竊秦隋彊梁偏安割據畫土分疆無所拘滯安所紛擾哉

周樹槐之持論亦曰必也去其正統之名紛紛異同之論皆息然亦曰元人之以宋遼金列爲三史非公

論而於蜀漢南宋又以其人而重之則未嘗不持種族之正道義之正也惟其生於淸世惡淸室之竊正統而不敢昌言乃以不持正統之說爲得故不持正統者卽不承認淸之統一天下爲正統也

周樹槐書蘇文忠正統論後自記必也去其正統之名紛紛異同之論皆息矣　再書正統論後元人之以宋遼金列爲三史也非公論也至明人病之欲黜遼金悉從晉書載記之例亦非公論也從載記之例遼可也金不可也於宋可也於南宋不可也●　蜀漢列於正統者以有武鄉侯漢壽亭侯也南宋列於正統者以有岳忠武紫陽諸賢也賢者之益於人國如是哉

梁啓超新史學謂中國史家之謬未有過於言正統者其所舉例以綱目及乾隆間通鑑輯覽爲主而斷之曰不論正統則亦已耳苟論正統吾敢翻數千年之案而昌言曰自周秦以後無一能當此名者也第一夷狄不可以爲統則胡元及沙陀三小族在所必擯而後魏北齊北周契丹女眞更無論矣第二簒奪不可以爲統則魏晉宋齊梁陳北齊北周隋後周宋在所必擯而唐亦不能免矣第三盜賊不可以爲統則後梁與明在所必擯而漢亦如唯之與阿矣然則正統當於何求之曰統也者在國非在君也在衆人非在一人也舍國而求諸君舍衆人而求諸一人必無統之可言此梁氏當淸季在海外之言論自謂能翻數千年之案其實不予夷狄簒奪盜賊卽吾史數千年相承之義並未能於傳統之學說之外有所發明且所謂統在國非在君在衆人非在一人則國族之統正當求諸衆史矣梁氏又謂若夫以中國之種族而定則誠愛國之公理民族之精神雖達於統之義猶不悖於正之名也而惜乎數千年未有持此以爲鵠者也則尤爲失言元明以來不必論卽唐皇甫湜東晉正閏論力詆元魏非以種族論正閏者乎湜之言曰昔之著書者有帝元（指元魏）今之爲錄者皆閏晉可謂失之遠矣或曰元之所據中國也曰所

以爲中國者。以禮義也。所以爲夷狄者。無禮義也。非繫於地。晉之南渡。文物攸歸。禮樂咸在。流風善政。史實存焉。魏氏恣其暴強。虐此中夏。斬伐之地。雞犬無餘。驅士女爲肉籬。委之戕殺。指衣冠爲芻狗。逞其屠刈。種落繁熾。歷年滋多。此而帝之。則天下之士。有蹈海而死。天下之人。必登山而餓。忍食其粟。而立其朝哉。是其持論之嚴。雖鄭所南無以過也。

既知不持正統論者之同一尚統一尚正義。其所持之正義。同一去無道。開有德。不私一姓。是實吾國傳統之史義。卽亦可以明於持正統論者之基本觀念。亦無異於不持正統論者也。宋人反覆詳究正統論者。以歐公爲最。歐公外集論此者凡七篇。居士集論之者三篇。而外集又有正統辨上下二篇。二篇之論最嚴。以漢唐宋繼三代。不數秦隋。居士集之論。則予秦隋而絕東晉。謂正統至漢而絕。晉得之而又絕。隋唐得之而又絕。自堯舜以來三絕而復續。惟有絕而有續。然後是非公。予奪當。而正統明。其意亦與通鑑之論相同。且開綱目無統之說。惟絕東晉未就夷夏之義析之耳。

歐陽修正統論下居天下之正合天下於一斯正統矣堯舜夏商周秦漢唐是也始雖不得其正卒能合天下於一斯謂之正統可矣晉隋是也天下大亂僭竊並興正統無屬則正統有時而絕故正統之序上自堯舜歷夏商周秦漢而絕晉得之而又絕隋唐得之而又絕自堯舜以來三絕而復續惟有絕而有續然後是非公予奪當而正統明。

同時有章望之著明統論。立正統霸統二說。以秦晉隋爲霸統。謂歐公既曰君子大居正。而以不正人居之。是正不正之相去未能相遠也。蘇軾著論辨之。謂歐陽以名言。章以實言。名輕而後實重。歐陽子重與之。而吾輕與之。正統聽其自得者十。曰堯舜夏商周秦漢晉隋唐。序其可得者六。亦以存教。曰魏梁後唐晉漢周。使夫堯舜三代之所以爲賢於後世之君者。皆不在乎正統。故後世之君不以其道而得之者亦不以爲堯舜三代之比。於是乎實重（詳蘇集正統論上中下篇）夫史家所持者名教也。辨統以名。責實亦以名。蘇氏第謂論統猶不足以別其實耳。而予之以統之後。又一一判其賢不肖。則仍持名教也。且一代之統之正否。大共之名也。某君某主之賢否。個別之名也。史家已於個別各有論贊。而猶欲總其全體而判其正否。猶之學校諸生之成績既已科別高下。而又有總平均之高下。以示獎懲。如蘇之意。則輕於總平均而專責科別之謂。譬之學校生徒。概予畢業。而優劣任人評之耳。

鄭樵之爲通志也。三國南北朝並次爲紀。正閏泯焉。夷夏亦無別也。是雖效梁武爲通史。僅僅彙錄舊史。未能精別名分也。朱子踵通鑑爲綱目。雖多門人本其意爲之。而凡例則朱子所自定也。其於統系有正統與無統之別。蓋合溫公天子列國之判及歐公正統三絕之說而釐然各當矣。其於漢也迄炎興。異於溫公重正義也。其於晉也迄元興。異於歐公重華夏也。惟宋魏對峙以後。歸於無統。未以四朝爲正。則猶有待於鄭所南之更定焉。

專持夷夏之義以論正統者。莫嚴於鄭所南之心史。謂正統惟三皇五帝三代西漢東漢蜀漢大宋而已。兩晉宋齊梁陳可以中國與之。不可列之於正統。李唐實夷狄之裔。其諸君家法甚繆戾。特以其幷包天下頗久。貞觀開元太平氣象。東漢而下未之有也。姑列之於中國。特不可以正統言。又謂南史宜曰四朝正史。北史宜黜曰胡史。是專持種族之正之義也。惟謂不以正而得國則篡之者非逆。以爲宋解。尚屬私於所君之詞。然舉漢取嬴政之國。唐取普六茹堅之國以爲例。則說亦可通。全謝山力言心史爲僞書。然卽明人所託鄭氏之言。亦明人持正義以論史之特識也。

心史古今正統大論中國之事、係乎正統、正統之治、出於聖人、以教後世天下之人所以爲臣爲子也、豈宜列之以嬴政王莽曹操孫堅拓跋珪十六夷國等與中國正統互相夷虜之語雜附於正史之間、且書其秦新室魏吳元魏十六夷國名年號及某祖某帝朕詔天子封禪等事、竟無以別其大倫、　臣行君事、夷狄行中國事、古今天下之不祥、莫大於是。　若夫夷狄風俗興亡之事、許存於本史、若國名素其獫狁單于之號及官職州縣並從之。　其曰北史、是與中國抗衡之稱、宜黜曰胡史、仍修改其書、奪其僭用天子制度等語、其曰南史、實以偏方小之、然中國一脈係焉、宜崇曰四朝正史。　嬴政不道、王莽篡逆、劉玄降赤眉、劉盆子爲赤眉所挾、五代篡逆尤甚、冥冥長夜、皆不當與之、普六茹堅小字那羅延、奪僞周宇文闡之土、而幷僭陳之天下、本夷狄也、魏徵猶引楊震十四世孫書之、此必普六茹堅援引前賢以華族譜云、並宜黜其國名年號、惟直書其姓名及甲子焉、　若論古今正統、則三皇五帝三代西漢東漢蜀漢大宋而已、司馬絕無善治、或謂後化爲牛氏矣、宋齊梁陳巍然綴中國之一脈、四姓廿四帝、通不過百七十年、俱無善治、俱未足多議、故兩晉宋齊梁陳可以中國與之、而不可列之於正統、李唐爲晉載記涼武昭王李暠七世孫、實夷狄之裔、況其諸君家法甚繆戾、特以其幷包天下頗久、貞觀開元太平氣象、東漢而下未之有也、姑列之於中國、特不可以正統言。　以正而得國、則篡之者逆也、如逆莽逆操之類是也、不以正而得國、則篡之者非逆也、漢取嬴政之國、唐取普六茹堅之國、大宋取柴宗訓之國是也。

方正學釋統之言曰、天下有正統一。變統三。三代正統也。如漢如唐如宋、雖不敢幾乎三代。然其主皆有恤民之心。則亦聖人之徒也。附之以正統。亦孔子與齊桓仁管仲之意也。奚謂變統。取之不以正。如晉宋齊梁之君、亦不可爲正矣。守之不以仁義。戕虐乎生民。如秦如隋。使傳數百年。亦不可爲正矣。夷狄而僭中國。女后而據天位。治如苻堅。才如武氏。亦不可繼統矣。三統立而勸戒之道明。僥倖者其有所懼乎。

（釋統上）變統之說。視章望之所定霸統較賅。霸統不及武周之竊。唐變統則賅之矣。又曰變統之異於正統者。何也。始一天下而正統絕。則書甲子而分注其下。（釋統下）是亦歐公所謂三絕。朱子所謂無統之意也。魏禧正統論歷舉歐蘇鄭三家之說。謂鄭氏爲尤正。顧未及方氏釋統。而其所創正統偏統竊統三目。亦卽章氏霸統方氏變統而小易之耳。

方氏生當明初。吾族習於蒙古者久。聞其言者多訾之。故又作後正統論。專伸夷夏之義。

方孝孺後正統論俗之相成、歲熏月染、使人化而不知、在宋之時、見胡服聞胡語者、猶以爲怪、主其帝而虜之、或羞稱其事、至於元、百年之間、四海之內、起居飲食、聲音器用、皆化而同之、斯民長子育孫、於其土地、習熟已久、以爲當爾、昔旣爲其民矣、而斥之以爲夷狄、豈不駭俗而驚世哉、然顧嫌者乃一時之私、非百世不易之道也、賢者之慮事、當先於衆人、而預憂於後世、苟以夷狄之主而進之於中國、則無厭之虜、何以懲、畏安知其不復爲中國害乎、如是則生民之禍大矣、斯固仁者之所不忍也、然則當何爲、曰其始一天下也、不得已以正統之法書其國號、而名其君、於制詔號令變更之法、稍異其文、崩殂薨卒之稱、遞降之、繼世改元之禮、如無統、一傳以後、分注之、凡所當書者、皆不得與中國之正統比、以深致不幸之意、使有天下者、懲其害、而保守不敢忽、使夷狄知大義之嚴、正統之不可以非類得、以消弭其僥覬之心。

邱瓊山作世史正綱。卽本方氏之法。書元世史至明太祖始復中國之統。其於中國之人漸染元俗日與之化。身其氏名口其言語。家其倫類。忘其身之爲華。十室而八九。言之尤極沈痛。而仍元之世。第謂世道至此。壞亂已極。亦不似王洙宋史質之以明之先祖虛承宋統。則於正義之中。亦不抹殺史實。胡應麟以是書繼綱目。非過言也。

世史正綱有華夏純全之世、漢唐是也、有華夏割據之世、三國是也、有華夷分裂之世、南北朝及宋南渡是也、有華夷混亂之世、東晉及五代是也、若夫胡元入主中國、則又爲夷狄純全之世、嗚噫世道至此壞亂極矣、此世史正綱所由作也。 竊原天地之理、惟聖賢之意、以嚴萬世夷夏之防、於元之混一天下、依綱目南北朝五代例、分書其年號於甲子之下。

又洪武元年春正月、太祖卽皇帝位、復中國之統。 自有天地以來、中國未嘗一日而無統也、雖五胡亂華、而晉祚猶存、遼金僭號、而宋系不斷、未有中國之統盡絕、而皆夷狄之歸、如元之世者也、三綱既淪、九法亦斁、天地於是乎易位、日月於是乎晦冥、陰濁用事、遲遲至於九十三年之久、中國之人漸染其俗、日與之化、身其氏名、口其言語、家其倫類、忘其身之爲華、十室而八九矣、不有聖君者出、乘天心之所厭、驅其類而蕩滌之、中國尙得爲中國乎。

四庫提要、世史正綱三十二卷、明邱濬撰、是書本明方孝孺釋統之意、專明正統、起秦始皇二十六年、訖明洪武元年、以著世變事始之所由、於各條之下、隨事附論。 王士禛池北偶談稱其議論嚴正、陶輔桑榆漫志稱其義嚴理到、括盡幽隱、深得麟經之旨、胡應麟史學佔畢、稱春秋之後有朱氏、而綱目之後有邱氏。

又宋史質一百卷、明王洙撰、是編因宋史而重修之、別刱義例、大旨欲以明繼宋、非惟遼金兩朝皆列於外國、卽元一代年號、亦盡削之、而於宋益王之末、卽以明太祖之高祖追稱德祖元皇帝者承宋統。

華夏之人、服習名教、文儒治史、不能禁世之無亂、而必思持名義、撥亂世而反之正、國統之屢絕屢續者、恃此也、緣此而強暴者雖專恃力征經營、而欲其服吾民族之心、則雖據有其實、猶必力爭於名、如淸之入主中夏、以兵力耳、而多爾袞致史忠正書、必曰國家之撫定燕都、乃得之於闖賊、非取之於明朝也、此卽以名義劫服民心也、享國百年、猶懼不乂、乃修館書、乃辨正統於明人、之思宋、可以啓淸人之思明也。

則力斥之。雖操筆諸臣。即王船山所謂敗類之儒。而其意必受之於清室。觀其力斥宋史新編。已可概見。使儒者闡明史統。無礙於盜竊攘奪者之所爲。則據其實者何必爭此已往之名。以此思之。則知史統之關繫矣。

柯維騏宋史新編凡例宋接帝王正統契丹女眞相繼起於西北與宋抗衡雖各建號享國不過如西夏元昊之屬均爲邊夷今會三史爲一而以宋爲正遼金與之交聘交兵及其卒其立附載本紀仍詳君臣行事爲傳列於外國與西夏同

四庫提要宋史新編二百卷明柯維騏撰。　托克托等作宋史其最有理者莫過於本紀終瀛國公而不錄二王及遼金兩朝各自爲史元破臨安宋統已絕二王崎嶇海島建號於斷檣壞艣之間偷息於魚鼈黿鼉之窟此而以帝統歸之則淳維遠遁以後武庚搆亂之初彼獨非夏商嫡冢神明之胄乎何以三代以來序正統者不及也他如遼起滑鹽金興肅愼並受天明命跨有中原必以元經帝魏盡黜南朝固屬一偏若夫南北分史則李延壽之例雖朱子生於南宋其作通鑑綱目亦沿其舊軌未以爲非元人三史並修誠定論也而維騏強援蜀漢增以景炎祥興又以遼金二朝置之外國與西夏高麗同列又豈公論乎。

吾族由大一統而後有所謂正史。由正史而後有所謂通史集史。而編年與紀傳之體雖分。要皆必按年紀錄。雖史才之高下不同。而必持義之正。始足以經世而行遠。當時之以偏私爲正者。後史又從而正之。是即梁氏所謂統在國在衆人也。明於三統五德之義。則天下爲公。不私一姓。而前史之斷斷於一家傳統者。非第今不必爭。亦爲昔所不取。而疆域之正。民族之正。道義之正。則治史者必先識前賢之論斷。而後可以得治亂之總因。疆域不正則恥。民族不正則恥。推此二恥之所由來。則自柄政者以至中流士夫。全體民衆。無不與有責焉。吾史之不甘爲偏隅。不甘爲奴虜。不甘爲附庸。非追往也。以詔後也。蒙文通氏謂持正閏論者固政治民族主義。蓋有見於此。而未詳舉各家之說。故備論之。

蒙文通廣淺小書史家正閏之論、肇於漢晉春秋、而極於宋史質、粗視之若無謂、而實有深意存焉、世經言炎帝受共工、共工受太昊、祭典曰共工氏霸九域、言雖有水德、在火木之間、非其序也、故易不載、易曰炮犧氏沒、神農氏作、言共工霸而不王、雖有水德、非其序也、共工固爲天子、而易書家（尙書大傳易繫辭）黜之也、秦始皇本紀後附班固典引曰、周曆已終、仁不代母、秦値其位、索隱言秦値其閏位、德在木火之間、郊祀志亦言昔共工氏以水德間於木火、與秦同運、非其次序、索隱之言、卽據郊祀志文、是秦與共工實爲天子、而漢師不以爲天子也、習鑿齒作漢晉春秋、其晉承漢統論曰、昔共工氏霸有州九、秦政奄平區夏、猶不見序於帝王、今若以魏爲有代王之德、則其道不足、道不足則不可謂制當年、當年不制於魏、則魏未曾爲天下之王、王道不足於曹、則曹未始爲一日之王也、於是習氏之書、以蜀漢爲正統而黜魏、蕭穎士亦作黜陳閏隋論、以唐承梁、固以唐人以南朝爲僭僞故也、朱子綱目亦沿習氏、以南爲正統、陸游之作南唐書稱本紀、以易馬令之書、是亦欲以南唐繼唐、而斥北宋人五代正統之論、明時王洙作宋史質一百卷、以明繼宋、非惟遼金兩代皆列於外國、卽元一代年號亦盡削之、而於宋益王之末、卽以明太祖之高祖追稱德祖元皇帝者承宋統於瀛國公降元以後、歲歲書帝在某地、王洙之書、顯爲種族之痛、朱氏陸氏固以痛及於金禍、習氏固以痛於五胡、共工姜姓、爲苗黎之族、秦人之事、吾固考其爲西戎、則正閏論者、固政治民族主義也。

史聯第四

紀傳表志體之積爲正史而編年本末諸體卒莫能敵之者何也以其持義之正則固有各徇其私而不相合者以其累世相續則未若編年之起訖相銜以其敍事之詳則未若本末之系統尤著顧治史者既莫之易而又相率病之胡越相懸參商是隔斷續相離前後屢出劉知幾既迭述其短又謂交錯紛擾古今是同前史未安後史宜革

史通六家尋史記疆宇遼闊年月遐長而分以紀傳散以書表每論家國一政而胡越相懸敘君臣一時而參商是隔此其爲體之失者也

又二體若乃同爲一事分在數篇斷續相離前後屢出於高紀則云語在項傳於項傳則云事具高紀又編次同類不求年月後生而擢居首帙先輩而抑歸末章遂使漢之賈誼將楚屈原同列魯之曹沫與燕荊軻並編此其所以爲短也

又載言左氏爲書言事相兼煩省合理故使讀者尋繹不倦覽諷忘疲至於史漢則不然凡所包舉務存恢博文辭入記繁富爲多是以賈誼晁錯董仲舒東方朔等傳唯上錄言罕逢載事夫方述一事得其紀綱而隔以大篇分其次序遂令披閱之者有所懵然後史相承不改其轍交錯紛擾古今是同

又於表歷深詆遷史外篇雜說雖頗易辭要於紀傳表書相聯之誼未能明也

史通表歷文尚簡要語惡煩蕪何必款曲重沓方稱周備觀馬遷史記則不然矣天子有本紀諸侯有世家公卿以下有列傳至於祖孫昭穆年月職官各在其篇具有其說用相考覈居然可知而重列之以表成其煩費豈非謬乎且表次在篇第編諸卷軸得之不爲益

失之不爲損用使讀者莫不先看本紀越至世家表在其間緘而不視語其無用可勝道哉既而班東二史各相祖述迷而不悟無異逐狂必曲爲銓擇强加引進則列國年表或可存焉何者當春秋戰國之時天下無主羣雄錯峙各自年世若中之於表以統其時則諸國分年一時盡見如兩漢御歷四海成家公卿既爲臣子王侯方比郡縣何用表其年歲以別於天子哉

又雜說上觀太史公之創表也於帝王則叙其子孫於公侯則紀其年月列行縈紆以相屬編字戢孴而相排雖燕越萬里而於徑寸之內犬牙可接雖昭穆九代而於方尺之中雁行有叙使讀者閱文便覩舉目可詳此其所以爲快也

章氏史篇別錄例議申馬班之例議劉氏所譏欲以子注標題定著別錄其爲讀史者之計良得而於作史者之善猶未盡量而言第曰紀傳苦於篇分別錄聯而合之分者不終散矣編年苦於年合別錄分而著之合者不終混矣而不知表志卽所以聯合紀傳卽所以分著又其分合均所以爲聯乃紀傳體之特色徒曰紀傳區之以類事有適從尋求便易故相沿不廢蓋猶未能深求史之起源及吾族立國行政與史義史法一貫之故也（章氏遺書卷七史篇別錄例議甚長不具錄）邃古以來史參行政政治組織日進文明因事設官各有專職禮教兵刑釐然不紊而其所重尤在官聯不聯無以爲組織也是故周官小宰以六聯合邦治且曰凡小事皆有聯

周官小宰以官府之六聯合邦治一曰祭祀之聯事二曰賓客之聯事三曰喪荒之聯事四曰軍旅之聯事五曰田役之聯事六曰斂弛之聯事凡小事皆有聯

說者謂周官聯六事之意不特六職也在鄉則比閭族黨州爲聯在遂則鄰里酇鄙縣爲聯司徒之安民曰聯兄弟聯師儒朋友惟聯而後骨理相湊脈絡相通而合天下爲一家之氣象可見矣（宋葉時語）舉

史官以爲例。太史凡射事飾中舍算執其禮事。射人與太史數射中。此其聯之互著者也。小司寇大比登民數自生齒以上登於天府內史司會冢宰貳之。司民之職又載之冢宰司會之職。不著內史之職。亦不著也。故在周官之書有分有聯。已具史法交互錯綜。各視其性質之特重者分之。又視其平衡或主從者著之。要皆就事實而權衡。非持空論以載筆。且官之有聯。僅同時間之行事也。史之所紀則若干時間若干地域若干人物。皆有聯帶關係。非具有區分聯貫之妙用。不足以臚舉全國之多方面。而又各顯其特質。故紀傳表志之體之縱橫經緯者。乃吾大國積年各方發展各方聯貫之特徵。非大其心以包舉萬流又細其心以釐析特質。不能爲史。即亦不能讀史。故劉氏所謂疆宇遼闊年月遐長者。即足解釋其所謂胡越相懸參商是隔之由來。又所謂披閱懵然緘而不視者。正坐未悟斯義耳。

古代史籍體製。孔多申叔時所舉有春秋世詩禮樂令語故志訓典諸種。後世體製。要皆由之演進。其最著者則本紀世家表書列傳。都出於世本也。秦嘉謨所輯世本分帝繫紀王侯譜世家大夫譜傳氏姓居作謚法凡十篇。洪飴孫輯世本言之尤詳。謂太史公述世本以成史記。紀傳不自史記始也。又曰左傳正義引世本記文。史記索隱路史注引世本紀文。記紀音同。此即史記本紀之所本。桓譚曰太史公三代世表旁行斜上。並效周譜。按隋經籍志世本王侯大夫譜二卷。是世本即周譜也。又世本有帝繫篇。又有作篇記占驗飲食禮樂兵農車服圖書器用藝術之原。即太史公八書所本。後世諸志之祖。又有居篇記帝王都邑。亦後世地理志所仿。而何焯謂漢書古今人表權輿於世本。（義門讀書記）姚振宗因之悟得人表即據楚漢之際所傳之世本（楚漢之際好事者爲世本十五篇見史通）足知史體相沿。有演變綜合。而無創作而人事之有聯屬者必各就其特質分著於某篇某體之中縱橫交錯乃有以觀其全而又有以顯其別如黃帝生元囂及生昌意載之帝繫黃帝造火食旃冕作寶鼎使羲和占日使伶倫造磬則載之作篇昆吾者衞是也參胡者韓是也季連者楚是也載之帝繫而衞韓楚後世之君又載之王侯譜皆分析其性質而各有專屬易曰君子以類族辨物史體之區分綜合卽由先哲類族辨物之精心也

班書裁節史記於項羽傳漢王乃與數十騎遁去下曰語在高紀於與陳平金四萬斤以間楚君臣下曰語在陳平傳一則以其爲漢王家事一則以其爲陳平祕計故明示其分析之由於漢王數羽十罪下曰語在高紀則爲史公補注遷書羽紀固亦未載十罪也至鴻門之宴曰語在高紀則示其詳略之宜又非不略載其經過蓋事之相聯者有賓主焉有輕重焉爲一人之傳記與爲一時各方面之紀傳之法不同必權其主賓輕重之孰當而後可支配其事實不得以各方面之與此一人有關係者悉入於此一人傳中故戴名世史論曰譬如大匠之爲巨室也必先定其規模向背之已得其宜左右之已審其勢堂廡之已正其基於是入山林之中縱觀熟視某木可材也某木可柱也某木可棟也榱也某石可礎也階也乃集諸工人斧斤互施繩墨幷用一指揮顧盼之間而已成千門萬戶之鉅觀良將之用衆也紀律必嚴賞罰必信號令必一進退必齊首尾作應運用之妙成於一心變化之機莫可窺測乃可以將百萬之衆而條理不紊臂指可使兵雖多而愈整法雖奇而實正（戴南山集）蓋卽指史漢諸良史支配史迹錯綜離合以見其聯繫而各顯其特性之妙而言而凡諸史之所謂語在某篇者不過略示義例亦不礙其截斷語氣凡紀傳表志相聯之事不可縷舉胡嘗一一注之讀史者所貴心知其意也

章氏以諸史自注語在某篇等於杜氏左傳注某事爲某年某事張本之例語固有見。

史篇別錄例議杜氏之治左也於事之先見者注曰爲某年某事張本於事之後出者注曰事見某公某年乃知子注不入正文則屬辭既無扞格而覈事又易周詳斯無憾矣馬班未見杜氏治左之例而爲是不得已後人盍亦知所變通歟。

然未知史之有聯。以正文表示其在他書者。左氏先有其例。非若杜氏只述本書之先後錯見也。申叔時之言教學。春秋世詩諸書並舉。知讀春秋亦必讀世。讀詩而後見其分篇相聯。左氏傳載莊姜之美曰衛人所爲賦碩人也。以及許穆夫人賦載馳。鄭人賦清人。均雜見傳中。是非後史自注語在某篇之權輿乎詩與春秋非一書。猶之紀與傳非一體。使非古人之講春秋兼講風詩作傳者何故著此語。卽著此語亦不知其何謂矣。

左傳隱公三年衛莊公娶於齊東宮得臣之妹曰莊姜美而無子衛人所爲賦碩人也。 閔公二年立戴公以廬於曹許穆夫人賦載馳。鄭人惡高克使帥師次於河上久而弗召師潰而歸高克奔陳鄭人爲之賦清人。

又凡史事無往不聯。而紀傳有注有不注。亦就左氏傳熟玩而可得之。清人載馳之類見於詩傳中注之。新台南山之詩則不注矣。此示讀者舉一反三而非泥於定體。推之管仲作內政寄軍令。秦穆作誓。咸不之及。則以其別有語與訓典。故志諸書相聯。不必備載。亦不必盡注也。故世本一書有分類相聯之法。詩書春秋國語。亦復分書而相聯。由此而演進爲紀傳世家書表之史。歷世相承。他族莫比。非切究其內容不能漫議其形式也。

史之爲體。一時代有一時代之中心人物。而各方面與之聯繫。又各有其特色。或與之對抗。或爲之贊助。

而贊助者於武功文事內務外交之關繫又各不同。爲史者若何而後可以表示此一中心若何而後可以徧及各方面則莫若紀傳表志之駢列爲適宜矣。如漢武帝爲一中心人物而其關繫之多不能盡見於紀也。家族之事在景十三王武五子外戚竇田衞霍東方朔車千秋江充霍光諸傳及外戚恩澤侯表。武功之盛載衞霍張騫李廣利司馬相如嚴助及朝鮮南粵閩粵西南夷匈奴西域諸傳功臣表地理志。而太初改曆天馬作歌見知故縱之法均輸告緡之事登封郊祀之儀宣防白渠之利分見諸志。文史儒術有專傳有彙傳而儒林學派又與藝文志相聯。酷吏任刑有專傳有彙傳而廷尉遷除又與百官公卿表相聯。故其妙在每一事俱有縱貫橫通之聯絡。每一人又各有個性共性之表見。若第爲漢武專傳不第不能盡量臚舉而上溯文景下洎昭宣家國事物遷變演進之風尤難貫攝。此爲專傳不能如紀傳表志之善之最易見者也。卽由通鑑而編本末就武帝時事分立諸題其不賅不備亦猶專傳。推之唐太宗王安石諸人其廣狹不侔而多方面之聯繫不能但作一傳則同也。

紀傳易複編年無重。史通所謂春秋之善語無重出也。然左氏傳按年敍事亦不免有重複。如鄭忽怒魯齊桓封衞語皆複見未爲疵類。

左傳桓公六年諸侯之大夫戍齊齊人饋之餼使魯爲其班後鄭鄭忽以其有功也怒故有郎之師。

又十年初北戎病齊諸侯救之鄭公子忽有功焉齊人餼諸侯使魯次之魯人以周班後鄭鄭人怒請師於齊齊人以衞師助之。

又閔公二年僖之元年齊桓公遷邢於夷儀二年封衞於楚丘邢遷如歸衞國忘亡。

又僖公二年諸侯城楚丘而封衞焉。

至於遷史。本紀世家年表列傳錯綜離合。複筆尤多。有整、齊、雜、語、或略、或複、者。如周本紀止載穆王征犬戎及甫侯作修刑辟。而西征之事。則載秦本紀趙世家。

史記秦本紀造父以善御幸於周繆王、得驥溫驪驊騮騄耳之駟、西巡狩、樂而忘歸、徐偃王作亂、造父爲繆王御長驅歸周、一日千里以救亂。

趙世家造父幸於周繆王、造父取驥之乘匹與桃林、盜驪驊騮騄耳獻之繆王、繆王使造父御、西巡狩見西王母、樂之忘歸、而徐偃王反、繆王日馳千里馬、攻徐偃王、大破之。

有別、裁、互、著。旁、見、側、出、者。如子產事具鄭世家。又著之循吏傳。范蠡事具越世家。又著之貨殖傳是也。而其錯、綜、之妙。有以、見、其、中、心、思、想、者。尤、莫、如、書、孔、子、之、事。孔、子、既、有、世、家。生、卒、事、迹、又、見、年、表、魯、世、家。而周秦本紀各國世家又多載其行事及卒年。大、書、特、書、不、一、書。尤可見其用意。

史記周本紀敬王四十一年、孔子卒。

秦本紀惠公元年、孔子行魯相事、　孔子以悼公十二年卒。

吳太伯世家闔廬十五年、孔子相魯。

齊太公世家載夾谷之會、孔丘相魯事、特詳。

燕召公世家獻公十四年、孔子卒。

管蔡世家蔡昭侯二十六年、孔子如蔡。

陳杞世家孔子讀史記至楚復陳云云。　湣公六年、孔子適陳、十三年、楚昭王卒於城父、時孔子在陳。　二十四年、楚惠王復國、遂滅陳而有之是歲、孔子卒。

衞康叔世家靈公三十八年、孔子來、祿之如魯、後有隙、孔子去、後復來。　出公八年、孔子自陳入衞、九年、孔文子問兵於仲尼、仲尼不對、其後魯迎仲尼、仲尼反魯。　莊公二年、魯孔丘卒。

宋微子世家景公二十五年、孔子過宋、宋司馬桓魋惡之、欲殺孔子、孔子微服去。　太史公曰、孔子稱微子去之云云。

晉世家定公十二年、孔子相魯、　三十三年、孔子卒。

楚世家昭王十六年、孔子相魯、　二十七年、孔子在陳、聞是言、曰、楚昭王通大道矣。

鄭世家孔子嘗過鄭、與子產如兄弟云、及聞子產死、孔子爲之泣曰、古之遺愛也。　聲公二十二年、孔子卒。

錢竹汀乃轉以詆毀史遷。

廿二史攷異周本紀孔子卒、　周秦二本紀、魯燕陳衞晉諸世家、皆書孔子卒、而吳齊蔡宋楚世家、則不書、夫孔子魯人也、其卒宜書於魯世家、孔子有東周之志、孔子卒而周不復興矣、以其卒之繫於周、則書於周本紀、亦宜也、若秦若衞若陳若晉與燕、於孔子何與、而亦書孔子卒也、或曰、孔子之卒、史遷爲天下惜之、故不獨於魯書、若然、則十二國皆宜書、何爲又有書有不書也、且孔子之先、宋人也、齊楚與蔡、孔子嘗至其國焉、視秦晉燕之從未一至者、有間矣、何爲乎宜書而反不書也。

殆未熟復遷書。觀其比事屬辭。力求聯繫。而又不嫌方板之法。若十二世家、一一書孔子卒。則庸手所爲。尚成義法乎。錢氏固未知史意。即蘇魏公以此爲強記之訣。亦是後世以博見強識爲讀史要務之見。未爲知言也。

宋名臣言行錄載蘇氏家訓、王禹玉元厚之諸公、嘗詢祖父（即蘇頌）曰、公記之博、以至國朝典故、本末無遺、日月不差、用何術也、祖父曰亦有一說某每以一歲中大事爲目欲記某年事則不忘矣如某年改元其年有某事某年上即位其年有某事某年立后若太子其年有某事某年命相其年有某事則記事之一法也復觀太史公書是歲孔子生是歲孔子卒是歲齊桓公會於葵丘是歲晉文公始霸之類恐亦此意也

後史無有如孔子之足以表見中心思想者故史公之法不傳然如陳壽之於蜀志隱然有以見諸葛亮之爲中心故諸傳載亮言行最多而出師表既載本傳董允向寵傳中又節載之不避複見似亦史公遺意錢氏亦病其重出要之史之重出有成書時失於檢校者（如歐公五代史記多無關繫之重複）有著者實具深意者不可不分別論之章氏於校勘目錄盛稱別裁互著之善而於紀傳之互著未爲闡明其實一理也

廿二史攷異諸葛亮傳　侍中侍郎郭攸之費禕董允等　案諸葛亮出師疏本傳已載其全文而侍中郭攸之費禕侍郎董允等云云復載允傳將軍向寵云云又載向朗傳亦重出也

史有同一性質而有數十百事者著之紀傳則不可勝載略之則不賅不備表以列之志以詳之則相得益彰焉如漢高大封功臣呂后定列侯功次本紀約言之諸人亦不能盡傳有功臣侯表則百數十人之事迹世系興廢具見而風雲際會事資羣力非少數人所得專擅其功之義彰矣光武功臣封者三百六十五人外戚恩澤封者四十五人（後漢書光武本紀建武十三年）范書自雲臺列將二三十人及樊宏陰識馬援諸家外不能一一縷舉則無表之故也王莽傳爲史傳最長者其於更定地名不能悉載第撮舉其悖謬曰一郡至五易名而還復其故吏民不能紀每下詔書輒繫其故名曰制詔陳留大尹太尉其以益

歲以南付新平新平故淮陽以雍丘以東付陳定陳定故梁郡以封丘以東付治高治高故東郡以陳留以西付祈隧祈隧故滎陽陳留已無復有郡矣大尹太尉皆詣行在所其號令變易皆此類也而地理志一一載莽所易之名雖無關於閎恉而王莽地名乃比光武功臣爲能備著於後世若貨幣之於莽傳明著語在食貨志者更無論矣故有表志而紀傳可簡無表志則紀傳雖詳而不能備且其備也必資官書無當時之官書雖極讀史之勤穿穴紀傳而補爲之表必不能免絓漏治史而病官書倘野史非知史之全體者也顧史家有以表補紀傳者亦有以紀示傳所不書者如漢書百官公卿表於見於紀傳之人不書地名其不見者則以地名表之若天漢元年濟南太守琅邪王卿爲御史大夫二年有罪自殺之類是也或書其地兼及其字如元鳳五年鉅鹿太守淮陽朱壽少樂爲廷尉坐侍中邢元下獄風吏殺元棄市之類是也後漢書轉用此例以爲紀三公有傳者不著其地其無事迹可見者則以地名表之如明帝紀永平十四年鉅鹿太守南陽邢穆爲司徒和帝紀永元十年太常太山巢堪爲司空之類是也使其有表則此等無事迹之高官正不必溷載於紀矣

世人矜言創作動輒詆訶古人而於古人政治學術著作之精微都不之察史公創製之精紀傳書世皆攝於表旁行斜上縱橫朗然瑣至逐月大兼各國讀此者第一須知在西曆紀元前百年間何國有此種史書詳載埃及巴比倫腓尼基波斯希臘羅馬各國行事年經月緯本末燦然者乎且史公端緒上承周譜在西元前更不止百年蓋吾政教所包者廣故其著作所及者周竹素編聯乃能爲此表譜（春秋書之竹簡表譜殆必書之縑素。）下迨秦楚之際世亂如麻而羣雄事迹亦能按月記注他國同時之史能若是乎。

史通初病表歷後亦贊美止就國史評衡未與殊方比勘今人論史尤宜比勘外史始有以見吾史之創製爲不可及矣又如今人病吾國族記載戶口數字多不確實是誠亟宜糾正然因以譏訶昔人則又未知吾史之美如漢書地理志詳載郡國戶口吾嘗詢之讀域外書者當西歷紀元時有詳載今日歐洲大小都市戶口細數者乎且漢志之紀戶口又非自平帝時始有紀錄其源則自周代司民歲登下萬民之生死而來民政之重戶口孰有先於吾國者乎徒以近百年間國力不振遂若吾之窳敝皆受前人遺禍而不知表章國光即史之表志一端觀之可以概見矣

史之爲義人必有聯事必有聯空間有聯時間有聯紀傳表志之體之善在於人事時空在在可以表著其聯絡而凡欲就史迹縱斷或橫斷之以取紀述觀覽之便者皆於史實不能融合無間也左氏始於隱公而有時必上溯惠公某年

左傳隱公元年惠公之季年敗宋師於黃

又桓公二年惠之二十四年晉始亂　惠之三十年晉潘父弒昭侯而立桓叔不克　惠之四十五年曲沃莊伯伐翼

史記始於黃帝而曆書貨殖傳屢稱神農史之不可限斷若是史通以班書爲斷代之史後世信之無異詞第一察班書志表即知其不然矣班承遷史整齊其文補所未備律曆則始自伏羲迄於建武禮樂則貫通周漢下迨顯宗刑法起黃帝顓頊而論及建武永平食貨則始自洪範而結以世祖郊祀由顓頊共工以至王莽五行則博解春秋地理則詳釋禹貢藝文之從古至漢古今人表之從古及秦更無論矣故以斷代史例繩班書毋寧以繼承馬遷之通史視班書即後世斷代爲史亦多志及前世不能專限於某

朝。隋志經籍唐表世系以至各史地理多舉前承疆域其勢不能截然畫分也。明史及淸史稿藝文志專紀一代之書究遜於漢隋二志則著者之學有不逮非史例必應爾也。

表以聯事志則聯文名賢鉅傳載文雖多仍可依類納之於志。賈誼鼂錯傳皆載文而誼論積貯鑄錢錯請重農貴粟之文則入於食貨志。劉向劉歆父子之傳亦各載文而其學說廣著律曆五行藝文志中。董仲舒議限民名田匡衡議定南北郊祀皆著志中不入本傳也。後史若王儉之議郊祀明堂諒闇奉祠載之禮志（南齊書）劉秩之論喪紀制度加籩豆許私鑄錢改制國學分在禮儀食貨各志（舊唐書）是皆所謂類族辨物矣（宋史兵志載王安石論保甲各節雖非載文亦以其辨論歸之於志不盡具於本傳也）劉章二氏咸論載文而未及志傳相聯之用。圓神方智實亦可由此悟之。

彙傳之相聯無俟論矣。專傳亦各有聯。曹參之治黃老以師蓋公載本傳矣。而其賓禮東郭先生梁石君則見於蒯通傳。衞青奉法遵職士夫無稱見傳贊矣。而黃義曹梁稱大將軍遇士大夫以禮古名將不過則見於伍被傳。

漢書蒯通傳齊悼惠王時曹參爲相禮下賢人請通爲客初齊王田榮怨項羽謀舉兵畔之刼齊士不與者死齊處士東郭先生梁石君在刼中強從及田榮敗二人醜之相與入深山隱居客謂通曰先生之於曹相國拾遺舉過顯賢進能齊國莫若先生者先生知梁石君東郭先生世俗所不及何不進之於相國乎通曰諾臣之里婦與里之諸母相善也里婦夜亡肉姑以爲盜怒而逐之婦晨去過所善諸母語以事而謝之里母曰女安行我今令而家追女矣卽束縕請火於亡肉家曰昨暮夜犬得肉爭鬬相殺請火治之亡肉家遽追呼其婦故里母非談說之士也束縕乞火非還婦之道也然物有相感事有適可臣請乞火於曹相國迺見相國曰婦人有夫死三

日而嫁者、有幽居守寡不出門者、足下即欲求婦、何取、曰、取不嫁者、通曰、然則求臣亦猶是也、彼東郭先生梁石君齊之俊士也、隱居不嫁、未嘗卑節下意以求仕也、願足下使人禮之、曹相國曰、敬受命、皆以爲上賓。

伍被傳被曰、臣所善黃義從大將軍擊匈奴、言大將軍遇士大夫以禮、與士卒有恩、衆皆樂爲用、騎上下山如飛、神力絕人如此、數將習兵、未易當也、及謁者曹梁使長安來、言大將軍號令明、當敵勇、常爲士卒先、須士卒休、乃舍、穿井得水、迺敢飲、軍罷士卒已踰河、迺度、皇太后所賜金錢、盡以賞賜、雖古名將不過也。

光武功臣。首推鄧禹。觀其本傳。似其功業止於初破赤眉收撫民衆、及收復長安謁祠高廟二事。其後赤眉復入長安。禹威損挫。歸附者離散。非馮異奮翼澠池。禹且爲赤眉所虜。殊不見其功業遠過他將也。必合寇恂賈復吳漢銚期諸傳觀之。然後知禹之佐光武。不亞蕭何之佐漢高。知人進賢。宜爲元輔。然其推舉諸將之事。必一一、一一著之禹傳。則重膇而失當。此各有專傳、分配得宜、既顯禹功、又表現諸將特長之法之妙也。

後漢書寇恂傳、數與鄧禹謀議、禹奇之、因奉中酒共交歡、光武問禹、諸將誰可使守河內者、禹曰、寇恂文武備足、有牧人禦衆之才、非此子莫可使也、乃拜恂爲河內太守。

又賈復傳、因鄧禹得召見、光武奇之、禹亦稱有將帥節、於是署復破虜將軍。

又吳漢傳、漢爲人質厚少文、造次不能以辭自達、鄧禹及諸將多知之、數相薦舉、乃得召見、遂見親信、常居門下、光武將發幽州兵、夜召鄧禹、問可使行者、禹曰、間數與吳漢言、其人勇鷙有智謀、諸將鮮能及者、即拜漢大將軍。（上稱禹及諸將多知之、似知漢者不止禹一人、下述拜漢大將軍由禹特舉、猶之韓信之拜大將、出於蕭何力薦矣、）

又銚期傳期爲裨將、與傅寬呂晏俱屬鄧禹、徇傍縣、又發房子兵、禹以期爲能、獨拜偏將軍、授兵二千人、寬晏各數百人、還言其狀、光武甚善之。

分配之法。善可、參稽。惡亦、錯、見。如張湯傳、已極寫其鄉上意所便矣。汲黯傳又載其與李息言湯智足以距諫。詐足以飾非。非肯正爲天下言。專阿主意。主意所不欲。因而毀之。主意所欲。因而譽之。好興事舞文法。內懷詐以御主心。外挾賊吏以爲重。伍被嚴助朱買臣傳。又與湯傳鉤聯。（史漢各傳）馬防兄弟貴盛。奴婢各千人已上。資產巨億。皆買京師膏腴美田。又大起第觀。連閣臨道。彌亙街路。多聚聲樂。曲度比諸郊廟。賓客奔湊。四方畢至。本傳已詳言矣。而馬皇后紀稱其見外家問起居者。車如流水。馬如游龍。倉頭衣綠褠。領袖正白。以見其侈汰。第五倫疏又曰。竊聞衛尉廖、以布三千匹。城門校尉防、以錢二百萬。私贍三輔衣冠。知與不知。莫不畢給。又聞臘日亦遺其在洛中者錢各五千。越騎校尉光。臘用羊三百頭。米四百斛。肉五千斤。（後漢書第五倫傳）皆、旁、見、側、注、之意也。推之戴聖大儒。禮學名家。載在儒林。無貶辭也。而行治不法。其子賓客爲盜。則見於何武傳。

漢書何武傳九江太守戴聖、禮經號小戴者也、行治多不法、前刺史以其大儒、優容之、及武爲刺史、行部錄囚徒、有所舉以屬郡、聖曰、後進生何知、迺欲亂人治、皆無所決、武使從事廉得其罪、聖懼自免、後爲博士、毀武於朝廷、武聞之、終不揚其惡、而聖子賓客爲羣盜、得繫廬江、聖自以子必死、武平心決之、卒得不死、自是後聖慚服、武每奏事至京師、聖未嘗不造門謝恩。

班固良史。坐种兢死。詔譴責种。非其罪也。而肅宗素薄其人。則見於崔駰傳。

後漢書崔駰傳肅宗雅好文章、謂竇憲曰、公愛班固而忽崔駰、此葉公之好龍也。

趙甌北論新唐書。於名臣完節者、雖有小疵。多見他傳、而於本傳多削之。蓋亦爲賢者諱、之意。此正史、聯、之、妙。趙氏、能、識、之者。近人謂吾史都似聚若干篇墓志銘而成。蓋以名臣碑傳琬琰集耆獻類徵之類視史。若知史、之、鎔、裁、輝、映。迴、與、集、錄、碑、傳、殊、科。不、致、發、此、論、矣。

陔餘叢考新唐書於名臣完節者、雖有小疵、而於本傳多削之、蓋亦爲賢者諱之意、如褚遂良惡劉洎、遂誣之至死、是遂良生平第一罪過、乃本傳中絕不及、僅於傳贊中略見之、而詳其事於洎傳、遂良又與江夏王道宗有隙、誣其與房遺愛謀反、流象州、又嘗構盧承慶李乾祐、皆坐貶、及賤買中書譯語人地、爲韋思謙所劾、此皆遂良短處、新書各見於道宗承慶思謙等傳、而本傳不載、馬周初爲御史、章挺爲大夫、不之禮、及周爲中書令、遂沮挺入相、又中挺運粮遼東、事見挺傳、而周傳不載、張易之誣魏元忠有不臣語、引張說爲證、將廷辨、說惶遽、欲從宋璟謂說曰、名義至重、不可陷正人、若不測、吾將與子俱死、說乃以實對、元忠得免死、此事見吳兢宋璟傳及通鑑、而說本傳但云張易之誣魏元忠、援說爲證、說廷對謂元忠無不遜語、忤后旨、流欽州、而絕不及宋璟勸說之事、張嘉貞與說同相、說惡之、因其弟嘉祐犯罪、怵嘉貞素服待罪、不入直、遂出爲幽州刺史、說代其處、事見嘉貞傳、而說傳亦不載、張嘉貞爲定州刺史、立頌恆岳廟中、有祈賽錢數十萬、嘉貞以爲頌文之功、納其數萬、事見舊書、而新書嘉貞傳亦不載、姚崇薦李乂由黃門爲侍郎、外託引重、實去其糾駁之權、崇又以韓思復沮捕蝗事、出思復爲德州刺史、事見乂及思復傳、而崇傳不載、玄宗欲相韓休、李林甫知之、遂薦休、休既相、德林甫、乃引林甫爲相、事見林甫傳、而休傳不載、通鑑郭子儀以副使張曇性剛、謂其輕己、聽吳曜之譖、奏誅之、田承嗣既降、郭子儀應之緩、承嗣復叛去、而新書崔光遠傳子儀與賊戰汲縣、光遠援之不力、及光遠守魏、與賊戰、子儀亦不救、故敗、此數事皆子儀短處、而子儀本傳不載、趙璟與張贊同相、贊恃久在禁廷、以國政爲己任、乃徙璟門下侍郎、姜公輔奏德宗云、竇參嘗語臣云、上怒臣未已、帝怒、乃殺參、時謂公輔所奏竇參語、得之贊、云參之死、贊有力焉、又贊素惡于公異于邵等、既輔政、乃逐之、事見璟及公輔公異等傳舊唐書贊傳亦載之乃新書本傳不載此皆欲以完節予其人不忍累以白璧之玷固用心之忠厚亦作史之通例也。

史以明政教彰世變非專爲存人也故旣以聯合而彰個性亦可略個性而重聯合桑弘羊孔僅之理財唐都洛下閎之治曆緹縈上書趙過敎田番係穿渠陳農求書見於紀表書志可矣不必特爲之傳也而於事功之合作風敎之攸關者附見錯舉亦往往以類及之谷口鄭子眞蜀嚴君平（漢書王貢兩龔鮑傳敍）太原閔仲叔荀恁安陽魏桓（後漢書周黃徐姜申屠傳敍）見於敍論公孫敖路博德等附之衞霍傳左原茅容等附之郭泰傳則事功之由羣力風尚之非一人之義顯矣至於奉使西域一歲中多者十餘少者五六輩西征大宛軍官吏爲九卿者三人諸侯相郡守二千石百餘人千石以下千餘人（漢書張騫李廣利傳）黨錮之禍初所連及二百餘人後之死徙廢禁者六七百人（後漢書黨錮列傳）豈能一一著之致等點鬼簿哉至若蜀志之不盡載者補以季漢輔臣贊魏書之不盡載者具於高允徵士頌則又史家之變例以載文補列傳也唐書李光弼傳附載諸將蓋倣衞霍傳例而郭子儀傳不附則猶史記世家於孔子卒有書有不書以示變化不拘也趙氏盛稱明史諸傳附著之善則猶泥於存人之觀念矣。

新唐書李光弼傳光弼所部將李懷光僕固懷恩田神功李抱眞董秦哥舒曜韓游瓌渾釋之辛京杲自有傳若荔非元禮郝廷玉李國臣白孝德張伯儀白元光陳利貞侯仲莊柏良器皆章章可稱列者附次左方。　按柏良器後尚有烏承玼此文未盡舉也。

廿二史劄記宋史數人共事者必各立一傳而傳中又不彼此互見一若各爲一事者非惟卷帙益繁亦且翻閱易眩明史則數十人共一事者舉一人立傳而同事者卽各附一小傳於此人傳後卽同事者另有專傳而此一事不復詳敍但云語在某人傳中如孫承宗有傳而柳河之役則云語在馬世龍傳中祖寬有傳而平登州之事則云語在朱大典傳是也否則傳一人而兼叙同事者如陳奇瑜

傳云與盧象昇同破賊烏林關等處、象昇傳亦云與奇瑜同破賊烏林關等處是也、甚至熊廷弼王化貞一主戰一主守、意見不同也、而事相涉則化貞不另傳而并入廷弼傳內、袁崇煥毛文龍一經略一島帥、官職不同也、而事相涉則文龍不另傳而并入崇煥傳內、此又編纂之得當也、而其尤簡而括者莫如附傳之例、如擴廓傳附蔡子英等、陳友定傳附靳義等、方孝孺傳附盧原質等、以其皆抗節也、柳升傳附崔聚等、以其皆征安南同事也、李孜省傳附鄧常恩等、以其皆以技術寵幸也、至末造殉難者附傳尤多、如朱大典傳附王道焜等數十人、張肯堂傳附吳鍾巒等數十人、而史可法傳既附文臣同死揚州之難者數十人、若再附武臣則篇幅太冗、乃以諸武臣盡附於劉肇基傳、以及忠義文苑等莫不皆然、又孝義傳既案其尤異者各爲立傳、而其他曾經旌表者數十百人、則一一見其氏名於傳序內、又如正德中諫南巡罰跪午門杖謫者一百四十餘人、嘉靖中伏闕爭大禮者亦一百四五十人、皆一一載其姓名、蓋人各一傳則不勝傳、而概刪之則盡歸泯滅、惟此法不致卷帙浩繁、而諸人名姓仍得見於正史、此正修史者之苦心也。

世謂吾民族富於政治性。非漫談也。由史之有聯出於官之有聯觀之。則著作之精微。遠基於政治之經驗。其初一官一事。專務本身之發展。不計環境之駢羅牴牾衝突。馴致決裂。乃有以知聯絡組織之重要。當官必負專責。同寅必求協恭相讓相聯。乃可以應付百官而各得其當。此官聯之語所由產也。史掌官書。實參政治。熟見百司之體系。必有脈絡之貫通。類族辨物。有向心力而無離心力。積累而至遷史班書。又不知經過若干之經驗與思考。而後有此鴻裁鉅製。以表政宗。而副國體。故自官禮至史漢。皆兼廣大、精微之勝義。非簡單頭腦所能識度。後世政治家與著作家。席其成規。較易爲力。然亦惟知其意者。能得其運用之妙。否則齟齬華離矣。是故知政而後知史。亦必知史而後知政。不知史則但謀局部之擴張。若其餘皆可蔑棄。如前所論務爲專傳而病前史之爲者。即其襟抱不能容納萬流。只能察識片面之病也。

班孟堅之自述曰。窮人理。該萬方。治史而能着眼於此。始不致徒以史求史。而經世之用無窮矣。

史德第五

吾國言史學之專書有二曰劉知幾之史通章學誠之文史通義此盡人所知也然二書同爲治史學之要籍而二人之主旨不同劉氏自以所志不遂鬱怏孤憤多譏往哲喜述前非章氏立論主於敬恕故著史德文德二篇暢論其旨其最要之語曰德者何謂著書者之心術也夫穢史者所以自穢謗書者所以自謗素行爲人所羞文辭何足取重魏收之矯誣沈約之陰惡讀其書者先不信其人其患未至於甚也所患夫心術者謂其有君子之心而所養未底於粹也又曰文史之儒競言才學識而不知辨心術以議史德烏乎可哉所謂文史之儒即指劉氏也章氏蓋謂劉氏有君子之心而所養未底於粹世之誦習章氏之學者似皆未悟其所指劉咸炘雖謂史德一篇最爲精深其所舉敬恕二義頗不易曉敬即愼於褒貶恕即曲盡其事情（治史緒論）然未嘗切究章氏所謂以此爲史豈可與聞古人大體諸語章氏並時及自唐以後之爲史者固未有如章氏所舉示即鄭樵持論激昂而章氏甚推鄭樵且樵之言亦多本劉知幾也梁任公歷史研究法補編謂實齋補充史德甚是而謂實齋所講亦不圓滿又謂心術端正相當必要但尙不足以盡史德之含義我以爲史家第一件道德莫過於忠實因歷舉誇大附會武斷諸病且謂忠實之史家對於過去事實十之八九應取存疑態度史家道德應如鑑空衡平（歷史研究法補編第二章史家的四長）其陳義甚高第似未甚虛心體察章氏之意忠實及鑑空衡平非養心術使底於粹之謂乎。

章氏論德固亦明於古人所言皆兼本末包內外合道德文章而一之然曰臨文必敬非修德之謂（文德篇）則易使學者誤認平時不必修德而臨文乃求其敬此舍本而求末也劉梁二氏又皆就史言德苟諦思之吾人不欲爲史家即無須乎修德乎故治史而不言德則已言德則必究德之所由來及其爲用之普遍而非曰吾欲爲史家始不得不正其心術知此則學者之先務不當專求執德以馭史而惟宜治史以畜德矣

人類之道德稟於天賦之靈明所謂天生烝民有物有則民之秉彝好是懿德也而其靈明所由啓發而養成則基於積世之經驗必經歷若干之得失利害又推闡其因果之關繫灼然有以見其自植於羣有必然之定則決不可背爰以前事爲後事之師始可免於嘗試之勞及蹈覆轍而猶不悟之苦故易曰君子以多識前言往行以畜其德非甘爲前人之奴也積前人之經驗爲吾所未經驗之經驗其用始捷而宏也書曰惟學孫志務時敏厥修乃來孫志者先虛其心不逞己見而敏銳以求前人之經驗畜之於心而後所謂道德者乃若自外來入吾之身心雖其心性所固有之良有以吸受而非以前言往行證之且堅識之不能眞知而力行也故以前人之經驗啓發後人之秉彝惟史之功用最大吾國古代教育首以詩書禮樂爲植德之具詩書禮樂皆史也皆載前人之經驗而表示其得失以爲未經驗者之先導也虞書之言教冑子不惟授以詩樂之技能也於其性情矯其偏而濟其美曰直而溫寬而栗剛而無虐簡而無傲此即章氏所謂有君子之心而所養必底於粹也（直寬剛簡皆君子之美而必矯其失始粹）至春秋時申叔時論教太子之法言之尤詳所謂聳善抑惡昭明廢幽廣德明志疏穢鎮浮戒懼休勸者皆以史爲工

具而求成其德也。

楚語莊王使士亹傅太子箴問於申叔時叔時曰教之春秋而爲之聳善而抑惡焉以戒勸其心教之世而爲之昭明德而廢幽昏焉以休懼其動教之詩而爲之導廣顯德以耀明其志教之禮使知上下之則教之樂以疏其穢而鎭其浮教之令使訪物官教之語使明其德而知先王之務用明德於民也教之故志使知廢興者而戒懼焉教之訓典使知族類行比義焉。

古史孔多孔門歸之六藝戴記經解所言某書之教有其特長亦有其流失得其長而祛其失則治史而能明德故古人之治史非以爲著作也以益其身之德也。

經解孔子曰入其國其教可知也其爲人也溫柔敦厚詩教也疏通知遠書教也廣博易良樂教也絜靜精微易教也恭儉莊敬禮教也屬辭比事春秋教也故詩之失愚書之失誣樂之失奢易之失賊禮之失煩春秋之失亂其爲人也溫柔敦厚而不愚則深於詩者也疏通知遠而不誣則深於書者也廣博易良而不奢則深於樂者也絜靜精微而不賊則深於易者也恭儉莊敬而不煩則深於禮者也屬辭比事而不亂則深於春秋者也。

近人講史學者恆稱舉疏通知遠屬辭比事二語而不注意其爲人也二語孔子明明言其爲人所以明史之有益於人使其爲人能如此則其爲史自然有德今不先從治史畜德立說猥曰吾欲爲史學家不得不有敬恕之德使不欲爲史學家卽可不敬且恕乎是則讀書而昧於本原之故也古人之論心術多包括兩端不畸於一偏曲禮第二節曰愛而知其惡憎而知其善大學修身節曰人之其所親愛而辟焉之其所賤惡而辟焉之其所畏敬而辟焉之其所哀矜而辟焉之其所敖惰而辟焉故好而知其惡惡而知其美者天下鮮矣鑑空衡平執大於是卽以經解觀之曰誣曰賊治史之弊久爲聖哲所戒第古人言

約。後人必剖析而覼縷爾。由是言之。吾國聖哲深於史學。故以立德爲一切基本。必明於此。然後知吾國歷代史家所以重視心術端正之故。若社會上下道德蕩然。且無先哲垂訓。詔之以特立獨行。決不能產生心術端正之史家。蓋環境與個人互相影響。今之論史者。必求史事之背景。論史學而不知史學之背景。亦已自違史律矣。

孔子論史所以教人爲人。後世之教雜以利祿之誘。遂不古若。然猶本於六藝。故咸知重爲人。顏之推當蕭梁高齊之世。去古遠矣。而其言學在觀古人之若何而行之效之。

顏氏家訓勉學篇夫所以讀書學問。本欲開心明目利於行耳。未知養親者欲其觀古人之先意承顏怡聲下氣不憚劬勞以致甘腝惕然恐懼起而行之也。未知事君者欲其觀古人之守職無侵見危授命不忘誠諫以利社稷惻然自念思欲效之也。素驕奢者欲其觀古人之恭儉節用卑以自牧禮爲教本敬者身基瞿然自失斂容抑志也。素鄙吝者欲其觀古人之貴義輕財少私寡慾忌盈惡滿賙窮恤匱赧然悔恥積而能散也。素暴悍者欲其觀古人之小心黜己齒弊舌存含垢藏疾尊賢容衆苶然沮喪若不勝衣也。素怯懦者欲其觀古人之達生委命彊毅正直立言必信求福不回勃然奮厲不可恐懾也。歷茲以往百行皆然。

學者必知此義。然後知程明道斥謝上蔡玩物喪志。而其讀史又不蹉一字之故。不喻此而強持敬恕從事研究。終不免於玩物喪志也。

近思錄卷二明道先生以記誦博識爲玩物喪志。 本注胡安國云謝上蔡先生初以記問爲學自負該博對明道舉史書成篇不遺一字明道曰賢卻記得許多可謂玩物喪志謝聞此語汗流浹背面發赤及看明道讀史又卻逐行看過不蹉一字謝甚不服後來省悟卻將此事做話頭接引博學之士。 朱子曰明道以上蔡記誦爲玩物喪志蓋謂其意不是理會道理只是誇多鬥靡爲能若明道看史不躐一字則意思自別此正爲己爲人之分。又曰玩物喪志之戒乃爲求多聞而不切己者發。

言德不專爲治史而治史之必本於德則自古已然伯夷者古史官也舜詔之曰夙夜惟寅直哉惟淸史遷譯之曰夙夜維敬直哉維靜絜敬之爲德自伯夷始而直淸之德亦緣敬而固定不敬則直與淸皆浮慕之客氣非德操也周之興也師尙父傳武王以丹書其要義曰敬勝怠者吉怠勝敬者滅

大戴記武王踐阼三日召士大夫而問焉曰惡有藏之約行之行萬世可以爲子孫常者乎諸大夫對曰未得聞也然後召師尙父而問焉曰昔者黃帝顓頊之道存乎意亦忽不可得見與師尙父曰在丹書。師尙父西面道書之言曰敬勝怠者吉怠勝敬者滅義勝欲者從欲勝義者凶凡事不强則枉弗敬則不正枉者滅廢敬者萬世藏之約行之行可以爲子孫常者此言之謂也。

然則敬者黃帝顓頊至堯舜伯夷以至周武呂尙相承治國涖官之根本大法非惟操以治史而史文之可約守而常行者無踰於此史佚由是決之曰動莫若敬何以莫之若由史事證而知之也

國語史佚有言曰動莫若敬居莫若儉德莫若讓事莫若咨。

世但以居敬窮理爲宋儒之學推而上之亦只知出於孔孟抑知孔孟以前以敬立德之遠源實在古史及史官之學豈理學家私創之說哉（尙書多言欽言敬言寅此由聖哲本史家之經驗知詐欺苟偸之必不能成事而以敬爲一切根本而吾國族之能萃大羣而成統一之國家端由於此）

至於史尙忠實尤必推原古史飾僞萌生伊古已然積其經驗則政教必重信信者忠實之徵也曲禮曰幼子常視毋誑周官有造言之刑又僞飾之禁在民者十有二在商者十有二在賈者十有二在工者十有二（周官大司徒鄉八刑及司市職文）此普遍之禁約也而所以正官民之詐僞者尤重在史故太史之職

曰。凡辨法者攷焉。不信者刑之。凡邦國都鄙及萬民之有約劑者藏焉。以貳六官之所登。若約劑亂則辟法。不信者刑之。又曰辨事者攷焉。不信者刑之。秋官司約曰凡大約劑書於宗彝。小約劑書於丹圖。若有訟者則珥而辟藏。其不信者服墨刑。若大亂則六官辟藏。其不信者殺。司約與太史聯事而約劑之藏則在太史。史之有圖法。不始於周。自夏商已爲專職。故官府民衆有不可信則攷之史官。證其詐僞。施以刑辟。蓋相沿之成法。夫史既以典法約劑判決官民之信與僞。則其爲史也自必不能作僞造言以欺當世以惑後世。史而不信。早已自麗於所典之刑章。尙能審斷官民之欺僞乎。韓詩外傳曰。據法守職而不敢爲非者太史令也。故治吾國史書。必先知吾自古史官之重信而不敢爲非。而後世史家之重視心術。實其源遠流長之驗也。

史職重信。而史事不能無疑。故春秋之義曰。信以傳信。疑以傳疑。

穀梁傳桓公五年春正月甲戌己丑。陳侯鮑卒。鮑卒何爲以二日卒之。春秋之義。信以傳信。疑以傳疑。陳侯以甲戌之日出。己丑之日得。不知死之日。故舉二日以包也。　范寧曰。明實錄也。　楊士勛曰。既云信以傳信。疑以傳疑。則是告以虛事。而注云實錄者。告以實則以一日卒之。告以虛則以二日卒之。二者皆是據告。而即是實錄之事。

春秋之爲實錄。劉知幾嘗以汲塚出記證之矣。第又疑孔子無所筆削。不知梁亡鄭棄其師。故無加損。而天王狩於河陽。衞侯出奔齊之類。則非舊文。此所謂知其一而不知其二也。

史通惑經篇。古者國有史官。具列時事。觀汲塚出記。皆與魯史符同。至如周之東遷。其說稍備。隱桓已上。難得而詳。此之煩省。皆與春秋不別。又獲君曰止。誅臣曰剌。殺其大夫曰殺。執我行人。鄭棄其師。隕石於宋五。（原注。其事並出竹書紀年。惟鄭棄其師出瑣語晉春秋也。）

諸如此句、多是古史全文、則知夫子之所修者、但因其成事、就加雕飾、仍舊而已、有何力哉、加以史策有闕文、時月有失次、皆存而不正、無所用心、斯又不可殫說矣、而太史公云、夫子爲春秋、筆則筆、削則削、游夏之徒不能贊一辭、其虛美一也、

穀梁傳僖公十九年、梁亡、自亡也、湎於酒、淫於色、心昏、耳目塞、上無正長之治、大臣背叛、民爲寇盜、梁亡自亡也、如加力役焉、湎不足道也、梁亡、鄭棄其師、我無加損焉、正名而已矣。

後世史官雖與古之史職不同。而自史遷以降。史家所重。尤在實錄。

漢書司馬遷傳贊自劉向揚雄、博極羣書、皆稱遷有良史之材、服其善序事理、辨而不華、質而不俚、其文直、其事核、不虛美、不隱惡、故謂之實錄。

傳疑傳信。不乏其例。如宋史載太祖之崩。長編引野錄及紀聞之語。

世史正綱傳曰、信以傳信、疑以傳疑、因其信而信之、因其疑而疑之、可也、宋史太祖紀云、開寶九年冬十月癸丑夕、帝崩於萬歲殿、殯於殿西階、太宗紀云、開寶九年冬十月癸丑、太祖崩、帝遂即皇帝位、王繼恩傳云、繼恩事太祖、特承恩顧、及太祖崩、太宗在南府、繼恩中夜馳詣府邸、請太宗入、程德玄傳云、太祖大漸之夕、德玄聞夜有扣關疾呼赴宮邸者、德玄遽起赴府、久之、見王繼恩馳至、稱遺詔引太宗即位、此宋史所載可信者也。陳桱通鑑續編云、冬十月、宋主有疾、壬子、召其弟晉王光義入侍、是夕、宋主殂、甲寅、光義立、注載壬子夜召晉王入寢殿、屬以後事、宦官宮婢皆不得近、但遙見燭影下晉王離席若有遜避之狀、既而宋主引柱斧戳地、大聲曰、好爲之、俄而宋主殂、宋后見晉王、遽呼曰、吾母子之命、皆託於王、王曰、共保富貴、無憂也、此書所載可疑者也。原其所以爲此說者、蓋出於李燾之長編、長編引僧熒湘山野錄語云、上夜召晉王、屬以後事、左右皆不得聞、但遙見燭影下晉王時或離席、若有遜避之狀、既而上引柱斧戳地、大聲謂晉王曰、好爲之、又錄涑水紀聞語云、癸丑、上崩於萬歲殿、時夜已四鼓、宋后使王繼恩出召德芳、繼恩以太祖傳

國晉王之意素定不詣德芳徑趨開封府召晉王、與王俱進至寢殿、后聞繼恩至問曰、德芳來耶、繼恩曰晉王至矣、后見王愕然遽呼官家、曰吾母子之命皆託於官家、王曰共保富貴無憂矣。溫公平生無妄語、其筆之於書、亦以爲太祖既崩、而後太宗入、則野錄之語、了無此事也明矣。史於太祖紀書癸丑夕帝崩、加以夕之一言於癸丑之下、則凡所疑壬子夜之事、皆不待辨矣。秉筆者似亦知世俗有此傳疑、故於諸帝之崩、皆未有書夕者、而此獨書、其微意亦可見矣。

明紀稱建文不知所終。而胡濙傳載其訪求之事。其傳疑也。卽其所以傳信也。

明史惠帝紀宮中火起、帝不知所終。

又胡濙傳惠帝崩於火、或言遜去、諸舊臣多從者、帝疑之、五年遣濙頒御製諸書、并訪求仙人張邋遢、徧行天下州郡鄉邑、隱察建文帝安在、濙以故在外最久、至十四年乃還。十七年復出巡江浙湖湘諸府、二十一年還朝。先濙未至、傳言建文帝蹈海去、帝分遣內臣鄭和數輩浮海下西洋。至是疑始釋。

史之信也、基於羣德、百爲之徵、匪第關於君主之記注、故吾先民之爲史、必大集全體之所爲、書三皇五帝之書、與四方之志、並重人民財用九穀六畜數要利害、地域廣輪之數、山林川澤之阻、咸有專官詳爲記錄、土訓誦訓所道、司勳行人所書、生死登下、鄉黨賢能。（隱括周官各官之文）史所取、資不容、僞造也、後世因之、漢之天下計書先上太史公。（史公所據各書及當時記載、詳舊述正史之史料篇、）唐宋修史所采各方記錄、咸可溯其來源。

春明夢餘錄唐修史例後唐同光二年四月、敕史館本朝舊例、中書並起居院諸司及諸道州府合錄事件報館如左、時政記、中書門下錄送、起居注、左右起居郎錄送、兩省轉對入閣待制刑曹法官文武兩班上封章、各錄一本送館、天文祥變、占候徵驗、司天台逐月錄報、並每月供曆一本、瑞祥禮節、逐季錄報、并諸道合畫圖申送、蕃客朝貢使至、鴻臚寺勘風俗衣服貢獻物色道里遠近并具本國王名錄報、四夷入寇來降表狀、中書錄報、露布、兵部錄報、軍還日、并主將姓名具攻陷虜殺級數、并所因繇錄報、變改音律及新造調曲、太常寺具錄所因并樂詞牒報、法令變革斷獄新議赦書德音、刑部具有無牒報、詳斷刑獄、昭雪寃濫、大理寺逐季牒報、州縣廢置、及孝子順孫、義夫節婦、有旌表門閭者、戶部錄報、有水旱蟲蝗、雷風霜雹、戶部錄報、封建天下、祠廟叙封追封邑號、祠封司錄報、京師百司長官刺史以上除授文官、吏部錄報、公主百官、定謚號、考功錄行狀並謚議、逐月具有無牒報、宗室任官、并公主出降儀制、宗正司錄報、刺史縣令有灼然政績者、本州官錄申奏、仍具牒報、武官、兵部錄報、諸色宣敕、門下中書兩省逐月錄報、應碩德殊能高人逸士久在山野著述文章者、本州縣各以官秩勘問的實申奏、仍具錄報、應中外官薨已請謚、許本家各錄行狀一本申送。

文獻通考職官考淳化五年、命梁周翰李宗諤掌起居郎舍人事、通撰注記、凡宣徽客省四方館閤門御前忠佐引見司制置進貢辭謝游幸宴會賜賚恩澤之事、五日一報、翰林麻制德音詔書敕榜該沿革制置者、門下中書省封冊告命進奏院四方官吏風俗美惡之、奏禮賓院諸蕃職貢宴勞賜賚之事、並十日一報、吏部文官除拜選調沿革、兵部武官除授、司封封建、考功謚議行狀、戶部土貢旌表州縣廢置、刑部法令沿革、禮部奏賀祥瑞貢舉品式、祠部祭祀畫日道釋條制、太常雅樂沿革、禮院禮儀制撰、司天風雲氣候祥異證、驗宗正皇屬封建出降宗廟祭享制度、並月終而報、鹽鐵金穀增耗、度支經費出納、戶部版圖升降、咸歲終而報、每季譔集以送史館。

是歲令審刑院奏覆有所論旨可垂戒者、並錄送院。

明徐一夔論宋之日曆。謂修會要修實錄及百年之後紀志列傳咸取於此。此宋氏之史所以爲精確。尤可見歷代之重信史乃萃羣策羣力而成。

徐一夔論日曆書近世論史者、謂莫切於日曆。日曆者、史之根柢也。自唐長壽中、史官姚璹奏請撰時政記、元和中、韋執誼又奏史官撰日曆、日曆之設、其法以事繫日、以日繫月、以月繫時、以時繫年、猶有春秋遺法、而起居注亦專以甲子起例、蓋記事之法、無踰此也。往宋極重史事、日曆之修、諸司關白、如詔誥政令、則三省必錄、兵機邊事、樞庭必報、百官之拜罷、刑賞之與奪、臺諫之論列、給舍之繳駁、經筵之論答、臣僚之轉對、侍從之直前故事、中外之囊封匭奏、下至錢穀甲兵、獄訟造作、凡有關政體者、必隨日以錄、又慮其出於吏牘、未免訛謬、或一日之差、則後難考定、一事之失、則後難增補、此歐陽子所以慮日曆之或至遺失、奏請歲終監修宰相點檢修撰官日所錄事、有隳官失職者罰之、其於日曆愼重如此、日曆不至遺失、則後日會要之修取於此、他年實錄之修取於此、百年之後紀志列傳取於此、此宋氏之史所以爲精確也。元朝制度文爲、務從簡便、不置日曆、不置起居注、獨中書置時政科、一文學掾掌之、以事付史館、及一帝崩、則國史院據所付修實錄而已、尙幸天曆間詔修經世大典、虞公集依六典爲之、一代之典章文物稍備、其書止於天曆、而其事則可備十三朝之未備、前局之史、既有實錄可據、又有經世大典可以參稽、一時纂修之士、其成此十三朝史不難矣。

（見曝書亭集及明史）

歐陽修論史館日曆狀（嘉祐四年任史館修撰時上）史者國家之典法也、自君臣善惡功過、與其百事之廢置、可以垂勸戒示後世者、皆得直書而不隱、故自前世有國者、莫不以史職爲重、伏見國朝之史、以宰相監修、學士修撰、又以兩府之臣撰時政記、選三館之士當升擢者、乃命修起居注、如此不爲不重矣、然近年以來、員具而職廢、其所撰述、簡略遺漏、百不存一、至於事關大體者、皆沒而不書、此實史官之罪、而臣之責也、然其弊在於修撰之官、惟據諸司供報、而不敢書所見聞故也。今時政記雖是兩府臣寮修纂、然聖君言動有所宣諭、臣下奏議事關得失者、皆不記錄、惟書除目辭見之類、至於起居注亦然、與諸司供報公文無異、修撰官只據此銓次、繫以日月、謂之日曆而已、是以朝廷之事、史官雖欲書而不得書也、自古人君皆不閱史、今撰述既成、必錄本進呈、則事有諱避、史官雖欲書而又不可得也。加以日曆時政記起居注、例皆承前、積滯相因、故纂錄者常務追修累年前事、而歲月既遠、遺失莫存、至於事在目今、可以詳於見聞者、又以追修積滯、不暇及之、若不革其弊、則前後相因、史官永無舉職之時、使聖朝典法、遂成廢墜矣。臣竊聞趙元昊自初僭叛至復稱臣始終一宗事節、皆不曾書、亦聞修撰官甚欲紀述、以修纂後時、追求莫得故也、其於他事、又可知焉。臣今欲乞特詔修時政記起居注之臣、並得以德音宣諭臣下奏對之語書之、其修撰官不得依前只據諸司供報編次除目辭見、並須考驗事實、其除某官者以其功、如狄青等破儂智高文彥博等破王則之類、其貶某職者坐其罪、如昨來麟州守將及幷州龐籍緣白草平事近日孫沔所坐之類、事有文據及迹狀明白者、皆備書之、所以使聖朝賞罰之典、可以勸善懲惡、昭示後世、若大臣用情、朝廷賞罰不當者、亦得以書爲警戒、此國家置史之本意也、至於其他大事、並許史院據所聞見書之、如聞見未詳者、直牒諸處會問、及臣寮公議異同、朝廷裁置處分、幷書之、以上事節、並令修撰官逐時旋據所得、錄爲草卷、標題月分、於史院躬親入櫃封鎖、俟諸司供報齊足、修爲日曆、仍乞每至歲終、命監修宰相親至史院點檢、修撰官紀錄事迹、內有不勤其事、曠官失職者、奏行責罰、其時政記起居注日曆等、除今日以前積滯者不住追修外、截自今後、並令次月供報、如稍遲滯、許修撰官自至中書樞密院催請、其諸司供報拖延、及史院有所會問、諸處不盡時報應、致妨修纂者、其當行處分、並許史院牒開封府句追嚴斷、其日曆時政記起居注、並乞更不進奉、所貴少修史職、上存聖朝典法、此乃臣之職事、不敢不言。（據此知歐公以前、宋之史職及諸司供報、多不嚴切、徐氏所舉、則自歐公以後日曆之完備者也、）

而史家秉筆。又必慎重考訂。存信闕疑。乃得勒成一代之史。固不敢苟且從事也。

後漢書安帝紀注引范氏序例、凡瑞應、自和帝以上、政事多美、近於有實、故書見於某處、自安帝以下、王道衰缺、或虛飾、故書某處上言。

吳志陸凱傳、予連從荆揚來者、得凱所陳二十事、博問吳人、多云不聞凱有此表、又按其文殊甚切直、恐非皓之所能容忍也、或以爲凱藏之篋笥、未敢宣行、病困、皓遣董朝省問欲言、因以付之、虛實難明、故不著於篇、然愛其指擿皓事、足爲後戒、故鈔列於凱傳左云。

舊唐書武士彠傳贊載竄他傳過爲褒詞慮當武后之朝佞出敬宗之筆凡涉虛美削而不書。

新唐書李泌傳贊繁（泌子）爲家傳言泌本居鬼谷而史臣謬言好鬼道繁言多不可信掇其近實者著於傳至勸帝先事范陽明太子無罪亦不可誣也。

五代史記一行傳序能以孝弟自修於鄉而風行於天下者猶或有之然其事迹不著而無可紀次獨其名氏或因見於書者吾亦不敢沒。

方苞萬季野墓表載斯同之言曰史之難爲久矣非事信而言文其傳不顯李翺曾鞏所譏魏晉以後賢奸事迹並晻昧而不明由無遷固之文是也而在今則事之信尤難蓋俗之偸久矣好惡因心而毀譽隨之一室之事言者三人而其傳各異矣況數百年之久乎故言語可曲附而成事迹可鑿空而搆其傳而播之者未必皆直道之行也其聞而書之者未必有裁別之識也非論其世知其人而具見其表裏則吾以爲信而人受其枉者多矣吾少館於某氏其家有列朝實錄吾默識暗誦未敢有一言一事之遺也長遊四方就故家長老求遺書考問往事旁及郡邑志乘雜家志傳之文靡不網羅參伍而要以實錄爲指歸蓋實錄者直載其事與言而無可增飾者也因其世以考其事覈其言而平心以察之則其人之本末可八九得矣然言之發或有所由事之端或有所起而其流或有所激則非他書不能具也凡實錄之難詳者吾以他書證之他書之誣且濫者吾以所得於實錄者裁之雖不敢具謂可信而是非之枉於人者鮮矣昔人於宋史已病其繁蕪而吾所述將倍焉非不知簡之爲貴也吾恐後之人務博而不知所裁故先爲之極使知吾所取者有可損而所不取者必非其事與言之眞而不可益也。

司馬光之爲通鑑也先爲草卷再爲長編再爲考異而後刪述而爲通鑑正文其爲此書之程序具詳其致范祖禹書。

司馬光與范內翰祖禹論修書帖夢得（祖禹字）今來所作叢目、方是將實錄事目標出、其實錄中事應移在前後者、必已注於逐事下訖、（假如貞觀二年李靖薨、其下始有靖傳、中有自鎖告變事、須注在隋義寧元年唐公起兵時、破蕭銑事、須注在武德四年滅蕭銑時、斬輔公祏須注在七年平江東時、擒頡利、須注在貞觀四年破突厥時、他倣此）自舊唐書以下、未曾附注、如何遽可作長編也。請且將新舊唐書紀志傳及統紀補錄、并諸家傳記小說、以至諸人文集、稍干時事者、皆須依年月日添附、無日者附於其月之下、稱是月、無月者附於其年之下、稱是歲、無年者附於其事之首尾、（如左傳稱初鄭武公娶於申之類、及爲某事張本起本者、皆關事首尾者也、如衛文公復國之初、言季年乃三百乘、因陳完奔齊而言完始生、並知八世後成子得政、因晉悼公即位而言其命官得人、不失霸業、因衛北宮文子聘於鄭、而言裨諶草、子產潤色、因吳亂而言吳夫槩王爲棠溪氏之類、注云傳終言之、皆附事尾者也）有無事可附者、則約其時之早晚、附於一年之下。（如左傳子罕辭玉之類、必無的實年月也、假使宰相有忠直奸回之事、無處可附者、則附於拜相時、他官則附於到官時、或免卒時、其有處可附者、不用此法）但稍與其事相涉者、即注之、過多不害。（假如唐公起兵、諸列傳中有一兩句涉當時者、但與注其姓名於事月之下、至時雖別無事迹可取、亦可以證異同、考日月也）嘗見道原云、只此已是千餘卷書、日看一兩卷、亦須二三年功夫也、俟如此附注俱畢、然後請從高祖初起兵、修長編、至哀帝禪位而止、其起兵以前、禪位以後事、於今來所看書中見者、亦請令書吏別用草紙錄出、每一事中間空一行許素紙、以備翦開粘綴故也、隋以前者與貢父、以後者與道原、令各修入長編中、蓋緣二君更不看此書、若足下止修武德以後、天祐以前、則此等事盡成遺棄也、二君所看書中有唐事、亦當納足下處修入長編耳、其修長編時、請據事目下所記新舊紀志傳及雜史小說文集、盡檢出一閱、其中事同文異者、則請擇一明白詳備者錄之、彼此互有詳略、則請左右采獲、錯綜銓次、自用文辭修正之、一如左傳敘事之體也。此並作大字寫出、若彼此年月事迹有相違戾不同者、則請選擇一證據分明、情理近於得實者、修入正文、餘者注於其下、仍爲敘述所以取此捨彼之意、（先注所據者、云某書云云、今按某書證驗云云、或無證驗、則以事理推之云云、今從某書爲定、若無以考其虛實是非者、則云今兩存之、其實錄正史未必皆可據、雜史小說未必皆無憑、在高鑒擇之、）凡年號皆以後來者爲定、假如武德元年、則從正月便爲唐高祖武德元年、更不稱隋義寧三年、玄宗先天元年正月、便不稱景雲三年、梁開平元年正月、便不稱唐天祐四年也、詩賦等如止爲文章、詔誥等若止爲除官、及妖異止於怪誕、談諧止於取笑之類、便請直刪不妨、或詩賦有所譏諷、（如中宗時回波詞喧譁竊恐非宜、肅宗時李泌誦黃臺瓜詞之類、）詔誥有所戒諭、（如德宗奉天罪己詔、李德裕討澤潞諭河北三鎭詔之類、及大政事號令四方、或因功遷官、以罪黜官、其詔文雖非事實、要知當時託以何功、謫以何罪、並須存之、或文繁多、節取要切者可也、）妖異有所儆戒、（凡國家災異、本紀所書者並存之、其本志强附時事者不須也、讖記如李淳風言武氏之類、及因而致殺戮叛亂者、並存之、其妄有牽合、如木入斗爲朱之類不須也、相貌符瑞、或因此爲人所忌、或爲人所附、或人主好之而論者僞造、或實有而可信者、並存之、其餘不須也、妖怪或有所儆戒、如鬼書武三思門、或因而生事、如楊愼矜墓流血之類、並存之、其餘不須也、）詼諧有所補益、（如黃幡綽謂自己兒最可憐、石野豬謂相非相之類、存之、其餘不須也、）並告存之、大抵長編寧失於繁、毋失於略、千萬切禱、切禱、今寄道原所修廣本兩卷去、恐要見式樣故也。

自漢以來之爲史者雖未嘗臚舉著書程序若溫公之法之詳要亦可以推知其次第如司馬遷紬史記石室金鐀之書網羅天下放失舊聞於是論次其文卽相當於溫公之爲草卷也厥協六經異傳整齊百家雜語並時異世年差不明原始察終拾遺補蓺卽相當於溫公之爲長編及考異也卒述陶唐以來至於麟止成一家言則其勒成定本也沈約撰宋書州郡志自謂晉宋起居凡諸記注並加推討隨條辨析百官志則備有前說尋源討流於事爲易其證引該博者卽而因之其有闕漏及何氏（何承天）後事備加搜采隨就補綴李延壽撰南北史於魏齊周隋宋齊梁陳正史依司馬遷體以次連綴又從此八代正史外更勘雜史一千餘卷皆以編入其煩冗者卽削去之始末修撰凡十六載又屬令狐德棻改正乖失

蓋皆由草卷長編考異進至成書之程序也。溫公考異。濫觴於裴松之三國志注。特溫公及范劉諸氏。先考同異而後爲書。裴氏則就陳氏之書爲之考訂。人已先後。適相反耳。是故吾國史籍。自古相承。昭信核實。以示羣德。降及清代阮元爲儒林傳。仿集句體。逐節注明所據。要以明其不敢臆造私撰。實則歷代之史。特不自注。使如阮氏所爲。殆無一字一句不本於公私撰著也。至於刊落不盡。或有牴牾。則緣其事體大。獨撰衆修。皆不易於毫髮無憾。後之讀者。補苴罅漏。未可輕議古人。又或事屬當時。多非實錄。立傳之方。取捨乖衷。進由時旨。退傍世情。（宋書自序語）以至南書謂北爲索虜。北書指南爲島夷。又各以其本國周悉。書之別國。並不能備。亦往往失實。（北史自序語）則易代之後。史家多爲改正。讀宋史周三臣傳序。則知吾國史德。正由後先補益。而益進於忠實。治史者正不可以偏概全也。

宋史周三臣傳序。五代史記有唐六臣傳。示譏也。宋史傳周三臣。其名似之。其義異焉。求所以同。則歸於正名義。扶綱常而已。韓通與宋太祖比肩事周。而死於宋未受禪之頃。然不傳於宋。則忠義之志。何所託而存乎。李筠李重進。舊史書叛。叛與否未易言也。洛邑所謂頑民。非殷之忠臣乎。孔子定書。不改其舊稱焉。或曰。三人者嘗臣唐晉漢矣。曰。智氏之豫讓。非歟。作周三臣傳。

韓非之論史也。曰。孔子墨子俱道堯舜。而取舍不同。皆自謂眞堯舜。堯舜不復生。將誰使定儒墨之誠乎。此言最爲今之治史者所盛稱。是亦視治史者之德若何。司馬遷非不知韓非之書也。而其言曰。載籍極博。猶考信於六藝。以孔子之書可考信。而墨氏不能傳其書之全文。墨之不若孔無待辨也。遷又曰。非好學深思。心知其意。固難爲淺見寡聞道也。好學而深思。然後知孔氏所傳之書之可信。曾犖之論史謂唐虞之時。豈特任政者皆天下之士。蓋執簡操筆者。亦皆聖人之徒。南豐生宋時。何以能知唐虞時執簡操筆者之過人蓋由於好學而且深思。能從歷代史事及史籍之高下得失。比勘推究而有以見前哲之精神。非好爲崇拜古人也。曾氏所謂古史非獨記其事迹。并其深微之意而傳之。其義甚豐。略舉一二。如曰明四目達四聰。其言至約而奇。必就歷代居高位擁重權者之耳目易爲左右宵小之所蒙。因以不能周知國家天下利弊得失之眞相。而舉措賞罰皆失其當。因此知古史能以此二語摹寫聖哲之公聽並觀爲不可及。又如在知人在安民二語。亦似老生常談。然必綜合歷代政治之興衰。究其主因。乃知此爲爲政最要之義。而古史乃能就當時君臣論治之若干言論中。標舉選擇而垂之簡册。雖至晚近。一切物質遠邁古初。政體亦已不同。而欲求建國於大地。仍不能背越此定則。此古史之所以可貴。而南豐所以爲知言也。

曾鞏南齊書序將以是非得失興壞理亂之故而爲法戒則必得其所託而後能傳於久此史之所以作也。然而所託不得其人則或失其意或亂其實或析理之不通或設辭之不善故雖有殊功偉德非常之迹將闇而不章鬱而不發而檮杌嵬瑣姦回凶慝之形可幸而揜也嘗試論之古之所謂良史者其明必足以周萬事之理其道必足以適天下之用其智必足以通難知之意其文必足以發難顯之情然後其任可得而稱也。何以知其然耶。昔者唐虞有神明之性有微妙之德使由之者不能知知之者不能名以爲治天下之本號令之所布法度之所設其言至約其體至備以爲治天下之具而爲二典者推而明之所記者豈獨其迹耶並與其深微之意而傳之小大精粗無不盡也本末先後無不白也使誦其說者如出乎其時求其指者如即乎其人。使於向之四者有一不具而能之乎。（此語從章實齋删改本）則方是之時豈特任政者皆天下之士哉蓋執簡操筆而隨者亦皆聖人之徒也。（明足以周萬事之理四語藏名世史論舉之章實齋史識篇曰典謨訓誥曾氏以爲唐虞三代之盛載筆而記者亦皆聖人之徒其見可謂卓矣又有删訂之本謂古人序論史事無若曾氏此篇之得要領者、蓋其窺於本原者深、故所發明直見古人之大體、先儒謂其可括十七史之統序、不止爲南齊一書而作、其說洵然、是章氏之推重此文至矣、）

章氏之論史德曰、通六義比興之旨、而後可以講春王正月之書。其語深微。學者不易領悟、左氏之言曰、春秋之稱。微而顯。志而晦。婉而成章。盡而不汙。懲惡而勸善（左傳成公十五年）微顯志晦、則用意深厚、非專爲司空城旦書、而勸懲之旨、在讀者深思而自得之。觀惲子居之讀漢書古今人表。可以悟春秋、亦可以悟實齋之說。

惲敬古今人表書後、漢書古今人表、始太昊伏羲氏、終於董翳司馬欣、而漢之君臣不與焉。顏師古曰、但次古人、不表今人者、其書未畢也。惲子居曰、顏氏此言非也。孟堅爲漢人、於漢之君臣將如何而差等之。是故次古人即以表今人也。哀平之間、蓋多故矣。孟堅於身無事功而爲弒與被弒者、列之第九等之愚人、而有事功者、列之第八等、所以著哀平王莽之罪也。身爲弒而列第七等者、惟崔杼慶封陳恆、蓋莊公下淫、景公廢嫡、亂不自下始也。是故覆漢祚者、平帝可原、哀帝不可原。推而上之、成帝亦不可原。齊桓公列第五等、秦始皇列第六等、而漢高武帝可推而知。老子列第四等、而文帝可推而知。蓋古人多以絕人之才、識百慮千計、而筆之於書、讀之者委曲推明、尚不能得其十五。太史公曰、非好學深思、心知其意、未易爲淺見寡聞者道也。敬以此讀三代秦漢之書、自魏晉以下、則知者鮮矣。（按古今人表蓋即世本王侯大夫譜、其品第出於前史、班氏因而錄之、未必專爲影射漢代君臣而作、然亦未必無陳古刺今之意、惲氏以之推比、極有思致、故吾引之以證章氏通六義比興之旨而後可以讀春王正月之書之意、又按惲氏之言、殆亦未必專指漢史、其謂高祖文帝武帝可推而知者、焉知其非謂淸之聖祖世宗高宗可推而知乎、講春秋者謂定哀之間多微辭、觀淸人書者、亦當知其微辭、）

又如惲氏論史公評賈高之語。亦以春秋通史記。而曰古之作史者。辨於物。析於事。愼於文。辨於物故名正。析於事故理順。慎於文故勸懲明。是亦由深思而後知其意。吾因之悟穀梁論魯隱公可謂輕千乘之國蹈道則未也之義。所謂愛而知其惡。憎而知其善。乃眞史德也。司馬光上通鑑表。自謂抉擿幽隱。校計豪釐。不洞貫經史之精微。惡可輕於置議哉。

穀梁傳隱公元年。春秋貴義而不貴惠。信道而不信邪。孝子揚父之美。不揚父之惡。先君之欲與桓。非正也。邪也。雖然。既勝其邪心以與隱矣。已探先君之邪志而遂以與桓。則是成父之惡也。兄弟天倫也。爲子受之父。爲諸侯受之君。已廢天倫而忘君父以行小惠。曰小道也。若隱者。可謂輕千乘之國。蹈道則未也。

惲敬讀張耳陳餘列傳。穀梁子曰。君子之於物。無所苟而已。石鶃猶且盡其辭。而況於人乎。故五石六鶃之辭不設。則王道不亢矣。古之作史者。辨於物。析於事。慎於文。辨於物故名正。析於事故理順。慎於文故勸懲明。史記張耳陳餘列傳。廷尉以貫高事辭聞。上曰。壯士。誰知之者。以私問之。壯士意其可以私問也。中大夫泄公曰。臣之邑子。素知之。此固趙國立名義不侵爲然諾者也。上使泄公持節問之。立名義不侵爲然諾。不可以私問也。使泄公具告之曰。張王已出。因赦貫高。貫高喜曰。吾王審出乎。貫高之心。惟知有王。故問出王。不聞赦高也。泄公曰。然。泄公曰。上多足下。故赦足下。泄公之心。惟知有高。故複言赦高。不言出王也。至貫高絕吭死。太史公斷之曰。當此之時。名聞天下。如是而已。何也。家臣知有家而不知有國。諸侯之臣知有國而不知有天下。皆大亂之道。如貫高者。足以聳動激昂入人肝膈。然而君子不以仁義褒焉。孟子曰。孔子成春秋而亂臣賊子懼。於此可以觀矣。（按史法多端。不限一格。有微而顯者。亦有直而盡者。史公於秦始皇本紀引賈生過秦論。正言其失。而於六國表則曰。秦取天下多暴。然世異變。成功大。傳曰法後王。何也。以其近己而俗變相類。議卑而易行也。學者牽於所聞。見秦在帝位日淺。不察其終始。因舉而笑之。不敢道。此與以耳食無異。則又斥其多暴。而重其成功。而必察其終始者。又用心之恕。卽其直言而可見者矣。）

孟子之論學曰一鄉之善士斯友一鄉之善士一國之善士斯友一國之善士天下之善士斯友天下之善士以友天下之善士為未足又尚論古之人頌其詩讀其書不知其人可乎是以論其世也是尚友也知人論世在求古人之善者而友之非求古人之惡而暴之或抑古人之善而誣之也然由其言亦可以知後之論史者須視其人之身世何若秉心厚者則能尚友而畜德賦質刻者則喜翻案而攻人如孟子取武成二三策之言以其推論至仁之用師故疑漂杵之過當後人不師其發言之本指惟截取盡信書不如無書之一語則專以索瘢吹垢為事矣例如六代史家固多曲筆然若孫盛王劭亦為劉知幾所崇信不得以史有諱飾遂謂古無良史也班固受金陳壽求米大抵莫須有之辭即所謂秦人不死驗苻生之厚誣蜀老猶存知葛亮之多枉者亦徒縱其詞鋒未足以概全史洛陽伽藍記前載趙逸之言後舉徐紇之說趙則為苻生平反徐亦為班固徵信要皆屬於小說未可舉一例餘

洛陽伽藍記時有隱士趙逸云是晉武時人晉朝舊事多所記錄正光初來至京師（按自晉武泰始初至正光約二百五十年）云自永嘉以來二百餘年建國稱王者十有六君皆遊其都邑目見其事國滅之後觀其史書皆非實錄莫不推過於人引善自向苻生雖好勇嗜酒亦仁而不殺觀其治典未必凶暴及詳其史天下之惡皆歸焉苻堅自是賢主賊君取位妄書生惡皆是類也

又慕義里菩堤寺沙門達多發塚取甎得一人以進太后與明帝在華林都堂以為妖異謂黃門侍郎徐紇曰上古以來頗有此事否紇曰昔魏時發塚得霍光女婿范明友家奴說漢朝廢立與史書相符此不足為異也

至魏書毛修之傳所云蜀中長老言陳壽為諸葛亮門下書佐被撻百下故其論武侯云應變將略非其所長亦為未知陳壽者之讆言縱不問蜀志全書純以武侯為中心即就本傳評語而觀其傾倒武侯至

矣。應變二語。蓋作疑辭。非爲枉屈。劉氏以此論史。宜章氏議其心術之養未底於粹也。

蜀志諸葛傳評曰。諸葛亮之爲相國也。撫百姓。示儀軌。約官職。從權制。開誠心。布公道。盡忠益時者雖讎必賞。犯法怠慢者雖親必罰。服罪輸情者雖重必釋。游辭巧飾者雖輕必戮。善無微而不賞。惡無纖而不貶。庶事精練。物理其本。循名責實。虛僞不齒。終於邦域之內。咸畏而愛之。刑政雖峻而無怨者。以其用心平而勸戒明也。（據此諸文。豈是被擿而懷恨者之語）可謂識治之良才。管蕭之亞匹矣。然連年動衆。未能成功。蓋應變將略。非其所長歟。

然而以知幾之時事。產生疑古之言論。亦自有其可原。浦起龍氏所謂讀書尚論。其意有可推者。知幾眼見近古自新莽始禍。以及當塗典午。南則劉蕭陳氏。北則齊周楊堅。累朝踐代。類以攘竊之詐。詭爲推挹之文。雖逮李唐。奮戈除暴。猶必虛擁代邸。粉飾禪書。於是假號汲墳之荒簡。反兵孔壁之遺編耳。蓋人於環境所遭。輒意往事亦然。世治則恆見鉅人長德。乃知聖哲之匪屬虛稱。世亂則所知皆奸詐苟偸。遂覺前人亦大抵如是。雖悲憫與歆羨不同。而刻覈之論。駸成風氣。必至害人心術。此非盛德而有遠識者。未易超環境而不爲所搖也。當清中葉。考據之風甚盛。若莊存與若龔自珍。皆深於漢學。且專治今文家之言者也。而莊氏於已成定讞之僞古文尚書。猶保持使勿廢。龔氏且盛稱之。謂其自韜污受不學之名。爲有所權緩急輕重。以求其實之陰濟於天下。是豈宅心不厚。而標榜今文。矜誇考證者。所能喻乎。

龔自珍武進莊公神道碑銘。學足以開天下。自韜污受不學之名。爲有所權緩急輕重。以求其實之陰濟於天下。其澤將不惟十世。大儒莊公諱存與。江南武進人也。幼誦六經。尤長於書。奉封公教。傳山右閻氏之緒學。蓋公自少入塾。而昭昭善別擇矣。既壯成進士。閻氏所廓清。已信於海內。江左東髮子弟。皆知助閻氏。言官學臣則議上言於朝。重寫二十八篇於學官。頒賜天下。考官命題。學僮諷書、僞書毋得與、將上矣、公以翰林學士直上書房爲師傅、聞之、忽然起、適然思、鬱然歎、自語曰、辨古籍眞僞、爲術淺且近者也、且天下學僮盡明之矣、魁碩當弗復言、古籍墜湮什之八、頗藉僞書存者什之二。 大禹謨廢、人心道心之旨、殺不辜寧失不經之誡亡矣。太甲廢、儉德永圖之訓墜矣。仲虺之誥廢、謂人莫已若之誡亡矣。說命廢、股肱良臣啓沃之誼喪矣。旅獒廢、不寶異物賤用物之誡亡矣。冏命廢、左右前後皆正人之美失矣。今數言幸而存、皆聖人之眞言、言尤疴癢關後世、宜貶須臾之道以授肄業者、公乃討其委曲、思自晦其學、欲以借援古今之事勢、退直上書房日、著書曰、尙書既見如干卷、數數稱禹謨虺誥伊訓、而晉代劉捨百一之罪、功罪且互見。公是書頗爲承學者詬病、而古文竟獲仍學官不廢。

由上諸義言之、道德觀念由史而來、而人之尙德不當專爲治史、使其積於德也不素、則其臨文也無本、而挾考據懷疑之術以治史、將史實因之而愈淆、而其爲害於國族也亟矣。故治章氏之學、宜知其爲箴貶劉氏深戒後學而言、第猶未能闡明古代政教與史官之關聯、徒就後世政教已漓之時責望治史者養其心術、僅屬救弊補偏之說、然章氏之時、論史者猶未太違乎古義、而俗尙亦不外歷史之所遺傳、故所謂心術不粹者、其範圍猶有所限、至梁氏之論史德、雖若引申章氏之說、實本劉氏之學而益以他族近代治史者之方術、謂當大進於前、故篇目雖同、而根本實相左也。

人類之尙德也同、其由史而知德也亦同。故吾人由本國歷史數千年之經驗、而得道德之正鵠者、益以世界史之經驗、宜若植德益隆矣、然如梁氏所舉史家誇大之失、在吾國唐宋諸賢、早懸爲戒者(如島夷索虜之互詆之類)在哲人則至近代始悟其非、觀斯賓塞爾羣學肄言所陳其爲國拘情瞀實遠軼於吾史

嚴譯羣學肄言國拘篇國中徒黨各有主張、己之所附者爲豪傑聖賢、而彼黨之魁則盜賊無賴也。方宗教之致爭、問於修教則公教所

爲、無所往而非暴虐、問諸公教、則修教之所改革、無一事而非背天。若夫二國之史、相爲敵讎、則甲之美政、必不可得於乙書、乙之無道、若不勝書於甲史。古之諸曼、貪殘之種也、而言撒遜、轉謂其修怨之刻深。以法史寫西班牙之伏莽、則淫掠窮凶、以俄人言克噶希亞之興戎、則虔劉無藝。龍蛇起陸之日、戰血玄黃之秋、使吾英爲局外、則了了能言其曲直、不幸吾國利害與於其間、則通國報章、黑白皆易位矣。當法人之戡定亞爾芝也、大食之民、屈強不附、逃山谷中、法人聚火焚之、英人大呼、謂絕人理。時無幾何、而印度之民叛、我亦旣族而殲之矣、尙懼其未盡死也、則加火於山積之羣屍。又雅墨加之役、焚其邑居矣、又屠其人民。二者所爲、吾英於人理、亦如綫耳、於法人何譏焉。 夫身毒之民、亦天所生之一種也、夫豈不宜以自君、何於羣起而求脫吾英之銜轡、乃罪大惡極、而無一善之可言。愛爾蘭之不樂爲屬、而欲自爲政、亦其所也、何其爭卽爲不道、而一無可恕。

又法人之自大久矣、天下之所共聞也。底亞斯之著書也、揚扢敷闓、宣國威而廣民志、其中無幾微之疑辭、而法之人亦從而信之。 武邇士著化學錄、其發端曰、化學者、法國之學也。陰格理畫鄂謨加冕圖、推鄂謨爲詩中王者、而以後代以詩鳴者、爲其徒從、盡法之詩家、皆居前列、而吾英之狹斯丕爾、乃在隅奧、著其形於若存若亡之閒。又立藝宮、凡古今作者之聖、述者之明、但有制作、無不畢列、法之藝人、雖無所知名、而亦廁至英之奈端、則擯不得與。

又、德之公黨、於一席之談、聽其言之所及者、德之國俗、德之維新、德之合邦、德之一統、德之陸旅、德之海軍、德人之宗教、與德人之藝學已耳、徒取法人而訕笑譏議之、而不知己之所爲、正法人之痾疢、而譯之以德語者也。（梁氏引韋爾思云、有謂距今二百年前、世界未有一著述足稱爲史者、亦此病也）

斯賓塞爾著書力箴其病。在一千八百七十年間。（其書出版在一八七三年、當淸同治十二年）謂治羣學必先治其心習。（見繕性篇）其識蓋迥超諸國史家。推其意固亦未嘗不知繕性之功爲學者御一切事物所必具非僅爲治羣學然衡之曲禮大學所論愛惡好憎之偏之當矯其時間相懸奚若蓋哲人多務其偏至吾族久尙夫執中由民德之全衡史德之失固有間矣而吾族徒震於晚近之強弱遂拾其新說病吾往史則論世之未得其平也

至於附會之病尤有可爲隱痛者國不自振誇大之習已微以他族古初之蒙昧遂不信吾國聖哲之文明舉凡步天治地經國臨民宏綱巨領良法美意歷代相承之信史皆屬可疑其疑之者以他族彼時不過圖騰部落吾族似不能早在東亞建此大邦復以晚近之詐欺推想前人之假託不但不信爲事實即所目爲烏託邦之書亦不敢推論其時何以有此理想祇能從枯骨斷簡別加推定必至春秋戰國之紛裂始能爲秦漢之統一而春秋戰國秦漢制度思想之所由來亦不能深惟其故至其卑葸已甚遂若吾族無一而可凡史迹之殊尤卓絕者匪藉外力或其人之出於異族必無若斯成績此等風氣雖爲梁氏所未料未始非梁氏有以開之故論學立言不可不愼不附會而誇大則卑葸而自誣程子所謂與學者言如扶醉漢扶得東來西又倒者也斯賓塞爾既深譏愛國之偏又歷陳貶國之失學者倘研閱其說或亦可補劉章梁氏諸說所未備歟

羣學肄言國拘篇晚近學士搢紳鬩見日多智能愈富貶國之見常與俱深一時相阿遂成風尙而語或違中多不根之論不知國之政教成立綦難使議者弗察動言紛更乍埋乍掘民莫適主此其害羣以較愛國之偏特一間耳貶國而過各有由然賢愚不齊略區三等惡聞夸者之言詑然自滿抑人揚己多失其平於是本其誠心思所救正矯枉過直容不自知此其一也亦有養智驚愚自矜博學輕蔑舊制遠行異邦持論非平苟竊聲譽又其一也最下國之掌故毫未有知輕易猖狂逞其好罵又其一也

史識第六

劉知幾倡史有三長之說而尤重在識章實齋申之而論史德梁啓超劉咸炘又申論之皆各述所見與劉氏原旨不符劉氏所謂史識在好是正直善惡必書使驕君賊臣知懼章氏引之誤謂有學無識如愚估操金不能貿化似於唐書原文初未細繹而以有學無才之弊屬之有學無識學者苟就唐書原文與章書史德篇一較自見其大相逕庭矣

新唐書劉子玄傳禮部尙書鄭惟忠嘗問曰古文士多史才少何耶對曰史有三長才學識世罕兼之故史才少夫有學無才猶愚賈操金不能殖貨有才無學猶巧匠無楩柟斧斤弗能成室（舊唐書此下有「猶須好是正直」六字）善惡必書使驕君賊臣知懼此爲無可加者時以爲篤論

文史通義史德篇劉氏以謂有學無識如愚估操金不能貿化推此說以證劉氏之指不過欲於記誦之間知所抉擇以成文理耳　此猶文士之識非史識也

梁氏意主革新謂史識是觀察力觀察要敏銳卽所謂讀書得間又標四義曰由全部至局部曰由局部至全部曰勿爲傳統思想所蔽曰勿爲成見所蔽（見史學研究法續編）蓋示人讀舊史而創新史非知幾所論修史之宗旨也劉咸炘氏則以觀史迹之風勢爲史識又曰作者有識乃成其法讀者因法而生其識雖二而實一又曰讀史本爲求識所以必讀紀傳書又曰吾輩非有作史之責而必斤斤講史法者正以史法明史識乃生也是其所謂觀史迹者雖與梁氏所謂觀察力者同而斤斤講舊史之法兼讀史與

作史而言。又非如梁氏之斥傳統思想也。

劉咸炘治史緒論、史學可分爲四端、一曰攷證事實、是爲史考、二曰論斷是非、是爲史論、三曰明史書之義例、是爲史法、四曰觀史迹之風勢、是爲史識。前二者爲他學者亦從事焉、後二者則所謂史學專門之長也。攷證固在成書之先、然不能成書、則止是零碎事迹、不得爲史。論斷固爲讀史之的、然無識、則止是任意愛憎、不得爲學。史識著於馬班、史法至唐始晦。宋人猶存史識、而偏於論、近世懲論之弊、乃偏於考、於是熟於事實者、乃冒史學之稱、而史學蕪矣。

又史學有二、一曰作史之法、二曰讀史之識。作者有識、乃成其法、讀者因法而生其識、雖二而實一也。法者、撰述之義例、章先生所謂圓而神者也、識者、知政事風俗人才變遷升降之故、孟子所謂論其世者也。

又曰吾輩非有作史之責、而必斤斤講史法者、正以史法明、史識乃生也。 讀史本爲求識、所以必讀紀傳書。作史者不知此、則紀傳書只是一碑傳集、非史矣。讀史者不知此、則史論只是一月旦評、非史論矣。 淺陋之學究、專心論人爲史學、徒騁己見、固不足貴、而博雜之考據家、專以考事爲史學、亦只爲拾骨之學。

實齋雖誤解劉氏之語。而謂能具史識者必具史德。所以補充劉氏之說者。要自有見。第未推原道德觀念實出於史耳。劉咸炘謂讀史本爲求識。義亦猶是。吾人何緣而有識。識力亦曰賦於天者本明。稽之史而後悟。學者識力。大都出於讀史。苟屏前史一切不信。妄謂吾之識力能破傳統觀念之藩。則事實所不可能也。或襲近人之言。或採異域之說。亦即秉遐邇之史。以爲創新之識。隱有其傳。非能捨史而得識也。語曰溫故而知新。苟非以故穀爲種。何能產新禾之苗乎。

劉知幾所謂史識。在書事篇中言之最詳。書事篇專論史法。即劉咸炘所謂作者有識乃成其法。亦即梁氏所謂傳統思想學者宜熟復之乃知吾史書之別於史料近人恆謂吾國諸史僅屬史料而非史書者坐不知吾史相傳之義法也孔子告子夏讀書之法曰通七觀舉大義

尚書大傳子夏讀書畢見夫子夫子問焉曰子何爲於書子夏對曰書之論事也昭昭如日月之代明離離若星辰之錯行上有堯舜之道下有三王之義商所受於夫子弗敢忘也子曰堯典可以觀美禹貢可以觀事咎繇可以觀治鴻範可以觀度六誓可以觀義五誥可以觀仁甫刑可以觀戒通斯七觀書之大義舉矣（近人不信禹貢謂禹治水不過略治山西河南小部分此即不知事理之言下流海口不治山西河南之水以何地爲壑吾因其言益知古書之言簡而理精即決九川距四海六字可以盡治水之事理）

顧棟高論春秋曰未有無故而書又曰凡褒貶無關於天下之大故不書

顧棟高春秋大事表讀春秋偶筆春秋凡書城書築皆譏無論時不時也城郚城中丘則以怯敵書城向城諸及鄆則以啓釁書城費城成郛則以三家營私邑書城漆城啓陽城邾城瑕則以恃強凌弱小書城杞則以受役於強大書其非時與帥師者則罪又甚焉蓋春秋一書聖人特書以垂戒爲百王法未有無故而書者也魯方百里五所統凡數十百城二百四十二年之中城壞而修亦極常事何足煩聖人之筆乎 外此如城邢城楚丘城緣陵爲聖人許之乎曰此春秋以紀世變也天王失政外裔交侵小國不能自立賴桓公修方伯之職帥諸侯起而城之聖人所以不得已而思伯予之亦傷之也降此而城成周抑又甚焉王室內亂流離顚越十年之後又乞城於諸侯書此而天王之孱弱晉伯之怠緩俱可概見此皆有關於天下之大者凡褒貶無關於天下之大故不書

方苞惲敬持此義以讀史記咸舉留侯世家非天下所以存亡故不著爲紀事文之義法故尚書春秋與後世之紀傳史體裁雖不同而抉擇之法固一貫也

方苞史記評留侯世家留侯所與上從容言天下事甚衆非天下所以存亡故不著此三語著爲留侯立傳之大指記事之文義法盡於

此矣。

惲敬讀貨殖列傳作史之法有二太史公皆自發之其一留侯世家曰所與上從容言天下事甚衆非天下所以存亡故不著此作本紀世家列傳法也而表書亦用之其一報任少卿書曰究天人之際通古今之變此作表書法也而本紀世家列傳亦用之。

吾國古無所謂歷史研究法然三傳之於春秋各有師說以解析春秋之義法則世之有史學研究法者莫先於吾國矣左氏親見魯史博採晉乘楚檮杌諸書而爲春秋傳其所載史事多出於春秋之外然左氏不以其所見史料之富而斥春秋之簡略且推究春秋所以不書之故而歸於禮經之凡例

左傳隱公十一年凡諸侯有命告則書不然則否師出臧否亦如之雖及滅國滅不告敗勝不告克不書於策。

又莊公二十九年凡物不爲災不書。

又僖公二十三年凡諸侯同盟死則赴以名禮也赴以名則亦書之不然則否避不敏也。

又文公七年凡會諸侯不書所會後也後至不書其國辟不敏也。

又十四年凡崩薨不赴則不書禍福不告亦不書懲不敬也。

又十五年凡諸侯會公不與不書諱君惡也與而不書後也

用此可知史策所書咸本赴告及周家通禮衡物異之重輕視人事之敬惰已可啓發史識矣而凡例所不賅者傳文又加以宣究

左傳隱公元年春王周正月不書即位攝也。

又三月公及邾儀父盟於蔑邾子克也未王命故不書爵。

又夏四月、費伯帥師城郎、不書、非公命也。杜注、傳曰、君舉必書、然則史之策書、皆君命也、今不書於經、亦因史之舊法、故傳釋之、諸魯事傳釋不書、他皆放此。

又十月庚申、改葬惠公、公弗臨、故不書、衞侯來會葬、不見公、亦不書。杜注、諸侯會葬、非禮也、不得接公成禮、故不書於策、他皆放此。

又十一年、羽父使賊弒公於寫氏、不書葬、不成喪也。

又桓公十七年冬十月朔日有食之、不書日、官失之也。

又僖公元年春、不稱即位、公出故也、公出復入、不書、諱之也。

又九年、齊侯以諸侯之師伐晉、令不及魯、故不書。

又十四年春、諸侯城緣陵而遷杞焉、不書其人、有闕也。

又十九年、梁亡、不書其主、自取之也。

又二十九年夏、公會王子虎、晉狐偃、宋公孫固、齊國歸父、陳轅濤塗、秦小子慭盟於翟泉、尋踐土之盟、且謀伐鄭也、卿不書、罪之也、在禮、卿不會公侯、會伯子男可也。

又文公二年、晉先且居、宋公子成、陳轅選、鄭公子歸生伐秦、取汪及彭衙而還、以報彭衙之役、卿不書、爲穆公、故尊秦也。

又九年、公子遂會晉趙盾、宋華耦、衞孔達、許大夫救鄭、不及楚師、卿不書、緩也、以懲不恪。

又十七年春、晉荀林父、衞孔達、陳公孫寧、鄭石楚伐宋、討曰、何故弒君、猶立文公而還、卿不書、失其所也。

又宣公十二年、晉原穀、宋華椒、衞孔達、曹人同盟於清丘、曰、恤病討貳、於是卿不書、不實其言也。

又成公二年、公及楚公子嬰齊、蔡侯、許男、秦右大夫說、宋華元、陳公孫寧、衞孫良夫、鄭公子去疾及齊國之大夫盟於蜀、卿不書、匱盟也、於是乎畏晉而竊與楚盟故曰匱盟蔡侯許男不書乘楚車也謂之失位君子曰位其不可不慎也乎蔡許之君一失其位不得列於諸侯況其下乎。

又襄公十四年於是齊崔杼宋華閱仲江會伐秦不書惰也向之會亦如之衞北宮括不書於向（亦惰）書於伐秦攝也。

又二十六年六月公會晉趙武宋向戌鄭良霄曹人於澶淵以討衞　趙武不書尊公也向戌不書後也。

又三十年冬十月叔孫豹會晉趙武齊公孫蠆宋向戌衞北宮佗鄭罕虎及小邾之大夫會於澶淵既而無歸於宋故不書其人君子曰信其不可不慎乎澶淵之會卿不書不信也。　書曰某人某人會於澶淵宋災故尤之也不書魯大夫諱之也。

同一會盟而卿之名有書有不書同一人而有書有不書同一不書而各有其故其剖析之細密也若是。慎位重信大義凜然所謂讀書得間者卽從此等無文字處得之也杜預曰諸稱書不書先書故書不言不稱書曰之類皆所以起新舊發大義謂之變例然亦有史所不書卽以爲義者此蓋春秋新意故傳不言凡曲而暢之也（春秋左氏傳序）不知此說無以知春秋二百四十二年之事何以止以萬八千字盡之也。

公穀兩家專究經文不復博考史事而持屬辭比事之法亦有以得春秋所以書之故公羊大例於外大惡書小惡不書於內大惡諱小惡書（隱公十年）而於某事之所以書又必先揭不書之例而問其何以書乃見其譏貶之義

公羊傳隱公二年九月紀履緰來逆女　外逆女不書此何以書譏何譏爾譏始不親迎也。　襄公十五年劉夏逆王后於齊　外逆女不書此何以書過我也。

又隱公四年莒人伐杞取牟婁、外取邑不書此何以書疾始取邑也。六年宋人取長葛、外取邑不書此何以書久也。莊公元年、齊師遷紀郱鄑郚、外取邑不書此何以書大之也。三十年齊人降鄣、外取邑不書此何以書盡也。宣公元年齊人取濟西田、外取邑不書此何以書所以賂齊也。昭公二十五年齊侯取運、外取邑不書此何以書爲公取之也。哀公八年齊人取讙及僤、外取邑不書此何以書所以賂齊也。

又桓公四年公狩於郎、常事不書此何以書譏何譏爾遠也。八年春正月己卯烝、常事不書此何以書譏何譏爾譏亟也。十四年秋八月壬申御廩災乙亥嘗、常事不書此何以書譏何譏爾譏嘗也。

又桓公五年夏齊侯鄭伯如紀、外相如不書此何以書離不言會也。冬州公如曹、外相如不書此何以書過我也。襄公五年夏、叔孫豹鄫世子巫如晉、外相如不書此何以書爲叔孫豹率而與之俱也。

又莊公四年齊侯葬紀伯姬、外夫人不書葬此何以書隱之也。三十年葬紀叔姬、外夫人不書葬此何以書隱之也。襄公三十年葬宋共姬、外夫人不書葬此何以書隱之也何隱爾宋災伯姬卒焉其稱謚何賢也。

又莊公七年秋大水無麥苗、一災不書待無麥然後書無苗何以書紀災也。宣公十五年冬蝝生、蝝生不書此何以書幸之也

又莊公十一年秋宋大水、外災不書此何以書及我也。二十年夏齊大災、外災不書此何以書及我也。宣公十六年夏成周宣謝災、外災不書此何以書新周也。襄公九年春宋火、外災不書此何以書爲王者之後記災也。

又莊公二十二年公如齊納幣、納幣不書此何以書譏何譏爾親納幣非禮也。文公二年公子遂如齊納幣、納幣不書此何以書譏何譏爾譏喪娶也。成公八年宋公使公孫壽來納幣、納幣不書此何以書錄伯姬也。

又莊公二十九年新延廄、修舊不書此何以書譏何譏爾凶年不修。定公二年新作雉門及兩觀、修舊不書此何以書譏何譏爾、

不務乎公室也。

又傳公十四年沙鹿崩　外異不書此何以書爲天下記異也。　十六年六鷁退飛過宋都　外異不書此何以書爲王者之後記異也。　文公三年雨螽於宋　外異不書此何以書爲王者之後記異也。　成公五年梁山崩外異不書此何以書爲天下記異也。　昭公十八年宋衞陳鄭災　外異不書此何以書爲天下記異也。

又文公十五年齊侯侵我西鄙遂伐曹入其郛　入郛書乎曰不書入郛不書此何以書動我也。

又宣公十五年宋人及楚人平　外平不書此何以書大其平乎己也。

又成公八年衞人來媵　媵不書此何以書錄伯姬也。　九年晉人來媵　十年齊人來媵　均云媵不書此何以書錄伯姬也。

又哀公五年閏月葬齊景公　閏不書此何以書喪以閏數也。

吾人讀書能用其法一一問其何以如是云云而同一問題又細析其關於天下及我國或某國某人之故則讀書如桶底脫矣（史通模擬篇譏吳均齊春秋每書災變亦曰何以書記異也自問自答豈敘事之理若識公羊之語爲研究史法自無此惑）

穀梁亦嘗發何以書之問及不書之例。

穀梁傳隱公九年秋七月　無事焉何以書不遺時也。　桓公元年冬十月　無事焉何以書不遺時也春秋編年四時具而後爲年。

又桓公五年州公如曹　外相如不書此其書何也過我也。　莊公十一年秋宋大水　外災不書此何以書王者之後也高下有水災曰大水。

而恆稱志不志。

穀梁傳隱公六年宋人取長葛、外取邑不志此其志何也、久之也。

又桓公十四年秋八月壬申御廩災乙亥嘗、御廩之災不志此其志何也、以為唯未易災之餘而嘗、可也志不敬也。

又莊公十七年齊人執鄭詹、鄭詹鄭之卑者也卑者不志此其志何也、以其逃來志之也、逃來則何志焉將有其末不得不錄其本也、鄭詹鄭之佞人也。

又十九年秋公子結媵陳人之婦於鄄遂及齊侯宋公盟、媵淺事也、不志此其志何也、辟要盟也。成公八年衞人來媵、媵淺事也、不志此其志何也、以伯姬之不得其所故盡其事也。九年晉人來媵、同、十年齊人來媵無傳、注媵同姓也、異姓來媵非禮。

又莊公二十四年公如齊逆女、親迎恆事也不志此其志何也、不正其親迎於齊也。

又文公三年雨螽於宋、外災不志此何以志也、曰災甚也、其甚奈何、茅茨盡矣。襄公九年春宋災、外災不志此其志何也、故宋也。

又宣公十五年王札子殺召伯毛伯、王札子者當上之辭也、殺召伯毛伯不言其何也、兩下相殺也、兩下相殺不志乎春秋此其志何也、矯王命以殺之非忿怒相殺也、故曰以王命殺也、以王命殺則何志焉為天下主者天也、繼天者君也、君之所存者命也、為人臣而侵其君之命而用之是不臣也、為人君而失其命是不君也、君不君臣不臣此天下所以傾也。昭公八年陳侯之弟招殺陳世子偃師、鄉曰陳公子招今曰陳侯之弟招何也、曰盡其親所以惡招也、兩下相殺不志於春秋、此其志何也、世子云者唯君之貳也、云可以重之存焉志之也、諸侯之尊兄弟不得以屬通其弟云者親之也、親而殺之惡也。

又成公十八年築鹿囿、築不志此其志何也、山林藪澤之利所以與民共也、虞之非正也。

又昭公九年陳火、國曰災邑曰火火不志此何以志、閔陳而存之也。

又二十三年冬公如晉至河、公有疾乃復、疾不志此其志何也、釋不得入乎晉也。

或曰不道。

穀梁傳桓公六年蔡人殺陳佗　陳佗者陳君也其曰陳佗何也匹夫行故匹夫稱之也其匹夫行奈何陳侯憙獵淫獵於蔡與蔡人爭禽蔡人不知其是陳君也而殺之何以知其是陳君也兩下相殺不道　宣公十五年宋人及楚人平　外平不道以吾人之存焉道之也。

其曰淺事不志恆事不志與公羊之常事不書修舊不書一也而論陳佗王札子陳招諸事由兩下相殺不書於春秋推論其義明其所以書者在正君臣父子兄弟之倫非區區志人之相殺此皆經師之說爲讀史者所宜持以斷後世之史事者也。

書之敎曰疏通知遠春秋之敎曰屬辭比事疏通則上下千載惟觀其大端屬比則一日一言必求其用意故通史與斷代史各有所取可並行而不悖而讀史之法且正可以相通如惲敬論顧命於逆子釗稱子於王麻冕黼裳稱王則以春秋之書法讀尚書也。

惲敬顧命辨顧氏寧人曰顧命蓋有闕文焉狄設黼扆綴衣其前皆成王崩之事也其後皆康王踰年即位之事也（全文見日知錄）

敬按公羊傳始終之義一年不二君故未葬稱子臣民之心不可曠年無君故踰年稱公孝子之心則三年不忍當故諸侯於封內三年稱子天子亦然雖然顧命者布之天下傳之後世者也即位之首稱子以臨可乎文元年春王正月公即位定元年夏六月公之喪至自乾侯戊辰公即位是踰年未葬稱公也昭二十二年夏四月乙丑天王崩六月葬景王劉子單子以王猛居於皇是已葬未踰年稱王也是故即位不書子則顧命不得不稱王逆子釗稱子王麻冕黼裳稱王皆禮也（日知錄注引鳳氏之說亦辨顧氏之誤）

顧棟高謂看春秋眼光須極遠近者十年數十年遠者通二百四十二年是又以尚書之知遠讀春秋也。

顧棟高讀春秋偶筆看春秋眼光須極遠近者十年數十年遠者通二百四十二年自桓二年蔡侯鄭伯會於鄧始懼楚此發端也至定四年蔡侯以吳子及楚人戰於柏舉楚師敗績庚辰吳入郢是結案志蔡之積怨而能報楚而褒即寓其中矣自僖十九年陳人蔡人楚人鄭人盟於齊此發端也至昭八年楚師滅陳是結案志陳之招楚適自貽患而貶即寓其中矣

劉咸炘謂疏通知遠書教也疏通知遠即察勢觀風也孟子之論世太史公之通古今之變即此道也又曰讀史有出入二法觀事實之始末入也察風氣之變遷出也趙甌北廿二史劄記將散見紀傳者分條類列尋出一代特具之事象風氣既非如考據家之僻搜又非如學究家之不考而擊斷最爲可法（均見治史緒論）然趙書於條列歷代事象風氣外亦兼述各史之義例實兼尙書春秋兩家之長梁啓超講史蹟之論次曰吾今標一史題於此曰劉項之爭與中亞細亞及印度諸國之興亡有關係而影響及於希臘人之東陸領土聞者必疑其風馬牛不相及然吾徵諸史蹟而有以明其然也又曰吾又標一史題於此曰漢攘匈奴與西羅馬之滅亡及歐洲現代諸國家之建設有關聞者將益以爲誕然吾比觀中西諸史而知其因緣甚密切也（梁著中國歷史研究法）其說雖若甚新要亦不外書教之疏通知遠及顧氏讀春秋隨筆所謂看春秋眼光須極遠也

凡爲良史經緯萬端罔識眇恉非僅舉一二語所能罄也馬遷爲史考信擇言非天下所以存亡不著如前所述亦已賅括全書而其隨文標舉者綜而觀之均可見其要删之意

史記十二諸侯年表序儒者斷其義馳說者騁其辭不務綜其終始歷人取其年月數家隆於神運譜諜獨記世謚其辭略欲一觀諸要難（此旨爲史務綜其終始而觀其要）於是譜十二諸侯自共和訖孔子表見春秋國語學者所譏盛衰大指著於篇爲成學治古文者

要刪焉。（要刪者、摘要刪繁、專取盛衰大指也、）

又漢興以來諸侯年表序臣遷謹記高祖以來至太初諸侯譜其下益損之時、令後世得覽形勢雖彊、要之以仁義爲本。（諸爲表譜、要以推見立國之本、非專重强弱盛衰也、）

又高祖功臣侯年表序居今之世、志古之道所以自鏡也、（此又是讀史通義、）未必盡同、帝王者各殊禮而異務、要以成功爲統紀、豈可緄乎、觀所以得尊寵及所以廢辱、亦當世得失之林也、何必舊聞、於是謹其終始、表見其文、頗有所不盡本末、著其明、疑者闕之。

又天官書爲天數者、必通三五終始古今、深觀時變、察其精粗、則天官備矣。

又封禪書於是退爲論次自古以來用事於鬼神者、具見其表裏、後有君子得以覽焉、若至俎豆珪幣之詳、獻酬之禮、則有司存。

又管晏列傳其書世多有之、是以不論、論其軼事。

又司馬穰苴列傳世既多司馬兵法、以故不論、著穰苴之列傳焉。

又孫子吳起列傳世俗所稱師旅、皆道孫子十三篇吳起兵法、世多有、故弗論、論其行事所施設者。

又仲尼弟子列傳學者多稱七十子之徒、譽者或過其實、毀者或損其眞、鈞之未睹厥容貌、則論言弟子籍、出孔氏古文、近是、余以弟子名姓文字、悉取論語弟子問、幷次爲篇、疑者闕焉。

又蘇秦列傳世言蘇秦多異、異時事有類之者皆附之蘇秦。 吾故列其行事、次其時序、毋令獨蒙惡聲焉。

又孟子荀卿列傳自如孟子至於吁子、世多有其書、故不論其傳云。

又司馬相如傳相如他所著、若遺平陵侯書與五公子相難草木書篇不采、采其尤著公卿者云。

卽詳略不同、有棄有取、亦宜就其去取、推尋其識、不可認爲矛盾、如劉知幾之所譏也。

史通雜說上太史公撰孔子世家多採論語舊說至管晏列傳則不取其本書爲時俗所有故不復更載也案論語行於講肆列於學官重加編勒祇覺繁費如管晏者諸子雜家經史外事棄而不錄實杜異同夫以可除而不除宜取而不取以斯著述未覩厥義。按劉氏之言似若有識其實劉氏誤以史書宜取諸子雜家轉載異同不知史公之命意史公最尊孔子故考信六藝而言六藝則折中於夫子論事多本論語（如孝文本紀言必世後仁禮書引禘自既灌諸語）本紀世家載孔子事甚多不於其中書老子卒或墨子卒也仲尼弟子有列傳而傳六藝者又有儒林傳初不爲墨子弟子或墨者傳也由此以思則劉氏所駁爲無當然自班氏譏史公先黃老而後六經已不免誤會談遷論六家要旨之意而劉氏所譏又正與班意相反要之反正兩方均可以示學者宜細心尋繹全書而不可孟浪議論前人長短也劉略班志六藝在十家九流之前而儒又先於九家史漢意仍一貫近人揚墨抑儒至謂史公不爲墨子特立一傳蓋由史料未備不知今人所見墨家學說及其鉅子事迹採自莊荀韓呂諸子者史公豈未之見耶。

班范諸史敘事載文亦有自標旨趣者。

漢書賈誼傳贊凡所著述五十八篇掇其切於世事者著於傳云。

又董仲舒傳仲舒所著皆明經術之意及上疏條教凡百二十三篇而說春秋事得失聞舉玉杯蕃露清明竹林之屬復數十篇十餘萬言皆傳於後世掇其切當世施朝廷者著於篇。

又揚雄傳畔牢愁廣騷文多不載獨載反離騷　法言文多不載獨著其目。

又西域傳自且末以往皆種五穀土地草木畜產作兵略與漢同有異乃記云。

後漢書王符傳隱居著書三十餘篇以譏當時失得不欲章顯其名故號曰潛夫論云其指訐時短討讁物情足以觀見當時風教著其五篇云爾。

又仲長統傳每論說古今及時俗行事恆發憤歎息因著論名曰昌言凡三十四篇十餘萬言　今簡撮其書有益政者略載之云。

唐宋史家要刪史實並師馬班矩矱。

隋書音樂志舜詠南風而虞帝昌紂歌北鄙而殷王滅大樂不乖則王政在焉故錄其不相因襲以備於志。

又經籍志其舊錄所取文義淺俗無益教理者並刪去之其舊錄所遺辭義可采有所弘益者咸附入之遠覽馬史班書近觀王阮志錄挹其風流體制削其浮雜鄙俚離其疏遠合其近密約文緒義凡五十五篇。

新唐書禮樂志其壇堂之上下壝門之內外次位之尊卑與其向立之方出入降登之節大抵可推而見其盛且備者如此則其小且略者又可推而知也。　其近於禮者後世當求諸禮（此禮字指開元禮等書）其不合於禮而出於其私意者蓋其制作與其論議皆不足取故不著也。　天下用兵不息而離宮苑囿遂以荒墟獨其餘聲遺曲傳人間聞者爲之悲涼感動蓋其事適足爲戒而不足考法故不復著其詳。

又選舉志武舉蓋起於武后之時長安二年始置武舉中第亦以鄉飲酒禮送兵部其選用之法不足道故不復書。

又百官志采其綱目條理可爲後法及事雖非正後世遵用因仍而不能改者著於篇　宰相事無不統故不以一職名官自開元以後常以領它職　其名頗多皆不足取法故不著其詳。

又兵志若乃將率營陣車旗器械征防守衛凡兵之事不可以悉記記其處置得失始終治亂之迹以爲後世戒云。

又食貨志凡漕運於京師而足國用者大略如此其它州縣方鎮漕以自資或兵所征行轉運以給一時之用者皆不足紀。

又刑法志此其常世所施行而著見者（指律疏及歷代諸格）其餘有其書而不常行者不足紀也。　自肅宗以來所可書者幾希矣懿宗以後無所稱焉。

又宰相世系表注（傒）希逸亡其世系、（李）輔國中官也、（僕固）懷恩叛臣也、朱泚王建韓建朱全忠唐之盜也、皆削而不書。

歐公於五代史記自言其法曰。太事則書。變古則書。非常則書。意有所示則書。後有所因則書。非此五者則否。（梁本紀開平元年注）郎韓、琦、石、介、等、記、述、宋事。亦多、有、此、識。三傳、史、通、所、言。繩繩、不絕。

宋名臣言行錄載韓魏公遺事石守道編三朝聖政錄將上、一日求質於公、公指數事爲非、其一太祖惑一宮鬟視朝晏、羣臣有言、太祖悟、伺其酣寢刺殺之、公曰此豈可爲萬世法、已溺之、乃惡其溺而殺之、彼何罪、使其復有嬖、將不勝其殺矣、遂去此等數事、守道服其清識。

是故史、公、非、不、知、禹、本、紀、山、海、經。

史記大宛列傳至禹本紀山海經所有怪物、余不敢言也。

班固、非、不、知、東、方、朔、別、傳、及、俗、用、五、行、時、日、之、書。

漢書東方朔傳朔之文辭、此二篇最善、其餘有封泰山責和氏璧及皇太子生禖屏風殿上柏柱平樂觀賦獵八言七言上下從公孫弘借車、凡劉向所錄朔書具是矣、世所傳他事、皆非也、（師古曰、謂如東方朔別傳及俗用五行時日之書、皆非實事也）贊曰、朔之詼諧、逢占射覆、其事浮淺、行於衆庶、童兒牧豎、莫不眩燿、而後世好事者因取奇言怪語、附著之朔、故詳錄焉。（師古曰、言此傳所以詳錄朔之辭語者、爲俗人多以奇異妄附於朔故耳、欲明傳所不記、皆非其實也、而今之爲漢書學者、猶更取他書雜說假合東方朔之事、以博異聞、良可歎矣、他皆類此）

陳壽、非、不、知、漢、魏、禪、代、之、文、魏、吳、封、禪、之、策。

錢大昕跋三國志陳承祚蜀人也、其書雖帝魏、而未嘗不尊蜀、於蜀二君、曰先主後主而不名、於吳諸君、則曰權曰亮曰休曰皓、皆直斥其名蜀之甘皇后穆皇后敬哀皇后張皇后皆稱后而吳之后妃但稱夫人其書法區別如此李令伯陳情之表稱蜀爲僞朝承祚不惟不僞之又以蜀兩朝不立史官故於蜀事特詳如羣臣稱述讖緯及登壇告天之文魏吳皆不書而特書於蜀立后立太子諸王之策魏吳皆不書而特書於蜀太傅靖丞相亮車騎將軍飛驃騎將軍超之策文皆一一書於本傳隱然厲帝蜀之旨焉。

宋祁非不知王播杜牧諸人之軼事要皆辭尙體要故義必謹嚴。

陔餘叢考吳縝糾繆謂新唐書多採唐人小說但期博取故所載或全篇乖牾然李泌子繁嘗爲泌家傳十篇新書泌傳雖採用之而傳贊云繁言多不可信按其實者著於錄是新書未嘗不嚴於別擇今按唐人小說所記軼事甚多而新書初不濫收者如王播傳不載其闍黎飯後鐘之事杜牧傳不載其揚州狎遊牛奇章遣人潛護及湖州水嬉綠樹成陰之事溫庭筠傳不載其令狐綯問故事答以出在南華遂遭擯棄之事李商隱傳不載其見擯於綯因作詩謂郎君官貴東閣難窺之事此皆載於詩話及北夢瑣言等書膾炙人口而新書一概不及則其謹嚴可知。

讀史不窺此祕惟務輯逸鈎沉則正劉氏所謂苟出異端虛益新事及吐果棄核捃拾登薦之類耳。

史通採撰其失之者則有苟出異端虛益新事。 夫以甘寶鄧粲之所糞除王隱虞預之所糠粃持爲逸史用補前傳此何異魏朝之撰皇覽梁氏之修徧略務多爲美聚博爲功唯取悅於小人終見嗤於君子矣。

又補注范曄之刪後漢書也簡而且周疏而不漏蓋云備矣而劉昭採其所捐以爲補注言盡非要事皆不急譬夫人有吐果之核棄藥之滓而愚者乃重加捃拾潔以登薦持此爲功多見其無識也。

史事之去取有識史事之位置亦有識蓋去取者爲史之初步而位置者爲史之精心必就全書而統籌。非執一篇以示法前言史聯及引戴名世史論即發此義故語有宜著於本紀或宜見於表志及傳者非

識其體不知所裁。

王鴻緒史例議一攻戰所克郡邑、非兩國相爭要地、不書、非敵都、不書、如漢高紀云引兵西無不下者、又云邯自殺雍州定八十餘縣、又云信等鹵豹傳詣滎湯定魏地、皆不詳載其郡邑也、如唐高紀載林士弘等竊據僭號者數十餘人、後止書某降某降而已、其間用兵勝敗、人士衆寡、悉略而不錄、何等簡嚴、或曰沛公之攻豐攻碭攻外黃、唐高祖之下臨汾克絳郡、又何以備書之耶、曰、此著其王業之始也、不可不書、餘則止書其綱、前史類如此。（詒按歐公五代史梁本紀注、即位以前其事詳、原本其所自來、故曲而備之、見其起之有漸有暴也、即位以後、其事略、居尊位重、所責者大、故所書者簡、惟簡乃可以立法、此可以推廣王氏之說、故位置與詳略、皆史識也、）一自將所克敵及所下城邑、其攻戰之法、紀不備書、如垓下之戰、詳於羽紀、而略於高紀、劉黑闥劉武周王世充竇建德之戰、詳於黑闥等傳、而高紀止書秦王世民敗某人於某地、惟昆陽之戰、光武紀書之頗詳、此固其中興之本、且不歸之紀、亦無從附見也。二紀志總載一代之大政大法、非紀重而志輕也、試以唐書諸志證之、尊崇聖教、盛典也、高祖初下令置生員、既即位、又詔祕書省立小學、其後又命州縣鄉皆置學、太宗即位、置弘文館、增築學舍至千二百區、雖七營飛騎、亦置生徒、遣博士為授經、四夷若高麗百濟新羅高昌吐蕃、相繼遣子弟入學、遂至八千人、咸亨元年、詔州縣皆營孔子廟、神龍元年、以鄒魯百戶為隆道公采邑、以奉歲祀、子孫世襲褒聖侯、而紀不書、享天配祖、大孝也、貞觀初、圜丘明堂北郊以高祖配、感帝以元帝配、乾封元年、詔祈穀復祀感帝、二年、詔明堂兼祀昊天上帝及五帝、開元十年、詔宣皇帝復祔於正室、中宗還祔太廟、而紀皆不書、武德中冬至及孟夏雩祭皇地祇於方丘、神州地祇於北郊、以景帝配、而上辛祈穀、祀感帝於南郊、季秋祀五方帝於明堂、以元年配、高宗永徽二年、以高祖配於圜丘、太宗配於明堂、紀止書有事於南郊而已、乾封元年、封泰山、祀昊天上帝於山下、封祀壇以高祖太宗配、如圜丘禮、又明日、祀皇地祇於社首山之降禪壇、如方丘禮、以太穆皇后文德皇后配、而紀止書封於泰山、庚午、禪於社首而已、至若高祖初詔議戊寅元曆、高宗時詔定貞觀禮、開元時撰唐禮、改治新曆、又詔次曆議曆術紀皆不書夫歐公豈謂此數大事可略哉志職其詳紀職其要見於志者不必其復見於紀也。

即一人事迹或載本傳或見他傳亦各有體制必合各篇方見其意此吾國良史之組織體系即所謂體大而思精修宋史者不解此法故其蕪冗爲學者所深譏也。

方苞書蕭相國世家後蕭相國世家所叙實績僅四事其定漢家律令及受遺命輔惠帝皆略焉蓋收秦律令圖書舉韓信鎭撫關中三者乃鄂君所謂萬世之功也其終也擧曹參以自代而無少芥蒂則至忠體國可見矣至其所以自免皆自他人發之非智不足也使何自覺之則於至忠體國之道有傷矣故終載請上林空地械繫廷尉明何用諸客之謀非得已耳若定律令則別見曹參張蒼傳何之終惠帝臨問而擧參則受遺命不待言矣蓋是二者於何爲順且易非萬世之功之比也柳子厚謂太史公書曰潔非謂辭無蕪累也蓋明於體要而所載之事不雜其氣體爲最潔耳

章氏謂文士之識非史識然文士之識出於經史者正足以明史識以吾國經史與文藝本一貫也方苞之讀霍光傳測其用意即本春秋常事不書一語而通之於史也。

方苞書漢書霍光傳後春秋之義常事不書而後之良史取法焉昌黎韓氏目春秋爲謹嚴故撰順宗實錄削去常事獨著其有關於治亂者班史義法視子長少貶矣然尙能識其體要其傳霍光也事武帝二十餘年蔽以出入禁闥小心謹愼相昭帝十三年蔽以百姓充實四夷賓服而其事無傳焉蓋不可勝書故一裁以常事不書之義而非略也其詳焉者則光之本末霍氏禍敗之所由也古之良史於千百事不書而所書一二事則必具其首尾幷所爲旁見側出者而悉著之故千百世後其事之表裏可按而如見其人後人反是是以蒙雜晤昧使治亂賢奸之迹並昏微而不著也。

世之撰碑傳修方志紀兵事者大抵用此法而後可以見其人其事其地之特色故論學而通倫類則識

之著於甲者卽乙亦可見焉泥於一家之言未可以云通也。

歐陽修范文正公神道碑其行己臨事自山林處士里閭田野之人外至夷狄莫不知其名字而樂道其事者甚衆及其世次官爵誌於慕譜於家藏於有司者皆不論著著其繫天下國家之大者。

韓邦靖朝邑志物產邑無他奇產產獨服食他處俱有者不載載其美者多者 王元啓注云風俗則取其異者書之物產則載其美且多者取舍有方不愧操筆創之任後之修志者皆當據以爲法古云常事不書作文之道盡之矣。

康海朝邑志序夫志者記也記其風土文獻之事與官夫是郡邑者可以備極其改革省見其疾苦景行其已行察識其政治使天下爲士大夫者讀之足以興爲郡邑者讀之足以勸而已非以誇靈勝之迹崇獎飾之端也。

閻若璩潛邱劄記纂郡縣志者全憑有識如河南八府惟懷慶糧最重民受困三百年近來纂志當以糧所由重之說痛加發揮方與有世道之責者惻念請於朝比諸別府減而輕之。

王闓運湘軍志曾軍篇羅澤南弁命往來復弋陽克廣信收景德攻義寧雖戰勝攻取非東南所以安危之大故不具載。

章炳麟陸軍上將李雲杰碑積十年大戰四小戰四咸寧汀泗橋之役瀏陽之役衡陽萱洲河之役汨羅之役漢川化桃之役澧津市之役光化之役太康曹莊之役都殺敵數萬人以功累遷至第二十三師師長其事非人民所緣以休戚者今可得而略也。

綜右所述識生於心而史爲之鑰積若干年禩之記述與若干方面之事迹乃有聖哲啓示觀察研究及撰著之津涂後賢承之益窮其變綜合推求而餉遺吾人以此知識之寶庫故在初學不第不可遽謂前人不逮吾儕且不得謂吾人於前人所撰著悉已了解深造自得正不易言姑先儲積前哲研究撰著之識得其通涂再求創闢異境此雖不敢以律上智然世之中材最多循此或可無弊耳。

復次治史之識非第欲明撰著之義法尤須積之以求人羣之原則由歷史而求人羣之原理近人謂之歷史哲學吾國古亦無此名而其推求原理固已具於經子近人治史多本進化論蓋緣西哲就生物之演變測人羣之進步而得此基本觀念治吾史者準此以求亦可以益人神智然梁啓超論研究文化史之問題對歷史現象是否進化即生疑問（飲冰室文集四十）劉咸炘論美人徹尼所舉史律謂道德常進亦常退若以大概言之寧謂智進而德退（治史緒論史旨）章炳麟著俱分進化論謂善惡相緣并進其說尤懿故吾人治中國史仍宜就中國聖哲推求人羣之原理以求史事之公律

事物萬殊初無統紀積久觀之則見其消息古哲殆亦從生物及人事之種種對待變化尋求統紀得消息之原則而以易之否泰剝復卦爻示之就人而言則曰君子道長小人道消小人道長君子道消就一切事物而言則曰無平不陂無往不復老子之學從此出故曰萬物並作吾以觀其復孟子之學亦從此出故曰天下之生久矣一治一亂否泰治亂消長往復其迹象有縱横其範圍有大小而賅括史事馴至近今此義尚未能破蓋人類心靈同此消長不能有消而無長亦不能有長而無消論進化者但就長之一面言之耳（一治一亂並非循環惟適應消息之公律耳）

王船山之論史歸於一治一亂（見前史統篇）顧景星之論史亦歸於一治一亂而曰自古治亂氣運爲之氣運者卽人心之習氣爲之也章學誠湖北通志稿復社名人傳引其言以爲論是章氏亦以顧氏之言如其意所欲言也

湖北通志稿志曰信乎顧景星之譽張公亮書也其言曰自古治亂氣運爲之氣運者卽人心之習氣爲之也如江河之波漻瀉推移而

勢不自已、如寒暑之變、出蟄榮謝而物不知、人心不厭不止、氣運不極不返、列國之併吞、不至秦始不止、然而六國之後、猶起而攻秦、酈食其猶勸漢祖封六國後、何者、習氣未忘、人心未厭也、迨夫韓彭繼滅、然後天下厭之、而郡國之勢成、郡國勢成、郡國之習氣又作、逮夫袁紹袁術劉表公孫瓚輩相繼滅、而郡國之習氣乃止、其他外戚宦寺權臣宮妾之禍代作、方其作也、泯泯棼棼、袁紹不至殺二千人、漢宦寺習氣不止、朱全忠崔胤不至殺七百人、唐宦寺之習氣不止、漢不至單越、則竇梁之習氣不止、唐不至安祿山、餘禍展轉數十年、則武章之習氣不止、至於士大夫服先王之服、誦聖人之書、宜無禍於國家、然其褊急迂愚、往往不召變則養亂、靈帝黨錮之禍、文宗甘露之禍、昭帝清流之禍、嗚呼、豈盡天耶、亦其召變養亂、積成氣運、不厭不止、然後知士大夫習氣之禍、有不在宦官權戚宮妾之下者矣、必待習氣盡而人心厭、而氣運轉、而天下事已不可爲矣、豈不痛哉。

劉咸炘論讀史察變觀風。比於以索貫錢。歷舉文質剛柔緩急諸種演變。推其原、亦不外心習之消長而已。

治史緒論：讀史察變觀風、綜求其事之關係、比於以索貫錢、先具歸納所得之索、以備學者之演繹、固捷徑也。惟端緒繁多、非一人所能盡知、一書所能備舉、但能略具重大者爲綱領而已。　表記言夏道尊命、祭義言商人尚富、經家文質三教之說（表記白虎通義）傳記齊尊之魯親之之言、商君書開塞篇貴親賢三變之論、皆可裁用。　春秋之勢、又須橫別而論之、如魯衞貴親、齊晉尚功、楚用有功之親、秦用異國之材、或爲承前、或爲開後、及至戰國、則官學變爲私學、不出鄉之四民變爲遊說遊俠、重農之風變爲重商、至秦改郡縣、陳項起匹夫、漢高從豪傑、而三代之風乃全亡、此爲一大變遷、太史遷所謂古今之變、即指此也。　治術分柔緩與剛急、其著者、如漢文緩而景武急、宣急而元成緩、哀急而光武緩、明急而章緩、曹操急而晉武緩、唐宣宗急而宋祖緩、元世祖緩而明太祖急。士風分剛動與柔靜、郭筠仙所謂西漢人好利、東漢人好名、唐人好利、宋人好名、元人好利、明人好名、今人好利、甚確而得要。好名剛、好利柔、柔緩者黃老、剛急者刑名、好名者近墨、好利者近楊、治緩養成柔風、亦能容之使剛、治急激起剛風、亦能迫之使柔、緩急中自有高下、

夸毘亦養姦、柔剛中自有是非、躁動亦致亂也。

觀風、之變。於其已成、則知將來之厭惡。於其方始、則知異時之滋長。是曰、知幾。故治史、所得。在能、知幾。非惟就已往之事。陳述其變、已也。此法自子夏之治春秋開之。

韓非子外儲說右上子夏曰、春秋之記、臣殺君子殺父者非一日之積也、有漸而以至矣、凡姦者行久而成積、積成而力多、力多而能殺、故明主蚤絕之、今田常之爲亂、有漸久矣、而君不誅、晏子不使其君禁侵陵之臣、而使其主行惠、故簡公受其禍、故子夏曰、善持勢者、蚤絕姦之萌。

說苑復恩篇楚人獻黿於靈公、公子家見公子宋之食指動、謂子家曰、我如是、必嘗異味、及食大夫黿、召公子宋而不與、公子宋怒、染指於鼎、嘗之而出、公怒、欲殺之、公子宋與公子家謀先、遂弑靈公、子夏曰、春秋者、記君不君臣不臣父不父子不子者也、此非一日之事也、有漸以至焉。

其原則、自易坤卦初六以履霜堅冰、括一切事變之由漸而積。

易坤卦文言積善之家必有餘慶積不善之家必有餘殃臣弑其君子弑其父非一朝一夕之故其所由來者漸矣由辯之不早辯也、易曰履霜堅冰至、蓋言順也。

故易、與春秋通。而春秋最重慎始。劉氏所謂好是正直善惡必書使驕君賊臣知懼者。據其已成言之。進之以愼始則尤貴識微矣。

史義第七

前六章所述。無慮皆史義也。然其本始猶未盡闡發。故宜專就史義論之。史之三要素。曰事、曰文、曰義。此自孔孟發之。孟子曰、其事則齊桓晉文、其文則史。孔子曰、其義則丘竊取之矣。明史學所重者在義也。（近世有所謂考據辭章義理之學。考據者事也。辭章者文也。以孔孟論史之義繩之。考據辭章。必歸宿於義理。始得為學。且可悟是三者之學、皆出於史。）徒騖事迹。或精究文辭。皆未得治史之究竟。姑舉清之史學家治史之法為證。如趙甌北廿二史劄記。述晉八王之亂。綜合史事。敍述簡明。善矣。然不如錢竹汀之說之精。蓋趙僅述事。而錢則斷以義也。（趙書亦多究史義。此特就事文義三端分析言之。錢書亦多偏重考事訂文。而時發史義。學者不可不知。）

廿二史攷異晉書汝南王亮傳、西晉之政亂朝危。雖由時主。然而煽其風速其禍者。咎在八王。故序而論之。 案晉史以汝南王亮、楚王瑋、趙王倫、齊王冏、長沙王乂、成都王穎、河間王顒、東海王越八人、總為一傳。不與宣文武諸子同篇。蓋因晉時有八王故事一書。（隋志不言撰人。劉孝標注世說屢引之。）故取其名。然於勸善懲惡之旨。殊未當也。趙王倫、晉之亂賊。當與桓玄同科。齊王冏起義討倫。雖以驕溢致敗。較諸成都、河間、東海之大失臣節者。不可同年語矣。史乃以趙倫齊冏同稱。何其不分皂白乎。汝南王亮為賈后所害。本無大過。亦不當以煽風速禍責之。

世多以孔子僅言仁。至孟子始盛言義。此非知孔孟者也。論語曰、君子之於天下也。無適也、無莫也、義之與比。此非孔子之言義乎。他如君子喻於義。小人喻於利。見利思義。諸語。更孟學所自出。不得以呂氏春秋謂孔子貴仁一語。（呂氏春秋不二篇）區孔孟之學也。易繫曰、立人之道。曰仁與義。又曰、精義入神、以致用也人道以仁義而立故君子精於此以判斷天下事即以此判斷史事其說固一貫者人道何由立則可以家人彖辭證之家人彖曰家人女正位乎內男正位乎外男女正天地之大義也家人有嚴君焉父母之謂也父父子子兄兄弟弟夫夫婦婦而家道正正家而天下定矣世或以此祗言家族倫理若於社會國家無涉不知自春秋以迄後世史事孰非以正而治以不正而亂即迨晚近斯義猶未變也說家人卦故不及君臣然其義正與論語孔子對齊景公曰君君臣臣父父子子之義相通孔子之重正名春秋之道名分皆此義也齊景公雖非令主然聞孔子之言亦知君不君臣不臣父不父子不子雖有粟吾得而食諸其言之痛切可發人深長思矣

雖然孔子治史重在義理亦非孔子所獨揭也春秋賢者之治史皆注重史義觀春秋內外傳趙衰稱郤縠之言可以知其故矣

左傳僖公二十七年晉侯蒐於被廬作三軍謀元帥趙衰曰郤縠可臣亟聞其言矣說禮樂而敦詩書詩書義之府也禮樂德之則也德義利之本也（當時謀元帥乃以說禮樂敦詩書明德義爲重此是何等見解）

晉語文公問元帥於趙衰對曰郤縠可行年五十矣守學彌惇夫先王之法志德義之府也夫德義生民之本也能惇篤者不忘百姓也

詩書禮樂先王法志皆歷史也當時之講歷史重在能知德義之府生民之本不徒以誦述其事研閱其文爲尚也故孔子治春秋竊取其義亦以示生民之本使人不忘百姓耳不知生民之本德義之府治史果何爲乎

準此以讀春秋內外傳及先秦諸子觀其稱引詩書皆以明義非矜博聞強識也祭公謀父在穆王時述

周頌即以明義。

周語穆王將征犬戎祭公謀父諫曰不可先王耀德不觀兵夫兵戢而時動動則威觀則玩玩則無震是故周文公之頌曰載戢干戈載櫜弓矢我求懿德肆於時夏允王保之先王之於民也懋正其德而厚其性（韋注懋勉也性情性也案此語與召誥節性惟日其邁及卷阿俾爾彌爾性皆西周人講性學之語世謂孟子始盛言性者亦未知其朔也）阜其財求而利其器用明利害之鄉以文修之使務利而避害懷德而畏威故能保世以滋大。

楚莊王在春秋時舉周頌而闡其義尤詳由此類推始知趙衰所謂義府及爲大將必守學彌惇者之故。

左傳宣公十二年楚重至於邲遂次於衡雍潘黨曰「君盍築武軍而收晉尸以爲京觀臣聞克敵必示子孫以無忘武功」楚子曰「非爾所知也夫文止戈爲武（今人考甲骨文謂古武字蓋言人之步武從兩止不作止戈然由兩止之武演變而爲止戈之武不得謂此語爲非）武王克商作頌曰載戢干戈載櫜弓矢我求懿德肆於時夏允王保之又作武其卒章曰耆定爾功其三曰鋪時繹思我徂惟求定其六曰綏萬邦屢豐年夫武禁暴戢兵保大定功安民和衆豐財者也故使子孫無忘其章今我使二國暴骨暴矣觀兵以威諸侯兵不戢矣暴而不戢安能保大猶有晉在焉得定功所違民欲猶多民何安焉無德而强爭諸侯何以和衆利人之幾而安人之亂以爲己榮何以豐財武有七德我無一焉何以示子孫其爲先君宮告成事而已武非吾功也古者明王伐不敬取其鯨鯢而封之以爲大戮於是乎有京觀以懲淫慝今罪無所而民皆盡忠以死君命又何以爲京觀乎」祀於河作先君宮告成事而還。

至孔門論學博引詩書推闡義理者尤多大學之教皆詩書之義其言明德新民止善者皆自詩書得之也。

大學詩云瞻彼淇澳菉竹猗猗有斐君子如切如磋如琢如磨瑟兮僩兮赫兮喧兮有斐君子終不可諠兮如切如磋者道學也（者下

諸語、皆詩之講義、其體例如周語叔向釋昊天有成命、魯語叔孫穆子釋皇皇者華、皆逐字逐句說明其義、）如琢如磨者、自修也、瑟兮僩兮者、恂慄也、赫兮喧兮者、威儀也、有斐君子終不可諠兮者、道盛德至善民之不能忘也。詩云、於戲前王不忘、君子賢其賢而親其親、小人樂其樂而利其利、此以沒世不忘也。康誥曰、克明德、太甲曰、顧諟天之明命、帝典曰、克明峻德、皆自明也。（由衞武公之詩、講爲學自修之義、上溯之康誥。上溯之太甲。再上溯之至堯典。所以、言明、德新、民爲自、堯以來、相傳之、心法。捨此、無所、謂學、也。故古本大學之次序自有意義。以下又由湯盤康誥而及周詩。蓋其、由後、溯前、及由、前至、後、二法。）湯之盤銘曰、苟日新、日日新、又日新、康誥曰、作新民、詩曰、周雖舊邦、其命惟新、是故君子無所不用其極。詩云、緡蠻黃鳥、止於丘隅、子曰、於止知其所止、可以人而不如鳥乎。詩云、穆穆文王、於緝熙敬止、爲人君止於仁、爲人臣止於敬、爲人子止於孝、爲人父止於慈、與國人交止於信。（此可、見新、民止、善皆、從詩、義得、來。）

至如引康誥楚書秦誓。或申述其語。或第述其辭。不必引申、而義自見。古之大學、春秋教以禮樂、冬夏教以詩書者。惟此義也。

大學康誥曰、惟命不于常、道善則得之、不善則失之矣。此即五德代興、不私一姓之說所由來、其言最深切沈摯、下引楚書舅犯之言及秦誓、不加引申、而總結以唯仁人能愛人能惡人、又曰好人之所惡、惡人之所好、是謂拂人之性、菑必逮夫身、又曰必忠信以得之、驕泰以失之、得失鑑戒、使人懔然。

司馬遷於六藝屢言、不一言。而所舉、有別義、有通義。自序稱易著天地陰陽四時五行、故長於變。禮經紀人倫、故長於行。書記先王之事、故長於政。詩記山川谿谷禽獸草木牝牡雌雄、故長於風。樂樂所以立、故長於和。春秋辨是非、故長於治人。是故禮以節人、樂以發和、書以道事、詩以達意、易以道化、春秋以道義。撥亂世反之正、莫近於春秋。歷舉六藝、分兩層說明、而歸重於春秋。此別義也。滑稽列傳序、孔子曰、六藝於治一也。禮以節人。樂以發和。書以道事。詩以達意。易以神化。春秋以道義。太史公曰。天道恢恢。豈不大哉。談言微中。亦可以解紛。其文若與自序重複。實則舉孔子之言。以明其通義也。六藝之形式不同。然其義理之關於政治則一。故曰六藝於治一也。不知此義。不能知中國史學之根本。亦卽不知中國一切學術之根本。故史公一再言之。而其通義不發於他傳。獨於滑稽列傳發之。最爲可以注意。滑稽者最無關於政治者矣。史公以爲世變遷流。有國者已不知正義。故不可以莊語。而僅可以談笑諷之。其於政化何如哉。既爲此傳。恐學者不喻其義。特舉孔子之言。莊嚴鄭重而出之。所以示學者治史宜觀其通也。然猶不獨此也。司馬相如傳贊曰。春秋推見至隱。易本隱以之顯。大雅言王公大人。而德逮黎庶。小雅譏小己之得失。其流及上。所以言雖外殊。其合德一也。則更明白表示詩易與春秋之義相通。不可泥於形式。觀王公大人之言。可以推之黎庶。觀小己之得失。可以知政教之遷流。其言何等顯豁呈露。使治史者明於此義。自不至病吾國史籍只述朝政。不及民衆社會。目爲帝王家譜。更不至以帝王制度已更。謂資治通鑑爲帝王教科書。而今之學者不必研究矣。司馬相如一文人耳。然子虛上林諸賦。可與大小雅比較其時代之變遷。讀史者卽可推見漢武之至隱。故就相如一文人。說明易詩春秋相通之大義。不舉書禮者。書禮之形式。世人多知爲史。不必贅述也。合司馬相如傳贊與滑稽列傳序觀之。始可以悟史公鄭重說明六藝通義。在卽小以見大。舉此以例彼。治經史者由此悟入。則知類通達。不爲形式所囿矣。班書無滑稽傳。而相如傳猶鈔史公之語。至與詩之風諫何異。而續以揚雄之言。則專就相如論相如。非史公卽相如推闡六藝相通之義。夫就相如論相如。專以大小雅引起可矣。何必及易春秋乎。又班書删去言雖外殊之外字作所言雖殊是固明瞭而外字實極可注意外者今之所謂表面也表面雖殊內容相通故曰言雖外殊其合德一也范書以降恆有文苑傳而如班張崔蔡韓柳歐蘇之類皆爲特傳不列於文苑固亦可觀社會之風尙然本馬班之體而擴充之實未喻馬之用意也

易之爲書一卦一爻一言一象皆本隱以之顯也姑舉乾坤兩爻以示例如乾上九亢龍有悔此義隱約未易明也文言釋之曰亢之爲言也知進而不知退知存而不知亡知得而不知喪其唯聖人乎知進退存亡而不失其正者其唯聖人乎以觀史事所眩多矣自嬴政項羽王莽董卓苻堅蕭衍楊廣完顏亮以迨近世袁世凱曹錕之失敗推之亞歷山大該撒拿破侖威廉第二及近之德義日諸侵略者孰非坐此病乎又如商鞅白起王安石張居正諸人其進退得失之迹不同而其未得其正一也由此觀之顯矣又如坤初六履霜堅冰至亦尋常之現象耳文言釋之曰積善之家必有餘慶積不善之家必有餘殃臣弒其君子弒其父非一朝一夕之故其所由來者漸矣由辨之不早辨也徧衡史事不可勝舉其發之於坤之初爻者戒女禍也觀史漢外戚傳序及惲敬論唐書之言何其顯也

史記外戚世家序自古受命帝王及繼體守文之君非獨內德茂也蓋亦有外戚之助焉夏之興也以塗山而桀之放也以末喜殷之興也以有娀紂之殺也嬖妲己周之興也以姜原及太任而幽王之禽也淫於褒姒故易基乾坤詩始關雎書美釐降春秋譏不親迎夫婦之際人道之大倫也禮之用唯婚姻爲兢兢夫樂調而四時和陰陽之變萬物之統也可不愼歟人能弘道無如命何甚哉妃匹之愛君不能得之於臣父不能得之於子況卑下乎既驩合矣或不能成子姓能成子姓矣或不能要其終豈非命也哉孔子罕言命蓋難言之非通幽明之變惡能識乎性命（漢書直錄其文蓋深取之也史公自謂究天人之際此論卽其究天人之際之言如紀孝惠后曰呂太后

以重親故欲其生子萬方終無子又紀陳皇后曰陳皇后求子與醫錢凡九千萬然竟無子故有驪合而不能成子姓成子姓或不能要其終之語以戒世之妄意人力一切可爲者）

惲敬駁朱錫鬯書楊太眞傳後唐書玄宗紀開元二十五年四月乙丑廢太子瑛及鄂王瑤光王琚爲庶人皆殺之十二月丙午惠妃武氏薨二十八年十月甲子以壽王妃楊氏爲道士號太眞天寶四載八月壬寅立太眞爲貴妃數事皆大惡皆日之此史家之愼也

（春秋日不日皆有義後史不甚注意故讀史者亦多忽之惲氏於此以春秋之法推史義亦示履霜之義）

春秋推見至隱蓋史公承董仲舒之學董氏賢良策曰案春秋之文求王道之端得之於正正次王王次春春者天之所爲也正者王之所爲也其意曰上承天之所爲而下以正其所爲正王道之端云爾又曰謂一爲元者視大始而欲正本也春秋深探其本而反自貴者始故爲人君者正心以正朝廷正朝廷以正百官正百官以正萬民正萬民以正四方四方正遠近莫敢不壹於正而亡有邪氣奸其內者又曰孔子作春秋上揆之天道下質諸人情參之於古考之於今故春秋之所譏災害之所加也春秋之所惡怪異之所施也書邦家之過兼災異之變以此見人之所爲其美惡之極乃與天地流通而往來相應此亦言天之一端也讀司馬相如傳贊必以董仲舒傳參之然後知史公所指史記儒林傳仲舒傳不載此文然自序載其春秋之學聞之董生故知推見至隱之義卽仲舒賢良策之意也

近人講史學不知推本春秋漫曰春秋是經非史而中國史學之根本不明惟就史以求史故其於史漢亦不解所謂不但於史漢不知所謂也卽衆所似甚崇拜之史學家若章氏之文史通義主要之語亦不能解矣章氏史德篇有一最精之語曰史之義出於天講章氏史學者不聞標舉此義也惟章氏解此故

於文史通義爲原道三篇究其說之由來亦卽從董氏賢良策道之大原出於天一語而來故董子史公之講春秋直至清代章實齋之講史學一脈相承無二義也夫謂道之大原出於天聞者既若廓落而無當謂史之義出於天讀者亦且茫昧而不解是又可以董子之言解之春秋繁露玉杯篇曰「人受命於天有善善惡惡之性可養而不可改可豫而不可去若形體之可肥臞而不可得革也」是故史之爲書所以善善惡惡也善善惡惡者人之性而受命於天者也吾國之爲史者其淺深高下固亦不齊而由經典相傳以善善惡惡之性從事於史則一實齋有見於此故爲史家說明第一義曰史之義出於天卽劉知幾之論史其斤斤於史法史筆者何一不本善善惡惡故曰向使世無竹帛時闕史官雖堯舜之與桀紂伊周之與莽卓夷惠之與跖蹻商冒之與曾閔但一從物化墳土未乾則善惡不分妍媸永滅者矣苟史官不絕竹帛長存則其人已亡杳成空寂而其事如在皎同星漢用使後之學者坐披囊篋而神交萬古不出戶庭而窮覽千載見賢而思齊見不賢而內自省若乃春秋成而逆子懼南史至而賊臣書其紀事載言也則如此其勸善懲惡也又如彼由斯而言則史之爲用其利甚溥乃生人之急務國家之要道有國有家者其可缺之哉（史通史官建置篇）是則人性必變而惡善善惡吾國史義乃可摧毀不談否則無從變更此定義也

易義有恆有變史義亦有正有變知其變方能識其正穀梁傳最重正變之義有明正有復正有變之正

穀梁傳僖公四年春王正月公會齊侯宋公陳侯衞侯鄭伯許男曹伯侵蔡蔡潰　侵淺事也侵蔡而蔡潰以桓公爲知所侵也不土其地不分其民明正也

又昭公五年舍中軍　貴復正也　定公八年從祀先公　貴復正也　十四年天王使石尙來歸脤　石尙欲書春秋諫曰久矣周之不行禮於魯也請行脤貴復正也

又僖公五年秋八月諸侯盟於首戴　桓諸侯也不能朝天子是不臣也王世子子也塊然受諸侯之尊己而立乎其位是不子也桓不臣王世子不子則其所善焉何也是則變之正也天子微諸侯不享覲桓控大國扶小國統諸侯不能以朝天子亦不敢致天王（此即以晉文公召王相比而見其正亦可以證論語所謂晉文公譎而不正齊桓公正而不譎之義）尊王世子於首戴乃所以尊天王之命也世子含王命會齊桓亦所以尊天王之命也世子受之可乎是亦變之正也　襄公二十九年仲孫羯會晉荀盈齊高止宋華定衞世叔儀鄭公孫段曹人莒人邾人滕人薛人小邾人城杞　古者天子封諸侯其地足以容其民其民足以滿城以自守也杞危而不能自守故諸侯之大夫相帥以城之此變之正也　昭公三十二年冬仲孫何忌會晉韓不信齊高張宋仲幾衞太叔申鄭國參曹人莒人邾人薛人杞人小邾人城成周　天子微諸侯不享覲天子之在者惟祭與號故諸侯之大夫相帥以城之此變之正也

蓋自開篇正隱治桓明春秋之貴義不貴惠信道不信邪以下凡種種不正之事均以其文之變者示其正義此所謂春秋以道義也

穀梁傳隱公元年春王正月雖無事必舉正月謹始也公何以不言卽位（史家正格公卽位必書卽位春秋開卷不書公卽位卽以示變義）成公志也焉成之言君之不取爲公也君之不取爲公何也將以讓桓也讓桓正乎曰不正（此全書皆論正不正之發端）春秋成人之美不成人之惡隱不正而成之何也將以惡桓也其惡桓何也隱將讓而桓弒之則桓惡矣桓弒而隱讓則隱善矣（此普通人所能解之善惡而君子於善惡必推見至隱故與常解異）善則其不正焉何也春秋貴義而不貴惠信道而不信邪

又桓公元年春王桓無王（二年傳曰桓無王其曰王何也正與夷之卒也十年傳曰桓無王其曰王何也正終生之卒也此外皆無王至十八年始桓

如齊遇弒始言王）其曰王何也謹始也其曰無王何也桓弟弒兄臣弒君天子不能定諸侯不能救百姓不能去以為無王之道遂可以至焉爾（去王字以見自天子至百姓皆失其正是為無王之道然猶必以王道正之故發此義）元年有王所以治桓也 正月公即位 繼故不言即位正也繼故不言即位之為正何也曰先君不以其道終則子弟不忍即位也繼故而言即位則是與聞乎弒也（此所謂推見至隱） 繼故而言即位是為與聞乎弒何也曰先君不以其道終已正即位之道而即位是無恩於先君也

又隱公四年衛人立晉 衛人者衆辭也立者不宜立者也晉之名惡也其稱人以立之何也得衆也得衆則是賢也賢則其曰不宜立何也春秋之義諸侯與正而不與賢也（晉既得衆即常人所共稱之賢春秋以為其立不正故惡之其義之嚴如此） 十年六月辛未取郜辛巳取防 取邑不日此其日何也不正其乘敗人而深為利取二邑故謹而日之也 宋人蔡人衛人伐戴鄭伯伐取之 不正其因人之力而易取之故主其事也（因人之力而易取之是春秋所謂不正） 桓公五年天王使任叔之子來聘 任叔之子者錄父以使子也故微其君臣而著其父子不正父在子代仕之辭也 八年祭公來遂逆王后於紀 其不言使何也不正其以宗廟之大事即謀於我故弗與使也 莊公二十三年祭叔來聘 其不言使何也天子之內臣也不正其外交故不與使也 僖公四年齊人執陳轅濤塗 齊人者齊侯也其人之何也於是哆然外齊侯也不正其踰國而執也 二十三年春齊侯伐宋圍閔 伐國不言圍邑此其言圍何也不正其以惡報惡也（以惡報惡亦常人所謂正而在春秋則不正） 二十五年衛侯燬滅邢 燬之名何也不正其伐本而滅同姓也 二十七年冬楚人陳侯蔡侯鄭伯許男圍宋 楚人者楚子也其曰人何也人楚子所以人諸侯也其人諸侯何也不正其信夷狄而伐中國也 昭公十二年晉伐鮮虞 其曰晉狄之也其狄之何也不正其與夷狄交伐中國故狄稱之也 定公四年十一月庚辰吳入楚 何以謂之吳也狄之也何謂狄之也君居其君之寢而妻其君之妻大夫居其大夫之寢而妻其大夫之妻蓋有欲妻楚王之母者不正其乘敗人之績而深為利居人之國故狄之也

左氏傳兩舉春秋之稱亦以言其變義

左傳成公十四年君子曰春秋之稱微而顯志而晦婉而成章盡而不汙懲惡而勸善非聖人誰能修之又昭公三十一年君子曰名之不可不愼也如是夫有所有名而不如其已以地叛雖賤必書地以名其人終爲不義弗可滅已是故君子動則思禮行則思義不爲利回不爲義疚或求名而不得或欲蓋而名章懲不義也齊豹爲衞司寇守嗣大夫作而不義其書爲盜（昭公二十年經秋盜殺衞侯之兄縶杜注齊豹作而不義故書曰盜所謂求名而不得）邾庶其（襄公二十一年經邾庶其以漆閭丘來奔）莒牟夷（昭公五年經夏莒牟夷以牟婁及防茲來奔）邾黑肱（是年經冬黑肱以濫來奔）以土地出求食而已不求其名賤而必書此二物者所以懲肆而去貪也若艱難其身以險危大人而有名章徹攻難之士將奔走之（此似預戒桓溫以遺臭萬年爲大丈夫之意）若竊邑叛君以徼大利而無名貪冒之民將寘力焉是以春秋書齊豹曰盜三叛人名以懲不義數惡無禮其善志也故曰春秋之稱微而顯婉而辨上之人能使昭明善人勸焉淫人懼焉是以君子貴之

杜預春秋左氏傳序故發傳之體有三而爲例之情有五一曰微而顯文見於此而起義在彼稱族尊君命舍族尊夫人梁亡城緣陵之類是也二曰志而晦約言示制推以知例參會不地與謀曰及之類是也三曰婉而成章曲從義訓以示大順諸所諱辟壁假許田之類是也四曰盡而不汙直書其事具文見意丹楹刻桷天王求車齊侯獻捷之類是也（觀杜此說可見凡謂春秋直書其事萬惡自見者乃五種之一不足以盡春秋全書之義也）五曰懲惡而勸善求名而亡欲蓋而章書齊豹盜三叛人名之類是也推此五體以尋經傳觸類而長之附於二百四十二年行事王道之正人倫之紀備矣

公羊傳言異辭同辭尤以見其變義

公羊傳隱公元年公子益師卒何以不日遠也所見異辭所聞異辭所傳聞異辭　桓公二年三月公會齊侯陳侯鄭伯於稷以成宋亂

內大惡諱此其目言之何遠也所見異辭所聞異辭所傳聞異辭

又隱公七年春王三月滕侯卒何以不名微國也微國則其稱侯何不嫌也春秋貴賤不嫌同號美惡不嫌同辭

何休公羊解詁所見者謂昭定哀己與父時事也所聞者謂文宣成襄王父時事也所傳聞者謂隱桓莊閔僖高祖曾祖時事也異辭者見恩有厚薄義有深淺時恩衰義缺將以理人倫序人類因制治亂之法故於所見之世恩已與父之臣尤深大夫卒有罪無罪皆日錄之丙申季孫隱如卒是也於所聞之世王父之臣恩少殺大夫卒無罪者日錄有罪者不日略之叔孫得臣卒是也於所傳聞之世高祖曾祖之臣恩淺大夫卒有罪無罪皆不日略之也公子益師無駭卒是也於所傳聞之世見治起於衰亂之中用心尚麤觕故內其國而外諸夏先詳內而後治外錄大略小內小惡書外小惡不書大國有大夫小國略稱人內離會書外離會不書是也於所聞之世見治升平內諸夏而外夷狄書外離會小國有大夫宣十一年秋晉侯會狄於攢函襄二十三年邾婁鼻我來奔是也至所見之世著治太平夷狄進至於爵天下遠近大小若一用心尤深而詳故崇仁義譏二名晉魏曼多仲孫何忌是也

又貴賤不嫌者通同號稱也若齊亦稱侯滕亦稱侯微者亦稱人貶亦稱人皆有起文貴賤不嫌同號是也（楊疏滕侯卒不名下恆稱子起其微也齊侯恆在宋公之上起其大也宋人盟於宿不書日亦起微也鄭人來輸平稱人者其國辭起其貶之故曰皆有起文也）若繼體君亦稱即位繼弒君亦稱即位皆有起文美惡不嫌同辭是也滕微國所傳聞之世未可卒所以稱侯而卒者春秋王魯託隱公以為始受命王滕子先朝隱公春秋褒之以禮嗣子得以其禮祭故稱侯見其義

春秋繁露尤專言變義諸所論難不可勝舉約錄二則以示經權孔子稱舜擇兩端而用中又自稱叩兩端而竭焉義有相反而相成者非合兩端而言不能知因時制宜之義也

春秋繁露竹林難者曰春秋之書戰伐也有惡有善也惡詐擊而善偏戰恥伐喪而榮復讎奈何以春秋為無義戰而盡惡之也曰凡春

秋之記災異也雖畝有數莖猶謂之無麥苗也今天下之大三百年之久戰攻侵伐不可勝數而復讎者有二焉（莊公四年紀侯大去其國傳曰曷爲不言齊滅之爲襄公諱也復讎也又九年及齊師戰於乾時我師敗績傳曰內不言敗此其言敗何復讎也何氏云復讎以死敗爲榮故錄之）是何以異於無麥苗之有數莖哉不足以難之故謂之無義戰也以無義戰爲不可則無麥苗亦不可也以無麥苗爲可則無義戰亦可矣若春秋之於偏戰也善其偏不善其戰有以效其然也春秋愛人而戰者殺人君子奚說善殺其所愛哉故春秋之於偏戰也猶其於諸夏也引之魯則謂之外引之夷狄則謂之內（成十五年傳曰春秋內其國而外諸夏內諸夏而外夷狄）比之詐戰則謂之義比之不戰則謂之不義故盟不如不盟然而有所謂善盟戰不如不戰然而有所謂善戰不義之中有義義之中有不義辭不能及皆在於指非精心達思者其孰能知之

又精華難者曰春秋之法大夫無遂事（見僖三十年傳事見下）又曰出境有可以安社稷利國家者則專之可也（見莊十九年傳）又曰大夫以君命出進退在大夫也（襄十九年晉士匄侵齊至穀聞齊侯卒乃還傳）又曰聞喪徐行而不反也（宣八年公子遂如齊至黃乃復傳）夫既曰無遂事矣又曰專之可也既曰進退在大夫矣又曰徐行而不反也若相悖然是何謂也曰四者各有所處得其處則皆是也失其處則皆非也春秋固有常義又有應變無遂事者謂平生安寧也專之可也者謂救危除患也進退在大夫者謂將率用兵也徐行不反者謂不以親害尊不以私妨公也此之謂將得其私知其指故公子結受命往媵陳人之婦於鄄道生事從齊桓盟春秋弗非以爲救莊公之危（莊十九年）公子遂受命使京師道生事之晉春秋非之以爲是時僖公安寧無危（僖卅年）故有危而不專救謂之不忠無危而擅生事是卑君也故此二臣俱生事春秋有是有非其義然也

擇兩端之中明相反之義而後可以治經可以治史而後可以無適無莫而立人之義於天下如孔子稱微子箕子比干爲三仁而又曰桓公九合諸侯不以兵車管仲之力也如其仁如其仁則管仲之不死子

糾不似匹夫匹婦之諒不得以殷之三仁病之此所謂夫言豈一端而已夫各有所當也（尊王是一義譏貶天王又是一義爲尊者諱爲親者諱是一義正隱治桓又是一義衞諸夏攘夷狄是一義諸侯用夷禮則夷之戎狄進於中國則中國之又是一義此所謂無適無莫也後史不知此義故南北各史及宋金之史多事諱飾趙甌北嘗歷舉之今人言史亦多適莫震於富强則咸稱吾國之能闢地而尙武功病於侵略則偏重吾族尙和平而泯種異皆適莫之見）春秋之義三傳各以師說闡發幾罄雖有齟齬要當觀其會通第尙有一義自來經師猶未盡瞭而在今日不得不辨者如左氏傳文公十七年曰宋人弒其君杵臼君無道也宣公四年曰鄭公子歸生弒其君夷權不足也君子曰仁而不武無能達也凡弒君稱君君無道也稱臣臣之罪也蓋言爲君爲臣皆須各盡其道臣不可以犯義而弒君君亦不可無道以致弒二義不相反而相成杜氏釋例言之甚當

春秋釋例卷三書弒例第十五天生民而樹之君使司牧之羣物所以繫命也故戴之如天地親之如父母仰之如日月事之如神明其或受雪霜之嚴雷電之威則奉身歸命有死無貳故傳曰君天也天可逃乎此人臣所執之常也然本無父子自然之恩未有家人習翫之愛高下之隔懸殊壅塞之否萬端是以居上者降心以察下表誠以感之然後能相親也若亢高自肆羣下絕望情義圮隔是謂路人非君臣也人心苟離則位號雖存無以自固故傳例曰凡弒君稱君君無道稱臣臣之罪稱君者惟書君名而稱國稱人以弒言衆之所共絕也稱臣者謂書弒者主名以垂來世終爲不義而不可赦也然君雖不君臣不可以不臣故宋昭之惡罪及國人晉荀林父討宋曰何故弒君猶立文公還深見貶倒諸懷賊亂以爲心者固不容於誅也

清儒焦循陳澧皮錫瑞皆集矢杜氏以杜仕司馬氏故以經義爲魏晉事解（見焦循左傳補疏陳澧東塾讀書記皮錫瑞春秋通論）不知杜氏仕晉是一事左氏凡例是一事此例之義以魯語證之卽可知其爲周魯相

承史法

國語魯語晉人殺厲公、邊人以告成公、在朝公曰、臣殺其君、誰之過也。大夫莫對、里革曰、君之過也。夫君人者、其威大矣。失威而至於殺、其過多矣。且夫君也者、將牧民而正其邪者也。若君縱私回而棄民事、民旁有慝無由省之、益邪多矣。若以邪臨民、陷而不振、用善不肯專、則不能使至於殄滅而莫之恤也、將安用之。桀奔南巢、紂踣於京、厲流於彘、幽滅於戲、皆是術也。夫君也者、民之川澤也。行而從之、美惡皆君之由、民何能爲焉。（里革是魯史官、其言如此。知左傳之凡例、是魯史之舊、且必有所受、不始於里革也。然此是專責人君之義、晉語、宋人弒昭公、趙宣子請師於靈公、以伐宋、公曰、非晉國之急也、對曰、大者天地、其次君臣、所以爲明訓也。今宋人弒其君、是反天地、而逆民則也、天必誅焉、晉爲盟主而不修天罰、將懼及焉。公許之。若與里革之言相勘、則二義並行而不悖。）

合之師曠謂衛君實甚。（左傳襄公十四年、晉侯曰、衛人出其君、不亦甚乎、對曰、或者其君實甚、已見史權篇。）晏嬰謂君民者豈以陵民。春秋賢者論爲君之義若是之嚴。

左傳襄公二十五年、崔氏弒君、晏子立於崔氏之門外、其人曰、死乎、曰、獨吾君也乎哉、吾死也、曰、行乎、曰、吾罪也乎哉、吾亡也、曰、歸乎、曰、君死安歸、君民者、豈以陵民、社稷是主、臣君者、豈爲其口實、社稷是養、故君爲社稷死、則死之、爲社稷亡、則亡之、若爲己死而爲己亡、非其私暱、誰敢任之。

即公穀二傳於稱國以弒、亦歸罪於其君。

公羊傳文公十八年、莒弒其君庶其、稱國以弒何、稱國以弒者、衆弒君之辭。

穀梁傳成公十八年、晉弒其君州蒲、稱國以弒其君、君惡甚矣。

後儒誤泥孟子亂臣賊子懼一語、遂若歸惡於君、乃助亂賊張目、不知聖哲之意、儆戒君臣、各使有所警、惕。初無所畸輕畸重。故孟子曰。聞誅一夫紂矣。未聞弑君也。又曰。君之視臣如犬馬。則臣視君如寇讎。經子大義。何嘗專重尊君抑臣。後世君權日尊。儒生囿於所習。乃舉古義而忘之。昧者不察。乃以尊君抑臣詬病儒家。而人倫大義。愈以不明。視吾國所謂君者。皆若路易十四所謂朕卽國家。一切惟其暴戾殘虐者。然而豈知吾國聖哲典訓。裁制君權。實不亞於他國之憲法。且非獨經傳爲然也。史公自序有曰。故有國者不可以不知春秋。前有讒而弗見。後有賊而不知。又曰。爲人君父而不通於春秋之義者。必蒙首惡之名。何嘗專戒臣子哉（史公之言本春秋繁露引子夏之言）

學者讀中國史籍。必先明吾國古代君臣之義。而後於秦漢以降君主制度演變之得失。始有一正確之權衡。其主要之語。曰。天生民而立之君。使司牧之（師曠語見前） 故曰。民爲貴。得乎丘民而爲天子。其他以民爲主之精言。不可僂舉。呂氏春秋雖有長出於爭之語。

呂氏春秋蕩兵篇。未有蚩尤之時。民固剝林木以戰矣。勝者爲長。長則猶不足以治之。故立君。君又不足以治之。故立天子。天子之立也出於君。君之立也出於長。長之立也出於爭。

而恃君覽又曰。君道立則利出於羣。且盛言無君之害。及德衰世亂。遞興遞廢之故。

呂氏春秋恃君覽。凡人之性。爪牙不足以自守衞。肌膚不足以扞寒暑。筋骨不足以從利辟害。勇敢不足以卻猛禁悍。然且猶裁萬物制禽獸服狡蟲。寒暑燥溼弗能害。不惟先有其備。而以羣聚邪。羣之可聚也。相與利之也。利之出於羣也。君道立也。故君道立則利出於羣。而人備可完矣。昔太古嘗無君矣。其民聚生羣處。知母不知父。無親戚兄弟夫妻男女之別。無上下長幼之道。無進退揖讓之禮。無衣服履帶宮室畜積之便。無器械舟車城郭險阻之備。此無君之患。故君臣之義。不可不明也。自上世以來。天下亡國多矣。而君道不廢者天下之利也（太平御覽六百二十作天下利之也）故廢其非君而立其行君道者君道何如利而勿利章（俞樾曰君道以利而勿利爲貴） 四方之無君者其民麋鹿禽獸少者使長長者畏壯有力者賢暴傲者尊日夜相殘無時休息以盡其類聖人深見此患也故爲天下長慮莫如置天子也爲一國長慮莫如置君也置君非以阿君也置天子非以阿天子也置官長非以阿官長也德衰世亂然後天子利天下國君利國官長利官此國所以遞興遞廢也亂難之所以時作也故忠臣廉士內之則諫其君之過也外之則死人臣之義也

執一篇又曰一則治兩則亂

呂氏春秋執一軍必有將所以一之也國必有君所以一之也天下必有天子所以一之也天子必執一所以摶之也一則治兩則亂今御驪馬者使四人操一策則不可以出於門閭者不一也

蓋人羣之組織必有一最高之機構統攝一切始可以謀大羣之福利一切禮法皆從此出而所謂君者不過在此最高機構執行禮法使之摶一不亂之人而其臣民非以阿私獨俾此權於一人此一人者亦非以居此最高之機構爲其私人之利故孔孟皆曰舜禹有天下而不與苟言民主之眞精神殆莫此言若矣顧亭林論周室班爵祿最得古者立君之義

日知錄卷七周室班爵祿爲民而立君故班爵之意天子與公侯伯子男一也而非絕世之貴代耕而賦之祿故班祿之意君卿大夫士與庶人在官一也而非無事之食是故知天子一位之義則不敢肆於民上以自尊知祿以代耕之義則不敢厚取於民以自奉不明乎此而侮奪人之君常多於三代之下矣

黃梨洲原君原臣原法諸篇言之尤痛切故讀儒書者眞知古義洵有考諸三王而不謬百世以俟聖人

而不惑之境然亦未易爲執一者道欲知斯義之兩端必合溫公通鑑論與梨洲之言觀之乃知君位之不可私與禮法之不可隳而杜專制絕亂萌義各有當矣

通鑑卷一論周命魏斯趙籍韓虔爲諸侯曰天子之職莫大於禮禮莫大於分分莫大於名何謂禮紀綱是也何謂分君臣是也何謂名公侯卿大夫是也夫以四海之廣兆民之衆受制於一人雖有絕倫之力高世之智莫不奔走而服役者豈非以禮爲之紀綱哉是故天子統三公三公率諸侯諸侯制卿大夫卿大夫治士庶人貴以臨賤賤以承貴上之使下猶心腹之運手足根本之制支葉下之事上猶手足之衞心腹支葉之庇本根然後能上下相保而國家相安故曰天子之職莫大於禮也文王序易以乾坤爲首孔子繫之曰天尊地卑乾坤定矣卑高以陳貴賤位矣言君臣之位猶天地之不可易也春秋抑諸侯尊王室王人雖微序於諸侯之上以是見聖人於君臣之際未嘗不惓惓也非有桀紂之暴湯武之仁人歸之天命之君臣之分當守節伏死而已矣是故以微子而代紂則成湯配天矣以季札而君吳則太伯血食矣然二子寧亡國而不爲者誠以禮之大節不可亂也（吾國之禮相當於外國之法禮法既定人所必遵不可以人而變如合衆國選舉之際黨魁可以依法競選及選舉既定競選者恪謹服從雖膺選之正任卒然病故惟可依法以其副繼之其先之競選者不得謂選舉不過數月間事吾仍可以號召衆人重選也） 夫禮辨貴賤序親疏裁羣物制庶事非名不著非器不形名以命之器以別之然後上下粲然有倫此禮之大經也名器既亡則禮安得獨在哉昔仲叔于奚有功於衞辭邑而請繁纓孔子以爲不如多與之邑惟名與器不可以假人君之所司也政亡則國家從之衞君待孔子而爲政孔子欲先正名以爲名不正則民無所措手足夫繁纓小物也而孔子惜之正名細務也而孔子先之誠以名器既亂則上下無以相保故也夫事未有不生於微而成於著聖人之慮遠故能謹其微而治之（此史學家所以貴識微） 衆人之識近故必待其著而後救之治其微則用力寡而功多救其著則竭力而不能及也易曰履霜堅冰至書曰一日二日萬幾謂此類也故曰分莫大於名也（通鑑首揭此論歷代君王賢否不一爲其所恃以持其國者舍此末

由也）嗚呼幽厲失德周道日衰綱紀散壞下陵上替諸侯專征大夫擅政禮之大體什喪七八矣然文武之祀猶緜緜相屬者蓋以周之子孫尙能守其名分故也何以言之昔晉文公有大功於王室請隧於襄王襄王不許曰王章也未有代德而有二王亦叔父之所惡也不然叔父有地而隧又何請焉文公於是懼而不敢違是故以周之地則不大於曹滕以周之民則不衆於邾莒然歷數百年宗主天下雖以晉楚齊秦之彊不敢加者何哉徒以名分尙存故也至於季氏之於魯田常之於齊白公之於楚智伯之於晉其勢皆足以逐君而自爲然而卒不敢者豈其力不足而心不忍哉乃畏奸名犯分而天下共誅之也今晉大夫暴蔑其君剖分晉國天子旣不能討又寵秩之使列於諸侯是區區名分復不能守而幷棄之也先王之禮於斯盡矣或者以爲當是之時周室微弱三晉彊盛雖欲勿許其可得乎是大不然夫三晉雖彊苟不顧天下之誅而犯義侵禮則不請於天子而自立矣不請於天子而自立則爲悖逆之臣天下苟有桓文之君必奉禮義而征之今請於天子而天子許之是受天子之命而爲諸侯也誰得而討之故三晉之列於諸侯非三晉之壞禮乃天子自壞之也烏乎君臣之禮旣壞矣則天下以智力相雄長遂使聖賢之後爲諸侯者社稷無不泯絕生民之類糜滅幾盡豈不哀哉

又二百二十至德二載李懷玉殺平盧節度使王宣志之子推侯希逸爲平盧軍使朝廷因以希逸爲節度副使節度使由軍士廢立自此始

夫民生有欲無主則亂是故聖人制禮以治之自天子諸侯至於卿大夫士庶人尊卑有分大小有倫若綱條之相維臂指之相使是以民服事其上而下無覬覦其在周易上天下澤履象曰君子以辨上下定民志此之謂也（今日民主國家總統雖由民選及履行職務則國中官吏民衆罔不遵守其命令依然天澤之義民志所由定也）凡人君所以能有其臣民者以八柄存乎己也（胡注引周禮八柄全文）苟或捨之則彼此之勢均何以使其下哉肅宗遭唐中衰幸而復國是宜正其上下之禮以綱紀四方而偸取一時之安不思永久之患彼命將帥統藩維國之大事也乃委一介之使徇行伍之情無問賢不肖惟其所欲與者則授之自是之後積習爲常君

臣循守以爲得策謂之姑息乃至偏裨士卒殺逐主帥亦不治其罪因以其位任授之然則爵祿廢置殺生予奪皆不出於上而出於下亂之生也庸有極乎（呂氏春秋曰一則治兩則亂即此義也）且夫有國家者賞善而誅惡故爲善者勸而爲惡者懲彼爲人下而殺逐其上惡孰大焉乃使之擁旄秉鉞師長一方是賞之也賞以勸惡惡其何所不至乎書云遠乃猷（康誥）詩云猷之未遠是用大諫（大雅板）孔子曰人無遠慮必有近憂爲天下之政而專事姑息其憂患可勝校乎由是爲下者常眄眄焉伺其上苟得間則攻而族之爲上者常惴惴焉畏其下苟得間則掩而屠之爭務先發以逞其志非有相保養爲俱利久存之計也如是而求天下之安其可得乎迹其厲階肇於此矣蓋古者治軍必本於禮故晉文公城濮之戰見其師少長有禮知其可用今唐治軍而不顧禮使士卒得以陵偏裨偏裨得以陵將帥則將帥之陵天子自然之勢也由是禍亂繼起兵革不息民墜塗炭無所控訴凡二百餘年（至德二載至宋太祖開寶元年凡經二百一十年）然後大宋受命太祖始制軍法使以階級相承小有違犯咸伏斧質是以上下有叙令行禁止四征不庭無思不服宇內乂安兆民允殖以迄於今皆由治軍以禮故也豈非詒謀之遠哉（郤縠說禮樂而惇詩書始可爲元帥此古義也王闓運湘軍志曰曾國藩首建義旗終成大功未嘗自以爲知兵其所自負獨在教練至今湘軍尊上而知禮畏法而愛民猶可用也則溫公之言及清季猶驗矣人之才德相懸名位遂隔禮也禮之用必有階級惟居上者不能憑權位以虐下居下者不能逞野心以叛上各盡其道方得禮意而一切民衆自不惑於階級鬥爭之說矣）

又二百九十一顯德元年夏四月庚申太師中書令瀛文懿王馮道卒（書曰書官書謚皆譏之也）下錄歐陽修五代史記論溫公又論之曰天地設位聖人則之以制禮立法內有夫婦外有君臣婦之從夫終身不改（此因歐公引王凝妻事故相承而言）臣之事君有死無貳此人道之大倫也苟或廢之亂莫大焉范質稱馮道厚德稽古宏才偉量雖朝代遷人無間言屹若巨山不可轉也（胡注范質之爲人蓋學馮道者也）臣愚以爲正女不從二夫忠臣不事二君爲女不正雖復華色之美織紝之巧不足賢矣爲臣不忠雖復

材智之多治行之優不足貴矣何則大節已虧故也道之爲相歷五朝八姓若逆旅之視過客朝爲仇敵暮爲君臣易面變辭曾無愧怍大節如此雖有小善庸可稱乎或以爲自唐室之亡羣雄力爭帝王興廢遠者十餘年近者四三年雖有忠智將若之何當是之時失臣節者非道一人豈得獨罪道哉臣愚以爲忠臣憂公如家見危致命君有過則强諫力爭國敗亡則竭節致死智士邦有道則見邦無道則隱或滅迹山林或優游下僚今道尊寵則冠三師權位則首諸相國存則依違拱嘿竊位素餐國亡則圖全苟免迎謁勸進君則興亡接踵道則富貴自如茲乃姦臣之尤安得與他人爲比哉或謂道能全身遠害於亂世斯亦賢已臣謂君子有殺身成仁無求生害仁豈專以全身遠害爲賢哉然則盜跖病終而子路醢果誰賢乎抑此非特道之愆也時君亦有責焉何則不正之女中士羞以爲家不忠之人中君羞以爲臣彼相前朝語其忠則反君事讎語其智則社稷爲墟後來之君不誅不棄乃復用以爲相彼又安肯盡忠於我而能獲其用乎故曰非特道之愆亦時君之責也（胡注溫公以此警後世之君臣深矣）

明夷待訪錄原君有生之初人各自私也人各自利也天下有公利而莫或興之有公害而莫或除之有人者出不以一己之利爲利而使天下受其利不以一己之害爲害而使天下釋其害此其人之勤勞必千萬於天下之人夫以千萬倍之勤勞而己又不享其利必非天下之人情所欲居也故古之人君量而不欲入者許由務光是也（後世如郭子儀薄天子而不爲視許由等之傳說尤可信）入而又去之者堯舜是也初不欲入而不得去者禹是也豈古之人有所異哉好逸惡勞亦猶夫人之情也後之爲人君者不然以爲天下利害之權皆出於我我以天下之利盡歸於己以天下之害盡歸於人亦無不可使天下之人不敢自私不敢自利以我之大私爲天下之公始而慚焉久而安焉視天下爲莫大之產業傳之子孫受享無窮漢高帝所謂某業所就孰與仲多者其逐利之情不覺溢於辭矣此無他古者以天下爲主君爲客凡君之所畢世而經營者爲天下也今也以君爲主天下爲客凡天下之無地而得安寧者爲君也是以其未得之也屠毒天下之肝腦離散天下之子女以博我一人之產業曾不慘然曰我固爲子孫創業也其既得之也敲剝天

下之骨髓離散天下之子女以奉我一人之淫樂視爲當然曰此我產業之花息也然則爲天下之大害者君而已矣向使無君人各得自私也人各得自利也嗚呼豈設君之道固如是乎古者天下之人愛戴其君比之如父擬之如天誠不爲過也今也天下之人怨惡其君視之如寇讎名之爲獨夫固其所也而小儒規規焉以君臣之義無所逃於天地之間（莊子之言亦自顚撲不破君臣猶主從也一團體一組織必有主有從而後成章實齋所謂三人居室而道形也小儒特誤解此語之義耳） 至桀紂之暴猶謂湯武不當誅之而妄傳伯夷叔齊無稽之事乃兆人萬姓崩潰之血肉曾不異夫腐鼠豈天地之大於兆人萬姓之中獨私其一人一姓乎是故武王聖人也孟子之言聖人之言也後世之君欲以如天如父之空名禁人之窺伺者皆不便於其言至廢孟子而不立非導源於小儒乎雖然使後之爲君者果能保此產業傳之無窮亦無怪乎其私之也既以產業視之人之欲得產業誰不如我攝緘縢固扃鐍一人之智力不能勝天下欲得之者之衆遠者數世近者及身其血肉之崩潰在其子孫矣昔人願世世無生帝王家而毅宗之語公主亦曰若何爲生我家痛哉斯言回思創業時其欲得天下之心有不廢然摧沮者乎是故明乎爲君之職分則唐虞之世人人能讓許由務光非絕塵也不明乎爲君之職分則市井之間人人可欲許由務光所以曠後世而不聞也然君之職分難明以俄頃淫樂不易無窮之悲雖愚者亦明之矣

又原臣有人焉視於無形聽於無聲以事其君可謂之臣乎曰否殺其身以事其君可謂之臣乎曰否（此即以義斷之也合於義亦即可也）

夫視於無形聽於無聲資於事父也殺其身者無私之極則也而猶不足以當之則臣道如何而後可曰緣夫天下之大非一人之所能治而分治之以羣工故我之出而仕也爲天下非爲君也爲萬民非爲一姓也吾以天下萬民起見非其道卽君以形聲强我未之敢從也況於無形無聲乎非其道卽立身於其朝未之敢許也況於殺其身乎不然而以君之一身一姓起見君有無形無聲之嗜欲吾從而視之聽之此宦官宮妾之心也君爲已死而爲己亡吾從而死之亡之此其私暱者之事也是乃臣不臣之辨也世之爲臣者

昧於此義以謂臣爲君而設者也君分吾以天下而後治之君授吾以人民而後牧之視天下之人民爲人君囊中之私物今以四方
之勞擾民生之憔悴足以危吾君也不得不講治之牧之之術苟無係於社稷之存亡則四方之勞擾民生之憔悴雖有誠臣亦以爲
纖芥之疾也夫古之爲臣者於彼乎於此乎蓋天下之治亂不在一姓之興亡而在萬民之憂樂是故桀紂之亡乃所以爲治也秦政
蒙古之興乃所以爲亂也晉宋齊梁之興亡無與於治亂者也爲臣者輕視斯民之水火卽能輔君而興從君而亡其於臣道固未嘗
不背也（言卽如此尙不得爲盡臣道況如馮道者乎讀書不可誤會此語遂以馮道熟視八姓興亡不爲不義也） 夫治天下猶曳大木然前者
唱邪後者唱許君與臣共曳木之人也若手不執紼足不履地曳木者惟娛笑於曳木者之前從曳木者以爲良而曳木之職荒矣嗟
乎後世驕君自恣不以天下萬民爲事其所求乎草野者不過欲得奔走服役之人乃使草野之應於上者亦不出夫奔走服役一時
免於寒餓遂感在上之知遇不復計其禮之備不備蹐之僕妾之間而以爲當然萬曆初年神宗之待張居正其禮稍優比於古之師
傅未能百一當時論者駭然以居正之受無人臣禮夫居正之罪正坐不能以師傅自待聽指使於僕妾而責之反是何也是則耳目
浸淫於流俗之所謂臣者以爲鵠矣又豈知臣之與君名異而實同耶（同者對天下負責同也非謂臣與君當得其權威同其享樂也）或
曰臣不與子並稱乎曰非也父子一氣子分父之身而爲身故孝子雖異身而能日近其氣久之無不通矣不孝之子分身而後日遠
日疏久之而氣不相似矣君臣之名從天下而有之者也吾無天下之責則吾在君爲野人出而仕於君也不以天下爲事則君之僕
妾也以天下爲事則君之師友也夫然謂之臣其名累變夫父子固不可變者也

又原法三代以上有法三代以下無法何以言之二帝三王知天下之不可無養也爲之授田以耕之知天下之不可無衣也爲之授地
以桑麻之知天下之不可無教也爲之學校以興之爲之昏姻之禮以防其淫爲之卒乘之賦以防其亂此三代以上之法也固未嘗
爲一己而立也後之人主既得天下惟恐其祚命之不長也子孫之不能保有也思患於未然以爲之法然則其所謂法者一家之法

而非天下之法也。是故秦變封建而為郡縣。以郡縣得私於我也。漢建庶孼。以其可以藩屏於我也。宋解方鎮之兵。以方鎮之不利於我也。此其法何曾有一毫為天下之心哉。而亦可謂之法乎。三代之法。藏天下於天下者也。山澤之利。不必其盡取。刑賞之權。不疑其旁落。貴不在朝廷也。賤不在草莽也。在後世方議其法之疏。而天下之人不見上之可欲。不見下之可惡。法愈疏而亂愈不作。所謂無法之法也。後世之法。藏天下於筐篋者也。利不欲其遺於下。福必欲其斂於上。用一人焉則疑其自私。而又用一人以制其私。行一事焉則慮其可欺。而又設一事以防其欺。天下之人共知其筐篋之所在。吾亦鰓鰓然日惟筐篋之是虞。故其法不得不密。法愈密而天下之亂即生於法之中。所謂非法之法也。論者謂一代有一代之法。子孫以法祖為孝。夫非法之法。前王不勝其利欲之私以創之。後王或不勝其利欲之私以壞之。壞之者固足以害天下。其創之者亦未始非害天下者也。乃必欲周旋於此膠漆之中。以博憲章之餘名。此俗儒之剿說也。即論者謂天下之治亂不係於法之存亡。夫古今之變。至秦而一盡。至元而又一盡。經此二盡之後。古聖王之所惻隱愛人而經營者。蕩然無具。苟非為之遠思深覽。一一通變。以復井田學校封建卒乘之舊。雖小小更革。生民之戚戚終無已時也。即論者謂有治人無治法。吾以謂有治法而後有治人。（此二義相反而皆未備。孟子曰。徒善不足以為政。徒法不能以自行。始是盛水不漏之語。自清季以來。學者多奉梨洲有治法而後有治人之語以駁荀子。然徒法之效。亦未覩也。） 自非法之法桎梏天下人之手足。即有能治之人。終不勝其牽挽嫌疑之顧盼。有所設施。亦就其分之所得。安於苟簡。而不能有度外之功名。使先王之法而在。莫不有法外之意存乎其間。其人是也。則可以無不行之意。其人非也。亦不至深刻羅網以害天下。故曰有治法而後有治人。

千古史迹之變遷。公私而已矣。公與私初非二物。祇徇一身一家之計。不顧他人之私計。則為私。推其祇徇一身一家之計之心。使任何人皆能便其一身一家之私計。則為公。故大公者羣私之總和。即易文言所謂利者義之和也。由此推闡。公之中有私焉。私之中亦有公焉。相反相成。推遷無既。亦即董生所謂義之中有不義、不義之中有義、此學者所不可不知也。封建郡縣、此歷史形式之變也。禮運以天下爲公、天下爲家、判古史之升降、而柳宗元謂公天下之端自秦始、則由公爲私、由私爲公、未易畫分矣。

柳宗元封建論、徇之以爲安、仍之以爲俗、湯武之所不得已也。夫不得已、非公之大者也、私其力於己也、私其衞於子孫也。秦之所以革之者、其爲制、公之大者也。其情私也、私其一己之威也、私其盡臣畜於我也。然而公天下之端自秦始。

封建之世、列國並立、而天子總其大綱、舉所統治爲天下。故古所謂天下者、猶今之所謂世界、而秦漢以後之天下、則今之所謂國也。論封建之私、天子遂其大私、列國遂其小私耳。然以其推己及人、遂得一調整世界之道。書曰協和萬邦、易曰先王以建萬國親諸侯、而周官以治典經邦國、教典安邦國、禮典和邦國、政典平邦國、刑典詰邦國、事典富邦國、夏官又詳言建邦國之九灋。

周官大司馬之職、掌建邦國之九灋、以佐王平邦國、制畿封國以正邦國、設儀辨位以等邦國、進賢興功以作邦國、建牧立監以維邦國、制軍詰禁以糾邦國、施貢分職以任邦國、簡稽鄉民以用邦國、均守平則以安邦國、比小事大以和邦國。

其謀各國之安全及生民之樂利者、又散見於各官、一本懷保協和之意。蓋自蚩尤共工以來、各民族之攘奪紛爭、爲禍至酷、然後產生此等思想制度、而大造於世界。雖古之世界與今之世界異、然其原理一也。故古所謂天子及王室、易言之、卽當時列國共建之最高和平機構。天子畿內、爲其直接統治之一大國、其於政教養衞、經營慘淡、必極其精懿、以爲各國之模範。而各國之休戚得失、又息息與王室相通、朝覲宗遇、會同以及五物五書、周摯曲盡。

周官大行人掌大賓之禮、及大客之儀、以親諸侯。春朝諸侯而圖天下之事、秋覲以比邦國之功、夏宗以陳天下之謨、冬遇以協諸侯之慮。時會、以發四方之禁。殷同、以施天下之政。時聘、以結諸侯之好。殷頫、以除邦國之慝。閒問、以諭諸侯之志。歸脤、以交諸侯之福。慶賀、以贊諸侯之喜。致襘、以補諸侯之裁。以九儀辨諸侯之命。等諸臣之爵、以同邦國之禮、而待其賓客。

又王之所以撫邦國諸侯者。歲徧存。三歲徧頫。五歲徧省。七歲屬象胥、諭言語、協辭命。九歲屬瞽史、諭書名、聽聲音。十有一歲、達瑞節、同度量、成牢禮、同數器、修灋則。十有二歲、王巡狩殷國。凡諸侯之王事、辨其位、正其等、協其禮、賓而見之。若有大喪、則詔相諸侯之禮。若有四方之大事、則受其幣、聽其辭。凡諸侯之邦交、歲相問也、殷相聘也、世相朝也。

又小行人、若國札喪、則令賻補之。若國凶荒、則令賙委之。若國師役、則令槁襘之。若國有福事、則令慶賀之。若國有禍裁、則令哀弔之。凡此五物者、治其事故。及其萬民之利害為一書。其禮俗政事教治刑禁之逆順為一書。其悖逆暴亂作慝猶犯令者為一書。其札喪凶荒厄貧為一書。其康樂和親安平為一書。凡此五物者、每國辨異之、以反命於王、以周知天下之故。

所謂聖人能以天下為一家、中國為一人者、初非空談理論、各有其宏綱要旨、良法美意、實可見諸施行。此所謂王道也。然人類生活不能無變、其亙古殘存之獸性、有時而作、故亦必有極強之兵力、以鎮撫而威懾之。

周官夏官王六軍、大國三軍、次國二軍、小國一軍。　大司馬以九伐之灋正邦國。馮弱犯寡則眚之。賊賢害民則伐之。暴內淩外則憚之。野荒民散則削之。負固不服則侵之。賊殺其親則正之。放弒其君則殘之。犯令淩政則杜之。外內亂鳥獸行則滅之。

祭公謀父所謂有刑不祭、伐不祀、征不享、讓不貢、告不王。於是乎有刑罰之辟、有攻伐之兵、（周語）及孟子所謂征者上伐下也、敵國不相征、以及春秋無義戰之說、皆由此而來也。孔子謂文武之政布在方策、卽此等詳密之條文。當時告魯哀公不能備舉、第揭其要義曰、柔遠人則四方歸之、懷諸侯則天下畏之。

其若何懷若何畏固在方策也是故封建雖各徇其私而以保障全民不得不有至公之制度孔子修春秋欲立一王之法撥亂世而反之正豈其僭擬王者由其欲明明德於天下而生於亂世不得不慨想升平公羊家之說非以周官證之不明胡安國春秋傳恆發公天下之義

春秋胡氏傳隱公元年三月公及邾儀父盟於蔑　常者道之正變者道之中春秋大義公天下以講信修睦爲事而刑牲歃血要質鬼神則非所尚也

又僖公十一年春晉殺其大夫丕鄭父　春秋以大義公天下爲誅賞故書法如此

又昭公九年夏四月陳災　楚已滅陳夷於屬縣何以書於魯國之策乎　蓋興滅國繼絕世以堯舜三代公天下之心爲心異於孤秦罷侯置守欲私一人以自奉者所以歸民心合天德也穀梁以爲存陳得其旨矣

而秦儒之爲呂氏春秋者屢歎天下之無天子即患天下無此機構也

呂氏春秋振亂當今之世濁甚矣黔首之苦不可以加矣天子既絕賢者廢伏世主恣行與民相離黔首無所告愬

又觀世今周室既滅天子既廢亂莫大於無天子無天子則彊者勝弱衆者暴寡以兵相制不得休息今之世當之矣

而其說天子之定義即吾所謂得羣私之總和也

呂氏春秋本生始生之者天也養成之者人也能養天之所生而勿攖之謂之天子天子之動也以全天爲故者也此官之所自立也立官者以全生也今世之惑主多官而反以害生則失所爲立之矣

秦漢以來之皇帝非古之天子也其形式則變古之世界而爲一國而環而處於四裔之蠻夷戎狄又非古之列國比故周官撫邦國之法寖以湮滅或征討四夷或綏懷屬國僅存古義於什一漢文帝之詔匈

奴。廓然有天子之量矣。然制度不立。徒存王者之意耳。

漢書匈奴傳孝文後二年使使遺匈奴書曰先帝制長城以北引弓之國受令單于長城以內冠帶之室朕亦制之使萬民耕織射獵衣食父子毋離臣主相安俱無暴虐今聞渫惡民貪降其趨背義絕約忘萬民之命離兩主之驩然其事已在前矣書云二國已和親兩主驩說寢兵休卒養馬世世昌樂翕然更始朕甚嘉之聖者日新改作更始使老者得息幼者得長各保其首領而終其天年朕與單于俱由此道順天恤民世世相傳施之無窮天下莫不咸嘉使漢與匈奴鄰敵之國匈奴處北地寒殺氣早降故詔吏遺單于秫櫱金帛綿絮它物歲有數今天下大安萬民熙熙獨朕與單于為之父母朕追念前事薄物細故謀臣計失皆不足以離昆弟之驩朕聞天不頗覆地不偏載朕與單于皆捐細故俱蹈大道也墮壞前惡以圖長久使兩國之民若一家子元元萬民下及魚鼈上及飛鳥跂行喙息蠕動之類莫不就安利避危殆故來者不止天之道也俱去前事朕釋逃虜民單于毋言章尼等朕聞古之帝王約分明而不食言單于留志天下大安和親之後漢過不先單于其察之

故論秦漢以後之國際。或禦侮或黷武或屈辱。不能律以周官之世界。而王莽蘇綽王安石諸人之行周官者。亦僅采取周官自治其畿內之制之遺意。以國家之大小懸殊。故亦不易見其效。而歷代之私天下。而亦不失公天下之義。又當別論焉。

國小則務競進。國大則務寬容。競進則國與民合體（周官曰體國經野。即國與民合體也）而易於整齊。寬容則國與民相安而不易畫一。故古之治王畿也密。而後之治全國也疏。其疏之原則曰無為而治。自漢以來之治法。咸以清淨無為網漏吞舟為主。一切政法無非去其太甚。救敝補偏。取其不擾民而已。是義公乎。曰公。以國之大而立法行政者之不能盡察。雖有良法美意而推行輒生弊害。法出而姦生。令下而詐起。

自兩漢已然。

漢書董仲舒傳今漢繼秦之後、如朽木糞牆矣、雖欲善治之、亡可奈何、法出而姦生、令下而詐起。

後漢書和帝紀永元十二年詔、三公朕之腹心、而未獲承天安民之策、數詔有司、務擇良吏、今猶不改、競爲苛暴、侵愁小民、以求虛名、委任下吏、假勢行邪、是以令下而姦生、禁至而詐起、巧法析律、飾文增辭、貨行於言、罪成乎手、朕甚痛焉。

柳宗元種樹郭橐駝傳、且以種樹移之官理。

柳宗元種樹郭橐駝傳問者曰、以子之道、移之官理可乎、駝曰、我知種樹而已、官理非吾所業也、然吾居鄉、見長人者好煩其令、若甚憐焉、而卒以禍、旦暮吏來而呼曰、官命促爾耕、勖爾植、督爾穫、蚤繅而緒、蚤織而縷、字而幼孩、遂而雞豚、鳴鼓而聚之、擊木而召之、吾小人輟飧饔以勞吏者、且不得暇、又何以蕃吾生而安吾性邪、故病且怠、若是則與吾業者其亦有類乎。

呂端李沆在宋稱爲賢相、而黃霸之米鹽靡密、亦曰治道去其泰甚。

漢書黃霸傳爲條教、置父老師帥伍長、班行之於民間、勸以爲善防姦之意、及務耕桑、節用殖財、種樹畜養、去食穀馬、米鹽靡密、初若煩碎、然霸精力能推行之、吏民見者、語次尋繹、問它陰伏、以相參考、嘗欲有所司察、擇長年廉吏遣行、屬令周密、吏出、不敢舍郵亭、食於道旁、烏攫其肉、民有欲詣府口言事者、適見之、霸與語道此、後日吏還謁霸、霸見迎勞之曰、甚苦、食於道旁、乃爲烏所盜肉、吏大驚、以霸爲知其起居、所問豪氂不敢有所隱、鰥寡孤獨有死無以葬者、鄉部書言、霸具爲區處、某所大木可以爲棺、某亭豬子可以祭、吏往、皆如其言、其識事聰明如此、吏民不知所出、咸稱神明、姦人去入它郡、盜賊日少、霸力行教化而後誅罰、務在成就全安長吏、許丞老病聾、督郵白欲逐之、霸曰、許丞廉吏、雖老、尚能拜起送迎、正頗重聽何傷、且善助之、毋失賢者意、或問其故、霸曰、數易長吏、送故迎新之費、及姦吏緣絕簿書、盜財物、公私耗費甚多、皆當出於民、所易新吏、又未必賢、或不如其故、徒相益爲亂、凡治道去其泰甚者耳。

要之使民各遂其私耳皇帝以天下為私產因亦徇天下人之私使之自營自遂而不相擾則此私產安矣推之選士求賢教學設科亦無非徇人之私之道漢高曰賢士大夫有肯從我游者吾能尊顯之班固論儒林曰祿利之路然也

漢書高帝紀十一年二月詔今吾以天之靈賢士大夫定有天下以為一家欲其長久世世奉宗廟亡絕也賢人已與我共平之矣而不與我共安利之可乎賢士大夫有肯從我游者吾能尊顯之

又儒林傳贊曰自武帝立五經博士開弟子員設科射策勸以官祿訖於元始百有餘年傳業者寖盛支葉蕃滋一經說至百餘萬言大師衆至千餘人蓋祿利之路然也（自漢之博士弟子員至唐宋以來科舉制度言其善則曰興學育才使平民得參朝政究其弊則讀書講學者專騖私人之榮利何嘗知有天下國家惟其根據經史以相課試故士所誦習猶保留聖哲修身齊家治國平天下之精義於其心目故雖多數人視為拾金紫之階梯而賢者猶體之於身心時時欲見之於行事此科試制度之利弊相因者也祿利之途病也使知經史藥也病中有藥故亦不乏賢哲出於其中去其藥而病之根仍在則病不可藥矣）

大多數不識不知之人既各遂其私少數秀傑者又有官階祿利以逞其私武人梟將亦不外乎威脅利誘劫持而融洽之其處置各得其平又無敵國外患之逼迫則人人自由可相安於無事故欲民之自由莫若無為而治執政者時時視泰甚者而去之而資本家大地主亦不至過甚梨洲之言未能及乎此也然以帝王徇私而臣民又各徇私內則木腐蟲生后妃宦寺宗室外戚佞幸權奸盜賊之患相因而生既有以促其顛覆民治地政武備軍力侵尋窳敝又不足以御外患而競鄰敵不獨少數人之自私者不可保大多數之自私者亦不能永享無為而治之政府之下之自由矣顧亭林之論郡縣欲寓封建於郡縣

亦從人之私利著想。蓋欲以散碎不整之自私，集爲千百數較團聚之自私。再集此羣私，以鞏固此龐大之全國。（見顧集郡縣論）其說顧未能實現。良以天下之事，非一人之思議所可驟改也。物窮則變，寰海棣通，物質競進，人治亦有所考鏡而勃興。故君主世及之制，鏟除而民選公治之法，亦爲衆所共信焉。夫歷史之演變孔多，而制治之方式，固亦無幾。五帝官天下，變而爲三王家天下，由公而趨私焉。各地土司世襲既久，改爲流官，衆尤便之，由私而趨公也。君主世及之變爲民選公治，亦何異於改土歸流乎。至於異域民治，兩黨角立，各出政綱，取決民意，亦無非由散碎之小私集爲兩團體之大私。視吾國所謂舜禹有天下而不與者，猶若有閒。是故公之中有私，私之中有公之義，就古今中外史實，叩其兩端而竭焉，則治史者之責也。

嗚呼。無爲而治，傳自虞舜，其本在恭己修身。（皐陶謨曰愼厥身修思永）其用在知人安民。固非漫不事事之謂。由虞夏而至周，禮法明備，其於地政、民治、政綱、軍備，洪纖畢具。尤非漢、宋君臣徒託無爲者所可比。然漢、宋君臣竊其緒餘，猶若可以爲治。豈古之政術本天恤民所由來者遠，而所謂集私爲公者，固常能節制其私，而恆出於公耶。他國之治，亦多出於謀小己之私利，充其願力，共謀國是，萃私爲公，銳於有爲，其孟晉而爭新者，大勝於吾之窳敝，而逞國族之私，弱肉強食，又轉以貽生人之大禍。則兩端之短長，固互見也。世運邁進，其必趨於各遂其私，而又各節其私之一途，而後可以謂之公理大彰。今方在動盪洄澓之中，未能驟臻上理也。吾人能深察乎此，以古之治王畿鄉遂者，摶大國爲一體，（交通工具之利，可以使大小遠近若一，故治大國亦可若烹小鮮。）以植於列辟之林；以古之撫邦國諸侯者，合天下爲一家，以啓其方新之制。則吾史之義。豈第爲一國一族之福利已哉。

史例第八

史出於禮而承典志譜傳春秋世本之體系演爲紀傳書表之式其聯繫分合之故特書不書之祕已於各篇分論合之已可得史例之大端矣顧史之有例亦惟吾國所特創他國史家莫之能先而東亞各國之爲史者多承用吾史之例是不可不申言之也史例權輿禮經計時已在春秋之前然左氏所舉五十凡例尙未足爲吾國著書之有凡例之始溯著述之有凡例殆始於易之爻辭易卦皆六爻爻象陰陽曰九曰六此全書之通例也而乾坤二卦六爻之後各加一則以示用九用六之例此非羣書凡例之始乎且乾卦用九見羣龍無首吉而文言釋之曰乾元用九乃見天則天則者天之大例卽後世所謂則例也坤卦用六利永貞象曰用六永貞以大終也一書之體有始有終雖在開篇必已包括故吾以爲著述之有凡例始於易也

時至有周上承千古總攝萬邦分職設官政繁事賾其於百爲往往以一二三四條舉件繫以示官守觀逸周書及周官列舉之文夥矣然事有不勝列舉者一一舉示其繁猥何如則必括其性質之相近者賅以一詞使知事物之相類者一一皆依此措置不必贅述故發凡之用由馭繁而得執簡者也周官宰夫掌百官府之徵令辨其八職一曰正掌官灋以治要二曰師掌官成以治凡三曰司掌官灋以治目四曰旅掌官成以治數其弟六卽曰史掌官書以贊治國家政令職務有大綱焉曰要曰凡有條流焉曰數曰目史之爲官書也卽此要凡目數之總匯官書之體例由此出史官之凡例卽由此來史書不得與一切

官書相悖也。綜周官五官之言凡及考工記之言凡不下六百條。左氏之五十凡。則禮官之史約舉而別存者耳。

周之爲教。言動有法。稱謂有別。治事有序。御物有方。如士相見禮言凡者六。卽可見其精意。曲禮之言凡者尤多。

儀禮士相見禮凡燕見於君必辯君之南面若不得則正方不疑君君在堂升見無方階辯君所在。 凡言非對也妥而後傳言與君言言使臣與大人言言事君與老者言言使弟子與幼者言言孝弟於父兄與衆言言忠信慈祥與居官者言言忠信。 凡與大人言始視面中視抱卒視面毋改衆皆若是若父則遊目毋上於面毋下於帶若不言立則視足坐則視膝。 凡侍坐於君子君子欠伸問日之早晏以食具告改居則請退可也夜侍坐問夜膳葷請退可也。 凡執幣者不趨容彌蹙以爲儀執玉者則唯舒武舉前曳踵。 凡自稱於君士大夫則曰下臣宅者在邦則曰市井之臣在野則曰草茅之臣庶人則曰刺草之臣他國之人則曰外臣。

曲禮凡爲人子之禮冬溫而夏凊昏定而晨省在醜夷不爭。 凡與客入者每門讓於客。 凡爲長者糞之禮必加帚於箕上以袂拘而退其塵不及長者以箕自鄉而扱之。 凡進食之禮左殽右胾食居人之左羹居人之右膾炙處外醯醬處內葱渫處末酒漿處右以脯脩置者左胸右末。（禮運曰大禮之初始諸飲食周代飲食之禮至懿卽陳列一端亦有定則如此今人但知他國飲食之禮以爲文明對吾國之禮則未之知也故略舉以見例）

由動作事爲皆有規律。至於記言記事。亦必有共守之規律。自王朝之史至諸國之史。一皆據以爲書。此非異事也。知此而後可以言春秋之凡例。

左氏傳之發凡計五十則。

左傳隱公七年、凡諸侯同盟、於是稱名、故薨則赴以名、告終稱嗣也、以繼好息民、謂之禮經。 九年、凡雨自三日以往爲霖、平地尺爲大雪。 十一年、凡諸侯有命、告則書、不然則否、師出臧否、亦如之、雖及滅國、滅不告敗、勝不告克、不書於策。 桓公元年、凡平原出水爲大水。 二年、凡公行、告於宗廟、反行、飲至、舍爵策勳焉、禮也、特相會、往來稱地、讓事也、自參以上、則往稱地、來稱會、成事也。 三年、凡公女嫁於敵國、姊妹則上卿送之、以禮於先君、公子則下卿送之、於大國、雖公子、亦上卿送之、於天子、則諸卿皆行、公不自送、於小國、則上大夫送之。 五年、凡祀、啓蟄而郊、龍見而雩、始殺而嘗、閉蟄而烝、過則書。 九年、凡諸侯之女行、唯王后書。 莊公三年、凡師一宿爲舍、再宿爲信、過信爲次。 十一年、凡師敵未陳曰敗某師、皆陳曰戰、大崩曰敗績、得儁曰克、覆而敗之曰取某師、京師敗曰王師敗績於某。 二十五年、凡天災有幣無牲、非日月之眚不鼓。 二十七年、凡諸侯之女歸寧曰來、出曰來歸、夫人歸寧曰如某、出曰歸於某。 二十八年、凡邑有宗廟先君之主曰都、無曰邑、邑曰築、都曰城。 二十九年、凡馬日中而出、日中而入。 凡師有鐘鼓曰伐、無曰侵、輕曰襲。 凡物不爲災不書。 凡土功、龍見而畢務、戒事也、火見而致用、水昏正而栽、日至而畢。 三十一年、凡諸侯有四夷之功、則獻於王、王以警於四夷、中國則否、諸侯不相遺俘。 僖公元年、凡侯伯救患、分災、討罪、禮也。 四年、凡諸侯薨於朝會、加一等、死王事、加二等、於是有以衮斂。 五年、凡分至啓閉、必書雲物、爲備故也。 八年、凡夫人不薨於寢、不殯於廟、不赴於同、不祔於姑、則弗致也。 九年、凡在喪、王曰小童、公侯曰子。 二十年、凡啓塞從時。 二十三年、凡諸侯同盟、死則赴以名、禮也、赴以名、則亦書之、不然則否、辟不敏也。 二十六年、凡師能左右之曰以。 三十三年、凡君薨、卒哭而祔、祔而作主、特祀於主、烝嘗禘於廟。 文公元年、凡君即位、卿出並聘、踐修舊好、要結外援、好事鄰國、以衛社稷、忠信卑讓之道也、忠、德之正也、信、德之固也、卑讓、德之基也。 二年、凡君即位、好舅甥、修昏姻、娶元妃以奉粢盛、孝也、孝、禮之始也。 三年、凡民逃其上曰潰、在上曰逃。 七年、凡會諸侯、不書所會、後也、後至不書其國、辟不敏也。 十四年、凡崩薨、不赴則不書、禍福不告、亦不書、懲不敬也。 十五年、凡勝國曰滅之、獲大城焉曰入之。 凡諸侯會、公不與、不書、諱君惡也、與而不書、後也。　宣公四年、凡弒君稱君、君無道也、稱臣、臣之罪也。　七年、凡師出與謀曰及、不與謀曰會。　十年、凡諸侯之大夫違、告於諸侯曰某氏之守臣某、失守宗廟、敢告、所有玉帛之使者則告、不然則否。　十六年、凡火、人火曰火、天火曰災。　十七年、凡太子之母弟、公在曰公子、不在曰弟、凡稱弟、皆母弟也。　十八年、凡自虐其君曰弒、自外曰戕。　成公八年、凡諸侯嫁女、同姓媵之、異姓則否。　十二年、凡自周無出、周公自出故也。　十五年、凡君不道於其民、諸侯討而執之、則曰某人執某侯、不然則否。　十八年、凡去其國、國逆而立之曰入、復其位曰復歸、諸侯納之曰歸、以惡曰復入。　襄公元年、凡諸侯即位、小國朝之、大國聘焉、以繼好結信、謀事補缺、禮之大者也。　十二年、凡諸侯之喪、異姓臨於外、同姓於宗廟、同宗於祖廟、同族於禰廟、是故魯爲諸姬、臨於周廟、爲邢凡蔣茅胙祭臨於周公之廟。　十三年、凡書取、言易也、用大師焉曰滅、弗地曰入。　昭公四年、凡克邑不用師徒曰取。

定公九年、凡獲器用曰得、得用焉曰獲。（以上共四十九則、宣十七年凡太子之母弟共二凡、故曰五十凡例。）

杜元凱綜而論之曰、其發凡以言例、皆經國之常制、周公之垂法、史書之舊章、仲尼從而修之、以成一經之通體。其微顯闡幽、裁成義類者、皆據舊例而發義、指行事以正褒貶。（左傳序）世或疑此諸凡不專爲史策而發、而周之禮經、散見左氏傳者、或不言凡、然亦可以諸言凡者推之、謂此諸文全出自筆削之後、孔前絕無模範之文。

廖平左傳杜氏五十凡駁例箋文公十五年、諸侯五年再相朝、以修王命、古之制也、凡言即位朝、此言五年朝、二說不可闕一、故凡不凡皆經例。　莊二十五年、日有食之、鼓用牲於社、非常也、唯正月之朔、慝未作、日有食之、於是乎用幣於社、伐鼓於朝、此條與凡天災同在一年、互相發明、同舉禮例、可見言凡不言凡、非有二義也。　言凡之中、有專詳禮制、全於經文無涉者二條、（凡馬日中而出、及凡諸侯之喪異姓臨於外。）有專論推曆、無關於書法者二條、（凡啓塞從時、及凡分至啓閉必書雲物。）據此可見五十凡中、又有此四條溢出經例之外者安得謂周公史書之舊章。杜氏所謂不言凡者若以凡字冠其首依然文義詳明與言凡者一律相同非有古今文字之異前後體制之殊可見左氏文筆隨宜時或言凡時或不言凡亦傳記立言之常初無容心於其間。通考傳文其言凡與不言凡者莫不互相補助水乳交融合之兩美皆所以解釋經義全出自筆削之後故孔前絕無模範之文也。

不悟三禮言凡豈皆出孔子之筆孔子以前史官記事皆漫無定例何以屬辭如君無道而遇弒則過在君旣是里革所言已可見舊史義例趙宣子曰大罪伐之小罪憚之襲侵之事陵也是故伐備鐘鼓聲其罪也（晉語）又可證凡師有鐘鼓曰伐之有自來不必因推尊孔子遂謂春秋以前無史例也

杜氏又曰諸稱書不書先書故書不言不稱書曰之類皆所以起新舊發大義謂之變例然亦有史所不書卽以爲義者此蓋春秋新意故傳不言凡曲而暢之也其經無義例因行事而言則傳直言其歸趣而已非例也（左傳序）按書與不書舊例已言惟如不書卽位之類則所以發大義耳劉蕡春秋釋例序謂釋例之作宗本於舊章非元凱獨斷而然實包括三傳同歸於聖經之奧四庫提要謂預用心周密後人無以復加其例亦皆參考經文得其體要又曰春秋以左傳爲根本左傳以杜解爲門徑集解又以是書爲羽翼緣是以求筆削之旨亦可云考古之津梁窮經之淵藪矣杜氏釋例全書雖不可見武英殿本從永樂大典中輯出者猶可十得七八言史例者不可不先從事此一家之學矣

言春秋之例者公羊廣而穀梁精公羊之學自胡毋生作條例至何休作文謚例有三科九旨二類七等七缺諸目徐彥疏據以爲說

公羊傳疏問曰春秋說云春秋設三科九旨其義如何答曰何氏之意以爲三科九旨正是一物若總言之謂之三科科者段也若析而

言之謂之九旨、旨者意也、言三個科段之內、有此九種之意、故何氏作文謚例云、三科九旨者、新周、故宋、以春秋當新王、此一科三旨也、又云、所見異辭、所聞異辭、所傳聞異辭、二科六旨也、又內其國而外諸夏、內諸夏而外夷狄、是三科九旨也。　問曰、案宋氏之注春秋說三科者、一曰張三世、二曰存三統、三曰異外內、是三科也。九旨者、一曰時、二曰月、三曰日、四曰王、五曰天王、六曰天子、七曰譏、八曰貶、九曰絕、時與日月、詳略之旨也、王與天王天子、是錄遠近親疏之旨也、譏與貶絕、則輕重之旨也、如是三科九旨、聊不相干、何故然乎。答曰、春秋之內、具斯三種理、故宋氏又有此說、賢者擇之。　問曰、文謚例云、此春秋五始三科九旨七等六輔二類之義、以矯枉撥亂爲受命品道之端、正德之紀也、然則三科九旨之義、已蒙前說、未審五始六輔二類七等之義如何、答曰、案文謚例下文云、五始者、元年春王正月公卽位是也、七等者、州國氏人名字子是也、六輔者、公輔天子、卿輔公、大夫輔卿、士輔大夫、京師輔君、諸夏輔京師是也、二類者、人事與災異是也。　問曰、春秋說云、春秋書有七缺、七缺之義如何、答曰、七缺者、惠公妃匹不正、隱桓之禍生、是爲夫之道缺也、文姜淫而害夫、爲婦之道缺也、大夫無罪而致戮、爲君之道缺也、臣而害上、爲臣之道缺也、僖五年晉侯殺其世子申生、襄二十六年宋公殺其世子痤、殘虐枉殺其子、是爲父之道缺也、文元年楚世子商臣弒其君髡、襄三十年蔡世子般弒其君固、是爲子之道缺也、桓八年正月己卯烝、桓十四年八月乙亥嘗、僖三十一年夏四月、四卜郊不從、乃免牲、猶三望、郊祀不修、周公之禮缺、是爲七缺也矣。

清儒劉逢祿等、推闡其說。至康有爲、遂以春秋改制之義、倡導變法。夫以研究一部古史之條例、經數千年、可以發生絕大之影響。是亦他國史籍之所無也。清季言公羊之例者。衆推王代豐之春秋例表。其序曰。春秋者。禮也。禮者。例也。合其諸表觀之。方知其片言之居要也。

王代豐春秋例表序、故春秋者禮也、禮也者例也、其序則齊桓晉文、其詞則孔子有焉矣、一予一奪、不出一字、一美一惡、不嫌同詞、非夫聰明睿知縱心而不踰矩者其孰能當之而不亂乎。

范甯注穀梁傳並爲略例陳澧謂其無穿鑿迂曲之病。

東塾讀書記范氏爲略例百餘條（見集解序楊疏）楊疏引之有稱范氏略例者有稱范例者有稱范氏別例者皆卽略例也范氏注中已有例又別爲略例故可稱別例。如莊二十年夏大災疏引范例云災有十二內則書日外則書時（以下文多不錄）此分別書時月日之例亦不穿鑿迂曲如閔二年夏五月乙酉吉禘於莊公疏引范略例云祭禮例有九皆書月以示譏九者謂桓有二烝一嘗總三也閔吉禘四也僖禘太廟五也文春祫嘗六也宣公有事七也昭公禘武宮八也定公從祀九也此以皆書月無異例故臚舉其事而已凡疏所引二十餘條（王仁圃漢魏遺書鈔已鈔出）皆無穿鑿迂曲之病蓋春秋無達例但當臚列書法之同異有可以必知其意者則爲之說其不可知者則不爲妄說斯得之矣。

穀梁時月日之例視公羊尤精先叔祖賓叔先生穀梁大義述首述日月例其推勘各例之所從來及其相互相反之義范注楊疏皆不逮也夫史例經例皆本於禮禮必準情度理非可以意爲之故研究春秋時月日例亦以人情事理推之而已穀梁大義述得此要旨故於諸以時月日見義者皆以諸侯卒葬之正變推之以卒葬之日時最易解而其相反之義亦特明由此類推則準情度理褒貶予奪皆有至理而諸例迎刃而解矣。

穀梁大義述三諸侯卒葬　春秋所以治諸侯故書其卒葬特詳而日月褒貶之例亦特備禮天子七日而殯諸侯五日而殯大夫三日而殯故傳例云日卒正也月卒非正也時卒惡之也天子七月而葬七月則歷三時矣諸侯五月而葬五月則歷二時矣大夫三月而葬三月則盡一時矣故傳例云時葬正也月葬故也日葬故也危不得葬也其起例之反對實理之自然不假强爲者也而通傳之以

書日而褒者、皆自日卒正也之例推之、以書日爲貶者、皆自日葬故也之例推之、此更一以貫之矣。後儒未窺此祕、但見同一書日、此既爲褒、彼又爲貶、同一不書日、而此既爲貶、彼又爲褒、且同一事也、而前以不日爲信、後又以書日爲美、遂紛紛議之、固無怪其一唱而百和矣、自此說出、而穀梁日月之例、乃以懸諸日月而不刊云。

又卷一內盟條云、盟大事也、無論內盟外盟、舊史應皆書日、孔子成春秋、厲重內略外之義、於是有內盟日外盟不日之例、至內盟之當貶者、仍略其日、外盟之可褒者、仍不略其日、此意惟穀梁知之、所以爲善於經也、後儒紛紛校量、辯難多端、徒詞費爾、 定元年傳例云、內之大事日、外亦同、凡日與不日之褒貶、皆自諸侯卒葬日正也不日略之也例來。

朱子論春秋頗病三傳之例不盡可通。

朱子語類八十三、春秋大旨、其可見者、誅亂臣討賊子、內中國、外夷狄、貴王賤伯而已、未必如先儒所言字字有義也、想孔子當時只是要備二三百年之事、故取史文寫在這裏、何嘗云某事用某法、某事用某例邪。

又春秋傳例、多不可信、聖人記事、安有許多義例。

又或論春秋之凡例、先生曰、春秋之有例固矣、奈何非夫子之爲也、昔嘗有人言及命格、予曰、命格誰之所爲乎、曰善談五行者爲之也、予曰、然則何貴、設若自天而降、具言其爲美爲惡、則誠可信矣、今特出於人爲、烏可信也、知 、則知春秋之例矣。

又或人論春秋、以爲多有變例、所以前後所書之法多有不同、曰此烏可信、聖人作春秋、正欲褒善貶惡、示萬世不易之法、今乃忽用此說以誅人、未幾又用此說以賞人、使天下後世皆求之而莫識其意、是乃後世弄法舞文之吏之所爲也、曾謂大中至正之道而如此乎、

又問春秋當如何看、曰只如看史樣看、曰程子所謂以傳考經之事迹、以經別傳之眞僞、如何、曰便是亦有不可考處、曰其間不知是聖

人果有褒貶否曰也見不得如許世子止嘗藥之類如何曰聖人亦只因國史所載而言之耳聖人光明正大不應以一二字加褒貶於人若如此屑屑求之恐非聖人之本意

一七〇

後儒多本其說顧棟高至謂看春秋須先破除一例字（春秋大事表讀春秋隨筆）此又是治春秋之一法其實朱子爲綱目凡例卽導源於春秋特其意以爲孔子修春秋未嘗如其爲綱目先定凡例而三傳諸例多出他人推測故不敢信爲孔子之意耳然如後世史書多有未嘗自言其例而治史學者就其全書尋繹亦可以見其例意如趙氏陔餘叢考所舉諸史之例多非當時修史者所自言故卽以春秋爲史書亦不妨由後之學者推尋其例也

陔餘叢考卷六宋齊二書但記本國而隣國之事僅書其與本國交涉者其他雖興滅崩立亦不書卽與本國交涉之事於魏則書索虜於魏主則書虜僞主或書虜帥拓跋某而宋書列傳後幷立索虜傳與鮮卑吐谷渾同齊書列傳後亦立魏虜傳與芮芮氏羌同此宋齊二書體例也魏書則詳記本國而隣國大事亦附書然於東晉諸帝已斥其名於宋齊梁諸帝則書島夷劉裕島夷蕭道成島夷蕭衍於西魏及周亦斥名曰寶炬曰黑獺列傳後亦立島夷劉蕭諸傳與匈奴劉聰鐵弗劉虎等同此魏書體例也（引此以證作史者未自言其體例而後人推尋其書例如此非以其體例合於春秋讀者當識此意）梁陳二書則不復稱索虜而稱國號幷於魏齊周諸帝皆稱謚號（合諸史觀之亦未始非公羊州國氏人漸進之意）然梁書亦但詳本國而於北朝之事除交兵通使外如魏宣武孝明諸帝之崩立及大通二年爾朱榮之弒胡太后立莊帝中大通二年莊帝殺爾朱榮又爲其黨所弒等事一概不書陳書則兼紀蕭詧一國如天嘉三年梁王蕭詧死子歸代立則書而天嘉元年周明帝殂武帝立二年齊孝昭殂武成帝立等事亦一概不書此又梁陳二書體例也北齊後周二書則不惟兼紀隣國大事幷書隣國之君曰某帝如周書大統十三年書齊神武薨子澄嗣是爲文襄帝武成元年書陳

武帝蔑兄子篟立是爲文帝之類齊書天保七年書魏相宇文覺受魏禪八年書陳霸先弒其主自立是爲陳武帝之類此又周齊二書體例也南北二史則更爲周密南史不惟兼書魏事於燕涼等國興廢亦書如宋永初元年書是歲西涼亡景平元年書是歲魏明元帝崩之類是也又兼記隣國年號使閱史者一覽瞭然如宋元嘉二年書是歲魏神䴥元年之類是也北史亦兼記南朝之事如魏泰常五年晉恭帝禪位於宋之類至於高齊紀則兼書南朝而幷及後周之事如天保七年書魏恭帝遜位於周八年書梁主遜位於陳之類周紀亦兼書南朝而幷及北齊之事如明帝元年書梁敬帝遜位於陳武成元年書文宣帝殂之類他如燕涼等國之興滅亦一一附書此又南北史體例也至各史所書帝號又有不同者宋齊魏三史於本國之帝皆書廟號如太祖高祖世祖之類而隣國則斥其名梁陳周齊諸史則於本國書廟號於隣國書謚號南北史則本國隣國皆書謚號此又各史書帝號之體例也各史書法又有窒礙者史記漢高祖微時稱劉季及封沛稱沛公王於漢稱漢王卽位乃稱帝此本於尙書舜典及康王之誥最爲古法齊書則自蕭道成微時以至爲帝皆稱太祖梁書自蕭衍微時以至爲帝亦皆稱高祖殊無分別宋書於蕭道成未封王以前卽書齊王如昇明二年給太傅齊王三望車三年加太傅齊王羽葆鼓吹而下乃書詔太傅總百揆封十郡爲齊公齊書於蕭衍未封王以前亦卽書梁王如中興二年詔大司馬梁王進位相國封十郡爲梁公則更書王在前封公在後書法混淆莫此爲甚（解此然後知吾史所以須講書法而講書法必自春秋道名分而來）梁書於陳霸先未封時皆書其官號爲司空則書司空陳霸先爲丞相則書丞相陳霸先此較爲合法（所謂合法者並非有人制定一法令人必從第求其合理卽爲合法）北齊書書法亦有失之者魏莊帝時孝武及文帝尙爲王不應卽稱其帝號乃高隆之傳云太昌初隆之爲驃騎將軍與西魏文帝飲酒忿爭文帝坐以黜免竟似隆之與帝王對飲而帝被廢矣孝靜帝時高歡高澄皆臣也不應卽書其追尊之帝號乃於歡已書神武於澄已書文襄則似東魏同朝有兩帝矣西魏時宇文泰亦臣也不應卽書其追尊之帝號乃亦書周文帝如河陰之戰書西魏帝與周文並未赴救則亦似西魏同朝有兩帝矣周書亦然此皆書法

之失檢者也（趙氏以君臣之義繩各史之失、即從禮教而來、不知禮敎、則對於此等得失、皆懵然莫辨矣。）一七二 北史於魏紀書渤海王高歡安定公宇文泰、較爲斟酌得宜。又南北兼書隣國大事、固屬周密、然亦略無分別、凡本國之事及隣國交兵通使與本國相涉者、自應按其月日依次而書、若隣國興滅崩立之類、於本國無涉者、則第於一年之末附書、是歲某國某事、所以別內外也、（別內外、即春秋之義、）乃南北史以隣國之事、亦與本國之事一例順敍於每月每日之下、殊無界限矣。此例惟魏書最爲得法、周齊二書亦與南北史同。（原注按齊梁書自微時至爲帝皆稱太祖高祖、亦有所本、漢書高祖本紀亦是如此、 此又可見當時史家屬辭時、亦必考求前例、特未嘗自言其例所出、趙氏研究諸書、並推明其例之由來也。）

漢晉學者之治三傳。皆究心經例。故爲史者亦講求著述之例。此非偶然相類、實學術相沿之塗轍也。史通序例篇歷舉諸史之例、今多不傳。

史通序例、夫史之有例、猶國之有法、國無法則上下靡定、史無例則是非莫準、昔夫子修經、始發凡例、左氏立傳、顯其區域、科條一辨、彪炳可觀、降及戰國、迄乎有晉、年踰五百、史不乏才、雖其體屢變、而斯文中絕、唯令升先覺、遠述丘明、重立凡例、勒成晉紀。鄧孫已下、遂躡其蹤、史例中興、於斯爲盛。若沈宋之志序、蕭齊之序錄、雖皆以序爲名、其實例也。必定其臧否、徵其善惡、干寶范曄、理切而多功、鄧粲道鸞、詞煩而寡要、子顯雖文傷蹇躓、而義甚優長、斯一二家、皆序例之美者。夫事不師古、匪說攸聞、苟模楷曩賢、理非可諱、而魏收作例、全取蔚宗、貪天之功、以爲己力、異夫范依叔駿、班習子長、攘袂公行、不陷穿窬之罪也。蓋凡例既立、當與紀傳相符、案皇朝晉書例云、凡天子廟號、唯書於卷末、依檢孝武崩後、竟不言廟曰烈宗、又案百藥齊書例云、人有本字行者、今並書其名、依檢如高愼斛律光之徒、多所仍舊、謂之仲密明月、此並非言之難、行之難也。又晉齊史例、皆云坤道卑柔、中宮不可爲紀、今編同列傳、以戒牝雞之晨、竊惟錄皇后者、既爲傳體、自不可加以紀名、二史之以后爲傳、雖云允愜、而解釋非理、成其偶中、所謂畫蛇而加足、反失杯中之酒也。

至於題目失據、褒貶多違、斯並散在諸篇、此可得而略矣。

按史之爲例。有去取焉。有差等焉。有聯散焉。有序第焉。有片語之例。有全書之例。有編年與紀傳相同之例。有二體獨具之例。如遷固之爲自序。標舉紀書表傳次第。此全書之例。卽紀傳體獨有之例。而編年體故無取乎此。以年次自有一定。不必盡述也。遷固自序。蓋出於易序卦。後史惟獨撰者如宋書北史承之。集衆官修之書。紀傳之體久定。故不必再踵其序。聯散者。紀傳體所獨擅。若春秋及後世綱目之綱。似無涉於此。然左傳敍事。恆綜述前事。合於某年之大事。如述韓之戰曰。晉侯之入也。秦穆姬屬賈君焉。且曰盡納羣公子。晉侯烝於賈君。又不納羣公子。是以穆姬怨之。晉侯許賂中大夫。既而皆背之。賂秦伯以河外列城五。東盡虢略。南及華山。內及解梁城。既而不與。晉饑。秦輸之粟。秦饑。晉閉之糴。故秦伯伐晉。則編年之史。亦宜斟酌於事之聯散矣。且春秋及史綱散見各年之事。亦必聯合而觀。方得其屬辭之例。則載筆之始。亦宜預籌及之。史通本紀列傳諸篇。多言及聯散之得失。

史通本紀、紀者既以編年爲主、唯敍天子一人、有大事可書者、則見之於年月、其書事委曲、付之列傳、此其義也、如近代述者魏著作李安平之徒、其撰魏齊二史、於諸帝篇、或雜載臣下、或兼言他事、巨細畢書、洪纖備錄、全爲傳體、有異紀文、迷而不悟、無乃太甚。

又列傳、傳之爲體、大抵相同、而述者多方、有時而異、如二人行事、首尾相隨、則有一傳兼書、包括令盡、若陳餘張耳合體成篇、陳勝吳廣相參並錄是也、亦有事跡雖寡、名行可崇、寄在他篇、爲其標冠、若商山四皓、事列王陽之首、廬江毛義、名在劉平之上是也。

又二體編次、同類不求年月、後生而擢居首帙、先輩而抑歸末章、遂使漢之賈誼、將楚屈原同列、魯之曹沫、與燕荊軻並編、此其所以爲短也。

趙甌北論南北史附傳及附著子孫之例此亦傳體所重而編年史所不必議也。

廿二史劄記南北史子孫附傳之例傳一人而其子孫皆附傳內此史記世家例也至列傳則各因其人之可傳而傳之自不必及其後裔間有父子祖孫各有傳者則牽連書之如前漢之於楚元王（裔孫向歆）周勃（子亞夫）李廣（孫陵）張湯（子安世孫延壽）金日磾（子安上）疏廣（兄子受）蕭望之（子育咸由）翟方進（子宣義）韋賢（子玄成）後漢書之於來歙（曾孫歷）鄧禹（子訓孫騭）寇恂（曾孫榮）耿弇（弟國子秉夔）竇融（弟固曾孫憲玄孫章）馬援（子廖防）伏湛（子隆）梁統（子竦曾孫商玄孫冀）桓榮（子郁孫焉曾孫鸞玄孫典彬）班彪（子固）班超（子勇）楊震（子秉孫賜曾孫彪玄孫修）荀淑（子爽孫悅）陳寔（子紀）三國志之於袁紹（子譚尙）公孫度（子康孫淵）曹眞（子爽）荀彧（子惲孫顗）鍾繇（子毓）王朗（子肅）杜畿（子恕預）胡質（子威）諸葛亮（子喬瞻）張昭（子承休）步騭（子闡）呂範（子據）朱桓（子異）陸遜（子抗）陸凱（弟允）代不過十餘人然後漢班彪與固爲一傳班超與勇又爲一傳一家父子尙各爲傳。三國志諸葛瑾與諸葛恪父子也而亦各爲傳其以子孫附祖父傳之例沈約宋書已開其端。然如蕭思話蕭惠開徐羡之徐湛之謝宏微謝莊王宏王僧達范泰范曄王曇首王僧綽顏延之顏竣皆父子也檀道濟檀韶檀祇謝晦謝瞻皆兄弟也猶皆各自爲傳則以其事當各見故不牽混使閱者一覽瞭如也。若一人立傳而其子孫兄弟宗族不論有官無官有事無事一概附入竟似代人作家譜則自魏收始收謂中原喪亂譜牒遺逸是以具書支派然當時楊愔陸操等已謂其過於繁碎乃南北史仿之而更有甚者魏書一傳數十人尙只是元魏一朝之人南北史則幷其子孫之仕於列朝者俱附此一人之後遂使一傳之中南朝則有仕於宋者又於仕於齊梁及陳者北朝則有仕於魏者又有仕於齊周隋者每閱一傳卽當檢閱數朝之事轉覺眉目不淸且史雖分南北而南北又分各朝今旣以子孫附祖父則魏史內又有齊周隋之人成何魏史乎宋史內又有齊梁陳之人成何宋史乎。又如褚淵王儉爲蕭齊開國文臣之首、而淵附於宋代褚裕之傳內、儉附於宋代王曇首傳內、遂覺蕭齊少此二人、劉宋又多此二人、此究是作史者之弄巧成拙、其後宋子京修唐書、反奉以爲成例、而踵行之、其意以爲簡括、而不知究非史法也。　南北史仿魏書子孫附傳之例、亦稍有不同、魏書凡是某人之子孫、盡附於其傳後、如朱端子孟允及弟珍、珍弟騰、騰弟慶賓、慶賓子淸、皆但有官位、毫無事迹、北史則刪之、較爲簡淨、新唐書仿之、又更有別擇、必其子孫有事可傳者附之、否則削而不書、尚不至如魏書北史之代人作家譜也。

去取差等、則編年紀事之史、皆所必重。源本春秋。根據禮義、非此不足爲史也、自史原至史識、標舉諸史大例、已備。至如范書序例、及史通所載荀氏之說、五志三科、皆由春秋來也。

後漢書光武帝紀建武五年李賢注、范曄序例云、帝紀略依春秋、唯孛彗日食地震書、餘悉備於志。　安帝紀注引序例、已見前史德篇。

史通書事、昔荀悅有云、立典有五志焉、一曰達道義、二曰彰法式、三曰通古今、四曰著功勳、五曰表賢能。干寶之釋五志也、體國經野之言則書之、用兵征伐之權則書之、忠臣烈士孝子貞婦之節則書之、文誥專對之辭則書之、才力技藝殊異則書之。於是採二家之所議、徵五志之所取、蓋記言之所網羅、書事之所總括、粗得於茲矣。然必謂故無遺恨、猶恐未盡者乎。今更廣以三科、用增前目。一曰敘沿革、二曰明罪惡、三曰旌怪異。何者、禮儀用舍、節文升降則書之、君臣邪僻、國家喪亂則書之、幽明感應、禍福萌兆則書之。於是以此三科、參諸五志、則史氏所載、庶幾無闕、求諸筆削、何莫由斯。

魏澹史例、亦本春秋。而其意重在差等。蓋春秋、道名分、尤爲抉擇、史事去取、既定之後、所當注意者、矣。

隋書魏澹傳、高祖以魏收所撰書褒貶失實、平繪爲中興書、事不倫序、詔澹別成魏史、澹自道武下及恭帝、爲十二紀七十八傳、別爲史論及例一卷、幷目錄、合爲十二卷。澹之義例、與魏收多所不同。其一曰、臣聞天子者、繼天立極、終始絕名、故穀梁傳曰、太上不名、曲禮曰天子不言出、諸侯不生名、諸侯尚不生名、況天子乎、若爲太子、必須書名、良由子者對父生稱、父前子名、禮之意也。是以桓公六年九月丁卯子同生、傳曰舉以太子之禮、杜預注曰桓公子莊公也、十二公惟子同是嫡夫人之長子、備用太子之禮、故史書之於策、即位之日、尊成君而不名、春秋之義、聖人之微旨也、至如馬遷、周之太子、並皆言名、漢之儲兩、俱沒其諱、以尊漢室、同臣子之意也、竊謂雖立此理、恐非其義、何者、春秋禮記太子必書名、天王不言出、此仲尼之褒貶、皇王之稱謂、非當時與異代、遂可優劣也、班固范曄陳壽王隱沈約參差不同、尊卑失序、至於魏收、諱儲君之名、書天子之字、過又甚焉、今所撰史、諱皇帝名、書太子字、欲以尊君卑臣、依春秋之義也。　其二曰、五帝之聖、三代之英、積德累功、乃文乃武、賢聖相承、莫過周室、名器不及后稷、追謚止於三王、此即前代之茂實、後人之龜鏡也、魏氏平文以前、部落之君長耳、太祖遠追二十八帝、並極崇高、違堯舜憲章、越周公典禮、但道武出自結繩、未師典誥、當須南董直筆、裁而正之、反更飾非、言是觀過、所謂決渤海之水、復去隄防、襄陵之災、未可免也、但力微天女所誕、靈異絕世、尊爲始祖、得禮之宜、平文昭成、雄據塞表、英風漸盛、圖南之業、基自此始、長孫斤之亂也、兵交御座、太子授命、昭成獲免、道武此時、后婚方娠、宗廟復存、社稷有主、大功大孝、實在獻明、此之三世、稱謚可也、自茲以外、未之敢聞。　其三曰、臣以爲南巢桀亡、牧野紂滅、斬以黃鉞、懸首白旗、幽王死於驪山、厲王出奔於彘、未嘗隱諱、直筆書之、欲以勸善懲惡、貽誡將來者也、而太武獻文、並皆非命、前史立紀、不異天年、言論之間、頗露首尾、殺主害君、莫知名姓、逆臣賊子、何所懼哉、君子之過、如日月之食、圓首方足、孰不瞻仰、況復兵交御座、矢及王屋、而可隱沒者乎、今所撰史、分明直書、不敢迴避、且隱桓之死、閔昭殺逐、丘明據實、錄於經下、況復懸隔異代、而致依違哉。　其四曰、周道陵遲、不勝其弊、楚子親問九鼎、吳人來徵百牢、無君之心、實彰行路、夫子刊經、皆書曰卒、自晉德不競、宇宙分崩、或帝或王、各自署置、當其生日、聘使往來、略如敵國、及其終也、書之曰死、便同庶人、存沒頓殊、能無懷媿、今所撰史、諸國凡處華夏之地者、皆書曰卒、同之吳楚。　其五曰、壺遂發問、馬遷答之、義已盡矣、後之述者、仍未領悟、董仲舒司馬遷之意、本云尙書者隆平之典、春秋者撥亂之法、興喪禮異、制作亦殊、治定則直敘欽明、世亂則辭兼顯晦、分路命家、（此即史通分六家所本）不相依放、故云周道廢、春秋作焉、堯舜盛尙書載之是也漢興以來改正朔易服色臣力誦聖德仍不能盡余所謂述故事而君比之春秋謬哉然則紀傳之體出自尙書不學春秋明矣而范曄云春秋者文既總略好失事形今之擬作所以爲短紀傳者史班之所變也網羅一代事義周悉適之後學此焉爲優故繼而述之觀曄此言豈直非聖人之無法又失馬遷之意旨孫盛自謂鑽仰具體而放之魏收云魯史既修達者貽則子長自拘紀傳不存師表葢泉源所由地非企及雖復遜詞畏聖亦未思紀傳之所由來也　濬又以爲司馬遷創立紀傳以來述者非一人無善惡皆爲立論計在身行迹具在正書事既無奇不足懲勸再述乍同銘頌重敍唯覺繁文案丘明亞聖之才發揚聖旨言君子曰者無非甚泰其間尋常直書而已今所撰史竊有慕焉可爲勸戒者論其得失其無損益者所不論也。

歐陽修五代史記上法春秋其義例多自爲論說以釋世疑。

五代史記梁本紀論天下之惡梁久矣自後唐以來皆以爲僞也至予論次五代獨不僞梁而議者或譏予大失春秋之旨以謂梁負大惡當加誅絕而反進之是獎簒也非春秋之志也予應之曰是春秋之志爾魯桓公弑隱公而自立者宣公弑子赤而自立者鄭厲公逐其子忽而自立者衞公孫剽逐其君衎而自立者聖人於春秋皆不絕其爲君此予所以不僞梁者用春秋之法也。然則春秋亦獎簒乎曰惟不絕四者之爲君於此見春秋之意也。聖人之於春秋用意深故能勸戒切爲言信然後善惡明。夫欲著其罪於後世在乎不沒其實其實嘗爲君矣書其爲君其實簒也書其簒各傳其實而使後世信之則四君之罪不可得而掩爾使爲君者不得掩其惡然後人知惡名不可逃則爲惡者庶乎其息矣是謂用意深而勸戒切爲言信而善惡明也。桀紂不待貶其王而萬世所共惡者也春秋於大惡之君不誅絕之者不害其褒善貶惡之旨也惟不沒其實以著其罪而信乎後世與其爲君而不得掩其惡以息人之爲惡能知春秋此意然後知予不僞梁之旨也。

十國世家年譜論或問十國固非中國有也然猶命以封爵而稱中國年號來朝貢者亦有之矣本紀之不書何也曰封爵之不書所以

見其非中國有也、其朝貢之來如夷狄、以夷狄書之、則甚矣。問者曰、四夷十國皆非中國有也、四夷之封爵朝貢則書、而十國之不書、何也。曰、以中國而視夷狄、夷狄之可也、以五代之君而視十國、夷狄之則未可也、（此卽所差等也、內外夷夏一一須權其分際、而後可以爲史例、）故十國之封爵朝貢、不如夷狄、則無以書之、書如夷狄、則五代之君未可以夷狄之也、是以外而不書、見其自絕於中國焉爾。問者曰、外而不書、則東漢之立何以書、曰、吾於東漢、嘗異其辭於九國也、（此又是一種差等、）春秋因亂世而立治法、本紀以治法而正亂君、世亂則疑難之事多、正疑處難、敢不懼也、周漢之事可謂難矣哉、或謂劉旻嘗致書於周、求其子贇不得而後自立、然則旻之志不以忘漢爲讎、而以失子爲讎也、曰、漢嘗詔立贇爲嗣、則贇爲漢之國君、不獨爲旻子也、旻之大義宜不爲周屈、其立雖未必是、而義當不屈於周、此其可以異乎九國矣、終旻之世、猶稱乾祐、至承鈞立、然後改元、則旻之志、豈不可哀也哉。

又託爲徐無黨注、詳述其屬詞之例。如梁本紀注、自卽位以後大事則書。變古則書。非常則書。意有所示則書。後有所因則書。非此五者則否。又曰、夷狄來、不言朝、不責其禮。不言貢、不責其物。故書曰來。五代亂世、著其屢來、以見夷狄之來不來、不因治亂、而亂世屢來、不足貴也。又曰、於好殺之世、小赦必書、見其亦有愛人之意也。又曰、五代亂世、兵無虛日。不可悉書。故用兵無勝敗、攻城無得失、皆不書。其命大將與天子有所如。自著大事爾。此如懷澤者以兵方攻潞州也。又曰、自唐末之亂、禮樂亡。至此始用樂。故書。又曰、御殿而云入閣、錄其本語書之、以見禮失。事在李琪列傳。此禮其後屢行、皆不書。一書以見其失足矣。又曰、書屠、著其酷之甚者。諸所言書不書故書之類。皆三傳所以解春秋者、其去取差等曉然可見。趙甌北卽本其例。詳考紀傳以證之。是亦猶杜孔諸儒詳考春秋各事以釋經例也。

廿二史劄記不閱舊唐書、不知新唐書之綜核也。不閱薛史、不知歐史之簡嚴也。歐史不惟文筆潔淨、直追史記、而以春秋書法寓褒貶於紀傳之中則雖史記亦不及也。其用兵之名有四、兩相攻曰攻、如梁紀孫儒攻楊行密於揚州是也、以大加小曰伐、如梁紀遣劉知俊伐岐是也、有罪曰討、如唐紀命李嗣源討趙在禮是也、天子自往曰征、如周紀東征慕容彥超是也。攻戰得地之名有二、易得曰取、如張全義取河陽是也、難得曰克、如龐師古克徐州是也。以身歸曰降、如馮霸殺潞將李克恭來降是也。以地歸曰附、如劉知俊叛附於岐是也。立后得其正者曰以某妃某夫人爲皇后、如唐明宗紀立淑妃曹氏爲皇后是也、立不以正者曰以某氏爲皇后、如唐莊宗紀立劉氏爲皇后是也。凡此皆先立一例、而各以事從之、褒貶自見（其實是先將各事權其差等、然後立一例、俾事與例合耳）其他書法、亦各有用意之處。如梁紀書弒濟陰王、王即唐昭宣帝也、不曰昭宣帝而曰濟陰王者、遜位後梁所封之王、書之以著其實、又書弒以著梁罪也。襄州軍亂殺其刺史王班、不書王班死之、而以被殺爲文者、智不足以衛身而被殺、不可以死節予之也、殺王師範不曰伏誅而曰殺者、有罪當殺曰伏誅、不當殺則以兩相殺爲文也、郢王友珪反、反與叛不同、（一字之差等如此）叛者背彼附此、反則自下謀上、惡逆更大也、反不書日者、反非一朝一夕、難得其日也、梁太祖唐莊宗皆被弒、故不書葬、唐明宗考終、宜書葬矣、以賊子從珂所葬、故亦不書也。梁紀天雄軍亂節度使賀德倫叛附於晉、亂首係張彥、而書德倫者、責在貴者也、而德倫究不可加以首惡、而可責以不死、故書叛附於晉也。唐滅梁、敬翔自殺、翔因梁亡而自殺、可謂忠矣、不書死之而但書自殺、以梁祖之惡皆翔所爲、故不以死節予之也。除官非宰相樞密使不書、（原書唐本紀同光元年夏四月行臺左丞相豆盧革爲門下侍郎右丞相盧程爲中書侍郎同中書門下平章事、中門使郭崇韜昭義監軍張居翰爲樞密使、注樞密使唐故以宦者爲之、其職甚微、至此始參用士人、而與宰相權位鈞矣、故與宰相並書）而唐紀書教坊使陳俊爲景州刺史、內園栽接使儲德源爲憲州刺史者、著其授官之太濫也。明宗紀先書皇帝即位於柩前、繼書魏王繼岌薨、見其即位時君之子尚在、則其反不待辨而自明也。又書郭從謙爲景州刺史、既而殺之、從謙弒莊宗、乃不討而反官之、見明宗之無君也、其罪本宜誅、乃不書伏誅而書殺者、明宗亦同罪、不得行誅、故以兩相殺爲文也。秦王從榮以兵入興聖宮、不克伏誅、從榮本明宗子以明宗病恐不得立以兵自助故不書反而擅以兵入宮其罪當誅故其死書伏誅也漢紀隱帝崩即書漢亡隱帝被殺後尚有李太后臨朝及迎湘陰公贇嗣位之事漢猶未亡也而即書漢亡見太后臨朝等事皆周所假託非漢尚有統也周太祖紀書漢人來討周祖篡漢得位崇之於周義所當討故書討也世宗紀書帝如潞川攻漢不曰伐而曰攻者曲在周也此可見歐史本紀書法一字不苟也其列傳亦有折衷至當者死節分明如王彥章裴約劉仁贍既列之死節傳矣尚有宋令詢李遐張彥卿鄭昭榮等皆一意矢節以死殉國而傳無之則以其事迹不完不能立傳故也然於本紀特書死之以表其忠固不在傳之有無矣張憲留守太原莊宗被弑後皇弟存霸來奔或勸憲拘存霸以俟朝命張昭又勸共奉表明宗憲皆涕泣拒之已而存霸爲符彥超軍士所殺憲出奔沂州薛史書憲棄城賜死歐獨明其不然然以其不死於太原故亦不入於死事傳但書憲出奔沂州見殺而已藥彥稠王思同皆以兵討潞王從珂爲從珂所執而死乃思同入死事傳而彥稠不入則以思同詞義不屈係甘心殉國者彥稠第被執見殺不可竟以死節予之也（此又可見差等之例）於此可見歐史之斟酌至當矣。

世之議歐史者多以不書韓通死節爲歐公疵累而錢氏廿二史攷異就前史之例明其限斷謂不應自紊其例此又歐史徐注所未自言而錢氏能爲之解釋以明史例治史者能如此用心則觸處洞然一切皆得是非之公矣

廿二史考異新五代史孫晟傳亟召侍衞軍虞候韓通。　案韓通名惟此傳及契丹附錄兩見之昔人譏歐陽公不爲通立傳失春秋之旨余考前史之例如王淩毌丘儉諸葛誕之死魏未亡也故列於魏志袁粲劉秉之死宋未亡也故列於宋書若通之死事乃在宋已受禪之日於例不當入五代史矣五代史七十四篇自世家而外絕不涉宋一字苻彥卿李洪信等功名顯於五代而沒在宋初即不爲立傳史家限斷之法宜爾不得以通一人而紊其例也。

司馬溫公修通鑑。自定凡例。其曾孫伋輯錄一卷稱有三十六例。四庫提要謂其蓋弁各類中細目計之。且其書出於南渡後不無以意增損未必盡光本旨。

通鑑凡例　用天子例　周秦漢晉隋唐皆嘗混一九州傳祚於後子孫雖微弱播遷四方皆其故臣故全用天子之禮以臨之帝后稱崩王公稱薨。　書列國例　三國南北五代與諸國本非君臣從列國之例帝后稱殂王公稱卒秦隋未併天下亦依列國之例（此兩條已見論正統文中）　書帝王未即位及受禪例　帝王未即位皆名自贊拜不名以後不書名。　書稱號例　天子近出稱還宮遠出稱還京師列國曰還某郡　凡新君即位必曰某宗後皆曰上　太上皇止稱上皇　上太上皇太后號曰尊　皇后太子曰立改封曰徙公侯有國邑曰封無曰賜爵　列國非臣下之言不稱乘輿車駕行在京師天子及崩臣下所稱仍其舊文　書官名例節度使赴鎮曰爲使相曰充遙授曰領　凡官名可省者不必備書　公相以善去曰罷以罪去曰免。　書事同日例　兩國事同日不可中斷者以日先序一國事已更以其日起之如齊建武元年十月辛亥魏主發平城云云辛亥太后廢帝爲海陵王云云　書兩國相涉例　凡兩國事相涉則稱某主兩君相涉則稱謚號不相涉而事首已見則稱上稱帝　書斬獲例　凡戰僞走而設伏斬之曰斬首　斬首千級以下不書獲輜重兵械雜畜非極多不書　書復姓例　宋永初三年長孫嵩實姓拓跋時魏之羣臣出於代北者皆複姓孝文遷洛改爲單姓史患其煩悉從後姓　書字例　凡以字行者始則曰名某字某以字行及小字可知者不復重述難知者乃述之　書反亂例　凡誅得罾曰有罪逆上曰反爭疆曰亂。

觀通鑑問疑似初修書時諸例尚未定至周秦漢紀已修畢始與劉道原詳加討論故書法亦不一律。

通鑑問疑君實曰凡用天子法者所統諸侯皆稱薨而晉書帝紀惟親王三公及二王後稱薨餘雖令僕方伯開府如羊祜杜預之徒亦止稱卒隋書帝紀內史令納言及封國公郡公者亦稱卒惟親王三公及開府儀同三司稱薨新舊唐書令僕中書令侍中平章事參

知機務政事皆稱薨。若依古禮五等稱薨，則晉惠帝時令長卒伍皆有爵邑，不可概稱薨也。西晉荀勖等爲尙書令中書監令，雖用事不謂之宰相。東晉庾亮何充等始謂之宰相。欲自晉以後惟王爵及三公宰相稱薨，餘皆稱卒。南北朝王公亦稱卒。至隋則令僕內史令納言爲宰相，至唐則平章事爲宰相，三師三公皆爲散官，欲皆以爲薨可乎。　道原曰，周秦漢魏諸侯稱薨，至晉已後惟王爵及三公宰相稱薨，或薨或卒，於例未勻。不如用陸淳例，皆稱卒。　君實曰，諸臣稱卒，誠爲確論。但恨已進者周秦漢紀不可請本追改，其晉隋唐紀除諸王三公三師稱薨，餘雖宰相亦稱卒。尙書令僕射及門下中書權任所在，謂之宰相，終非正三公也。　道原曰，散官若亦稱薨，宰相不應稱卒。

蓋歷代官制既殊，權任亦異，諸史舊文又多牴牾，故統括二千三百六十二年之事，卽尋常一二薨卒之例已不易示其差等，更不克就一二字膺褒貶別善惡矣。春秋二百四十二年周制尙存，後之漢唐不過數百年，五代則僅五十餘年，其事較易。此時間之差別，所宜爲修通史者原也。

世多議通鑑書諸葛亮寇魏之非，蓋沿陳壽之失。

魏志明帝紀太和五年，諸葛亮寇天水。

通鑑太和五年二月，漢丞相亮帥諸軍入寇，圍祁山。

又靑龍二年二月，亮悉大衆十萬由斜谷入寇（魏志曰，諸葛亮出斜谷，屯渭南）

然如書孔融棄市，又不用范書，則帝魏之見與范氏惡曹操者異也。

後漢書獻帝紀建安十三年八月壬子，曹操殺太中大夫孔融，夷其族。　通鑑書太中大夫孔融棄市。

又如操封魏公後不書姓，亦與班書不同。班書平帝紀王莽封安漢公後，仍書王莽，不曰安漢公莽也。

通鑑建安十八年五月丙申以冀州十郡封曹操爲魏公。秋七月魏公操納三女爲貴人。胡注自此以後曹操不書姓而冠以國。

顧通鑑雖帝魏亦有區別如魏文帝書殂與東晉諸帝書崩不同以晉嘗混一而魏不能有天下也。

通鑑黃初七年魏文帝殂。胡注通鑑書法天子奄有四海者書崩分治者書殂惟東晉諸帝以先嘗混一書崩（此卽胡注本通鑑凡例以明書法）

史例之詳以朱子所定通鑑綱目凡例爲最蓋承春秋三傳通鑑諸史而集其大成所謂後起者易爲功也。其例凡十九類曰統系曰歲年曰名號曰卽位曰改元曰尊立曰崩葬曰篡賊曰廢徙曰祭祀曰行幸曰恩澤曰朝會曰封拜曰征伐曰廢黜曰罷免曰人事曰災祥十九類中可以統系爲之綱其十八類大都以正統列國無統別之其文又有朱墨之別使閱者一目瞭然。

通鑑綱目歲年例凡歲不用歲陽名（以通鑑用歲陽名也）只用甲子（依史記年表以從簡便）大書於橫行之上甲字子字別之以朱其餘皆墨。

凡正統周自篇首秦漢晉隋唐自初幷天下皆大書於橫行之下朱書國號（如云周秦漢晉隋唐）謚號（如周威烈王秦始皇）君名（如云午）年號（如太康開皇武德）墨書某年（如周云二十三年秦云二十六年）次年以後但於行下墨書某年。篇首周年下朱注列國（如云秦晉楚燕等）墨書謚爵（如云簡公烈公之類）君名（如止如之類）某年。所注列國以興起先後爲次而於新舊之間以圈隔之其末又以圈隔下朱注總結統舊國若干新國若干凡若干國次年以後唯元年注之如前注。凡天子繼世則但於行下朱書謚號年號墨書元年（周則列國之元亦注其下）次年以後如篇首次年之法。建國僭國之大者則於年下朱書國名謚號姓名（如楚隱王陳勝魏文帝曹丕之類）年號（如魏黃初之類）墨注元年。次年以後則朱注國名墨注年號某年其小者則依周列國例、但年號用墨注首尾、增損新舊之間亦如前法、　其篡賊干統而正統已絕、無年可繫、則朱注其國名墨注年號於行下、（如呂氏新莽）正統雖絕、而故君尚存、則追繫正統之年而注其下（如唐之武氏用范氏唐鑑之例）　其不成君、亦依正統已絕之例（如漢帝玄之類）　凡無統自更端處（如秦昭襄王五十一年、楚漢元年、吳黃武元年、宋永初元年、梁開平元年）　即於行下分注諸國之年、大者紀年、小者紀元、朱書新舊首尾增損皆如前法、但其興廢促數、則歲結之、不紀年者、亦列數其國號、

其辭例不可備舉。姑就征伐一類言之。左氏傳但曰敵未陳曰敗某師、皆陳曰戰、大崩曰敗績、得儁曰克、覆而敗之曰取某師、京師敗曰王師敗績於某、及凡師有鐘鼓曰伐、無曰侵、輕曰襲耳。公羊傳但曰觕者曰侵、精者曰伐、戰不言伐、圍不言戰、入不言圍、滅不言入（莊公八年）耳。五代史記用兵之名亦止兩相攻曰攻、以大加小曰伐、有罪曰討、天子自往曰征四例。通鑑凡例所言尤簡。觀綱目征伐例。則自戰國以降、中外兵事所應依其分際而區別書之者、靡不具焉。蓋史實猥多。史例必隨而演進。其斤斤於一字一辭者、皆事理所應爾、非好爲是纖瑣也。

綱目征伐例、凡正統自下逆上曰反、有謀未發者曰謀反、兵向闕者曰舉兵犯闕。　凡調兵曰發、集兵曰募、整兵曰勒、行定曰徇、行取曰略、肆掠曰侵、掩其不備曰襲、同欲曰同、合勢曰連、兵並進曰合、兵在遠而附之曰應、相接曰通、服屬曰從、益其勢曰助、援其急曰救、開其圍曰解、交兵曰戰、尾其後曰追、環其城曰圍、　凡勝之易者曰敗某師、平之難者曰捕斬之、舍此之彼曰叛、曰降於某、附於某、犯城邑寇得曰陷、居曰據。　凡僭名號曰稱（周列國稱王稱帝、漢以後僭國篡賊稱皇帝、盜賊稱帝稱天子之類）　人微事小曰作亂、人微衆少曰盜、衆多曰羣盜、　犯順曰寇、　凡中國有主、則夷狄曰入寇、或曰寇某郡、事小曰擾某處、中國無主、則但云入邊、或云入塞、或云入某郡、殺掠吏民、　凡正統天子親將兵曰帝自將、遣將則曰遣某官某將兵、　大將兼統諸軍則曰率幾將軍、或云督諸軍、或云護

諸將、將卑師少無大勝負則但云遣兵、不遣兵而州郡自討、則云州郡或云州兵或云郡兵、置守令平盜賊曰以某人爲某云云、（如漢成帝河平二年西夷相攻、以陳立爲牂牁太守討平之、及後漢以虞詡爲朝歌長之類）凡正統用兵於臣子之僭叛者、曰征曰討、於夷狄若非其臣子者曰伐曰攻曰擊、其應兵曰備曰禦曰拒、皆因其本文、凡人舉兵討篡逆之賊、皆曰討、凡戰不地、屢戰則地、極遠則地、凡書敵於敵國曰滅之、於亂賊曰平之、敵國亂賊歲久地廣屢戰而後定、則結之曰某地悉定、或曰某地平、凡得其罪人者於臣子曰誅、於夷狄若非臣子者曰斬曰殺、凡執其君長將帥、曰執曰虜曰禽曰獲曰得、皆從其本文、凡師入曰還、全勝而歸曰振旅、小敗曰不利、彼爲主曰不克、大敗曰大敗、或曰敗績、將帥死節曰死之、凡人討逆賊而敗者亦曰不克、死曰死之、（劉崇翟義之類、）其破滅者亦以自敗爲文、（三輔兵皆破滅之類、）凡非正統而相攻、先發者不曰寇陷、後應者不曰征討、其他皆從本文、惟治其臣子之叛亂者書討、討而殺之曰誅、

官局修史。雜出衆手。要亦必有共循之例。若唐修晉書例云、天子廟號書於卷末者是也。元修三史。其例簡略。屬辭之例。大抵依據宋賢。故不縷舉。元史之例亦然。

遼宋金史凡例、一帝紀、各史書法準史記漢書新唐書、各國稱號準南北史。二、各史所載、取其所重者作志。三、表與志同。四、列傳（后妃宗室外戚羣臣雜傳）人臣有大功者、雖父子各傳、餘以類相從、或數人共一傳、三國所書事有與本朝相關涉者、當稟金宋死節之臣、皆立合傳、不須避忌、其餘該載、不盡從總裁官與修史官臨文詳議。五、疑事傳疑、信事傳信、準春秋。

元史凡例、一本紀、按兩漢本紀、事實與言辭並載、兼有書春秋之義、及唐本紀、則書法嚴謹、全倣乎春秋、今修元史、本紀準兩漢史。一、志按歷代史志爲法、間有不同、至唐志則悉以事實組織成篇、考覈之際、學者憚之、惟近代宋史所志、條分件列、覽者易見、今修元史、志準宋史。一、表按漢唐史表所載爲詳、而三國志五代史則無之、唯遼金史據所可考者作表、不計詳略、今修元史、表準遼金史。

一、列傳、按史傳之目、冠以后妃、尊也、次以宗室諸王、親也、次以一代諸臣、善惡之總也、次以叛逆、成敗之歸也、次以四夷、王化之及也、然諸臣之傳、歷代名目又自增減不同、今修元史、傳準歷代史而參酌之。　一、歷代史書紀志表傳之末、各有論贊之辭、今修元史、不作論贊、但據事直書、具文見意、使其善惡自見、準春秋。

清修明史。當時在事諸人、討議體例之文孔多。觀劉承幹所刊明史例案。可以考見其修訂之矜慎。徐乾學首陳例議六十一條。如分合繁省補遺互見諸條。皆有精義。

徐乾學修史條議、第四、條、元末羣雄如韓林兒徐壽輝張士誠陳友諒明玉珍陳友定方國珍輩、元史既不爲立傳、今所作諸人傳、當詳列其事蹟、不得過於簡略。　第、六、條、元之遺臣如也速王保保輩、雖元史已爲立傳、然自遯荒之後、闕而不書、今當載其後事、以補前史之遺。　第、十、五、條、史之有志、所以紀一代之大制度也、如郡縣之沿革、官職之廢置、刑罰之輕重、戶籍之登耗、以及兵衞修廢、河漕通塞、日食星變之類、既詳列於志、不得復入本紀、本紀之體、貴乎簡要、新唐書文求其省、固失之略、宋元史事求其備、亦失之繁、斟酌於二者之間、務使詳略適宜、始爲盡善、今惟大典大政登諸本紀、其他宜入志者、歸之於志、宜入表者、歸之於表、宜入傳者、歸之於傳、則事簡而文省矣。　第、廿、二、條、有一事而數人分功者、如順義之封、內則閣部、（內閣李春芳高拱張居正趙貞吉中樞郭乾）外則督撫、（督臣王崇古撫臣方逢時）皆有決策之勞者也。如寧夏之征、文則督撫、（前總督魏學首後總督董應熊巡撫朱正包監軍御史梅國楨）武則總兵、（李如松蕭如薰麻貴）皆有戡定之績者也。不得專屬一人、以掩他人之美、當使彼此互見、詳略得宜。　第、三、十、三、條、明之戰功、大約文武數人共之、如麓川之役王驥與蔣貴共事、大藤峽之役韓雍與趙輔共事、播州之役李化龍與劉綎共事、決機發策、當歸於文、衝鋒陷陣、必歸於武、不得重文輕武、以血戰之功、歸諸文墨之士、必使數人之傳、出於一人之手、庶無牴牾、且免重複。

而詳臚忠義、附著四王。則有、用、其、議、而、不、盡、者。

修史條議第三十五條忠義之士莫多於明一盛於建文之朝再盛於崇禎之季此固當大書特書用光史籍若乃國亡之後吳越閩廣多有其人此雖洛邑之頑民固即商家之義士考之前典陸（秀夫）張（世傑）文（天祥）謝（枋得）並列於趙宋之書福壽宜孫亦入於有元之史此皆前例之可據何獨今史爲不然當搜逸事於遐陬用備一朝之巨典。第三十六條莊烈愍皇帝紀後宜照宋史瀛國公紀後二王附見之例以福唐魯桂四王附入以不泯一時事蹟且見本朝創業之隆。

王鴻緒史例議。首舉書日書事諸法。視徐議尤細密。

王鴻緒史例議一即位以前前史例不書日間有書日者事或不得不日也即位以後舉動必書不可不日然事亦有不可以日者則以是月繫之有不可以月者則以是歲繫之。一命官不書封王則書侯則不書非常而有故則書。（下引史例甚多）一宰相除拜前漢不書有特詔則書罷書薨書唐則除罷俱詳載矣明罷丞相設府部院寺以理庶務於是六部之職權始重似六卿亦宜並書然六卿書矣陪京之六卿可不書乎添注之六卿可不書乎詞臣而晉尚書保傅者可不書乎六卿之拜書矣罷可不書乎抑將書六卿而殿閣之學士大學士預機務者反不書乎倘殿閣之預機務者當書而六卿又不可不書則一月之中除罷不一而足本紀竟成除書矣且表又何用焉（下略）如必以爲尚書不可不書或擇其人之有關理亂張本者書之一攻戰所克郡邑非兩國相爭要地不書非敵都不書（已見史識篇）

其論史體與綱目不同。尤爲精卓。故讀王氏史例議。不獨知明史之例。兼可貫通羣史之例。惟其以元爲正統。則滿淸入主時不得不以明承元。此其與明人治史之觀念不同者也。

史例議一紫陽綱目體例精嚴提綱大書法並春秋眞千古褒善貶惡之大經也或曰本紀卽倣其綱而書之不亦善乎愚應之曰此紫陽氏之書而非史家之書也。史家之書踵其文於勝國而筆削之其用意寬紫陽之書合前史所書之事而賞罰之其用意嚴不惟是也、其體例亦有不同。本紀是載一帝之事、而分見於志傳之中者也。綱目是摘紀志傳之事、而彙見於一帝之下者也。如漢書文帝元年召河南守吳公爲廷尉、以賈誼爲大中大夫、三年以張釋之爲廷尉、四年召河東守季布至罷歸郡、唐書貞觀元年制諫官隨宰相入閣議事、五年修洛陽宮、十二月開黨項之地爲十六州、六年羣臣請封禪不許、七月宴近臣於丹霄殿、如此類者不可枚舉、要皆本紀之所不書、而紫陽從志傳中摘之、以示一帝之理亂得失、爲後世之法戒。其體例一而已矣、非若史之有紀志表傳可以錯綜互見者也。（觀此更可以悟史聯之義）故曰此紫陽氏之書、而非史家之書也。　或曰、綱目一書、子朱子義例全法春秋、尙已。若司馬遷承五伯之運、繼春秋而纂史、昔賢謂自麟經絕筆之後、而得褒貶之遺意者、於遷史有取焉。若然、則二者異名同原、子何得而岐視之乎。余曰、作史而不取則於春秋、曷以成其爲史。然一書有一書之體、亦各有命意之所在。綱目在存統、史書在尊王也。（此語未盡諦、須知尊王是一義、以王道治時王又是一義）何以言之、文公答呂伯恭書曰、溫公舊例、皆以後改者爲正、（指改年號之事）此殊未安、如漢建安二十五年之初、漢尙未亡、今便作魏黃初元年、奪漢太速、與魏太遽、大非春秋存陳之意、恐亦不可爲法。又文公語錄載問通鑑提綱主意、曰主在正統。問何以主在正統、曰三國當以蜀漢爲正、而溫公乃云某年某月諸葛亮入寇、是冠履倒置、何以示訓。若夫史則不然、史記列項羽於紀、以羽爲伯王、政由己出、是時漢未得天下、雖紀羽可也。班則本紀屬之帝、而列羽爲傳矣。當沛公至霸上、秦王子嬰降、羽入關屠咸陽而東、自立爲西楚霸王、尊楚懷王孫心爲義帝、史記羽紀書漢元年四月諸侯罷戲下、而不以楚紀年。高紀則書漢元年冬十月沛公至霸上、秦王子嬰素車白馬、繫頸以組、封皇帝璽符節、降軹道旁、是以子嬰降爲漢受命之元、而義帝之元置之不論矣。亦不獨史漢、他史率多類此。

史例議下、按本紀之體、元是正統、明是龍興、故稱元稱順帝、稱明稱太祖、可順文意以立言。若陳友諒之稱漢、明玉珍之稱夏、在友諒與玉珍傳中、則著其國號曰漢曰夏。而於太祖本紀中有戰伐交兵者、止宜稱友諒將某某、玉珍將某某、不當以其國號稱也。光武本紀

書破公孫述將某某、新唐書高祖本紀書王世充竇建德劉武周等陷某州或云與某某等戰敗之、皆不稱其國號而以名此乃史例

（此論自當惟元尙非漢之比耳、）往見史館太祖本紀友諒稱漢將而不書友諒名、與張士誠二例、似宜易。

史術第九

史術卽史學，猶之經學亦曰經術，儒家之學亦曰儒術也。吾意史術通貫經術，爲儒術之正宗。故以史術名篇。術卽道也，爲古今人所共由之道。然學者亦須知所擇，知所遵，始不誤於歧途曲徑。易繫辭曰：初六藉用白茅，无咎。（大過卦之初爻）子曰：苟錯諸地而可矣，藉之用茅，何咎之有？愼之至也。夫茅之爲物薄，而用可重也。愼斯術也以往，其無所失矣。此孔子讀易，教人愼遵其術也。孟子曰：矢人豈不仁於函人哉？矢人惟恐不傷人，函人惟恐傷人。巫匠亦然。故術不可不愼也。由孟子之言推之，豈惟矢函巫匠，讀史亦然。讀殖民史，則馳心於遠略；讀戰爭史，則極意於爭雄；讀外交史，則務誇縱橫捭闔之能；讀商業史，則醉心經濟侵略之策。史能轉人，而人不能轉史，世界之禍，遂窮慘極酷，幾於不可收拾矣。惟吾國史不然。其中固不乏拓地殖民，耀兵奮武，縱横鉤距，輕重貿遷之術，而以儒術爲之主宰，乃以開發建樹此東亞數千年之世界。其術猶可以用之今日，而造福於未來。故史之中亦有函矢焉，吾史則視其時而用函矢者也。（孔子曰：道二，仁與不仁而已矣。矢之不仁，用之得當，亦卽仁術。學者知此意，始不疑於吾言。）宋張詠勸寇準讀霍光傳，準讀至不學無術句，知其諷己也。故讀史可得持身處事之術，其例不可勝舉。

宋史寇準傳：初，張詠在成都，聞準入相，謂其僚屬曰：寇公奇材，惜學術不足爾。及準出陝，詠適自成都罷還，準嚴供帳，大爲具待。詠將去，準送之郊，問曰：何以敎準？詠徐曰：霍光傳不可不讀也。準莫諭其意，歸取其傳讀之，至不學無術，笑曰：此張公謂我矣。

漢書霍光傳贊：霍光以結髮內侍，起於階闥之間，確然秉志，誼形於主，受襁褓之託，任漢室之寄，當廟堂，擁幼君，摧燕王，仆上官，因權制敵、以成其忠、處廢置之際、臨大節而不可奪、遂匡國家、安社稷、擁昭立宣、光爲師保、雖周公阿衡、何以加此。然光不學無術、闇於大理、陰妻邪謀、立女爲后、湛溺盈溢之欲、以增顛覆之禍、死財三年、宗族誅夷、哀哉。

雋不疑以春秋之義執成方遂。

漢書雋不疑傳、始元五年、有一男子乘黃犢車、建黃旐、衣黃襜褕、著黃冒、詣北闕、自謂衛太子、公車以聞、詔使公卿將軍中二千石雜識視、長安中吏民聚觀者數萬人、右將軍勒兵闕下、以備非常、丞相御史中二千石至者立莫敢發言、京兆尹不疑後到、叱從吏收縛、或曰、是非未可知、且安之、不疑曰、諸君何患於衛太子、昔蒯聵違命出奔、輒拒而不納、春秋是之。（公羊傳哀公三年、輒者曷爲者也、蒯聵之子也、然則曷爲不立蒯聵而立輒、蒯聵爲無道、靈公逐蒯聵而立輒、然則輒之義可以立乎、曰可、其可奈何、不以父命辭王父命、以王父命辭父命、是父之行乎子也、不以家事辭王事、以王事辭家事、是上之行乎下也。穀梁傳輒不受父之命、受之王父也、信父而辭王父、則是不尊王父也、其弗受、以尊王父也、范寧穀梁傳序、非之曰、以拒父爲尊祖、是爲子可得而叛也、害敎傷義、不可强通。）衛太子得罪先帝、亡不卽死、今來自詣、此罪人也、遂送詔獄、天子與大將軍霍光聞而嘉之、曰、公卿大臣當用經術明於大誼、繇是名聲著於朝廷、在位者皆自以不及也、後趙廣漢爲京兆尹、言我禁姦止邪、行於吏民、至於朝廷事、不及不疑遠甚、廷尉驗治何人、竟得姦詐、本夏陽人、姓成名方遂、居湖、以卜筮爲事、有故太子舍人嘗從方遂卜、謂曰、子狀貌甚似衛太子、方遂心利其言、幾得以富貴、卽詐自稱詣闕、廷尉逮召鄉里識知者張宗祿等、方遂坐誣罔不道、要斬東市、（後漢書王昌傳、一名郎、自稱孝成皇帝子子輿、數戰不利、使其諫議大夫杜威持節請降、威雅稱郎實成帝遺體、光武曰、設使成帝復生、天下不可得、況詐子輿者乎、亦卽不疑執成方遂之意、）

諸葛亮以晉國之事開悟劉琦。

後漢書劉表傳、二子琦琮、初表以琮貌類於己、甚愛之、後爲琮娶其後妻蔡氏之姪、蔡氏遂愛琮而惡琦、毀譽之言、日聞於表、表寵耽後妻、每信受焉、又妻弟蔡瑁及外甥張允並得幸於表、又睦於琮、而琦不自寧、嘗與琅邪人諸葛亮謀自安之術、亮初不對、後乃共升高樓、因令去梯、謂亮曰、今日上不至天、下不至地、言出子口、而入吾耳、可以言未、亮曰、君不見申生在內而危、重耳在外而安乎、琦意感悟、陰規出計、會表將江夏太守黃祖爲孫權所殺、遂求代其任。（本蜀志諸葛亮傳）

呂蒙識超魯肅由讀三史。

吳志呂蒙傳注江表傳孫權謂蒙及蔣欽曰、卿今並當塗掌事、宜學問以自開益、蒙曰、在軍中常苦多務、恐不容復讀書、權曰、孤豈欲卿治經爲博士邪、但當令涉獵見往事耳、卿言多務、孰若孤、孤少時歷詩書禮記左傳國語、惟不讀易、至統事以來、省三史諸家兵書、自以爲大有所益、如卿二人意性朗悟、學必得之、寧當不爲乎、宜亟讀孫子六韜左傳國語及三史、孔子言終日不食、終夜不寢以思、無益、不如學也、光武當兵馬之務、手不釋卷、孟德亦自謂老而好學、卿何獨不自勉勖邪、蒙始就學、篤志不倦、其所覽見、舊儒不勝、後魯肅上代周瑜、過蒙言議、常欲受屈、肅拊蒙背曰、吾謂大弟但有武略耳、至於今者、學識英博、非復吳下阿蒙、蒙曰、士別三日、卽更刮目相待、大兄今論何一稱穰侯乎、兄今代公瑾、既難爲繼、且與關羽爲鄰、斯人長而好學、讀左傳略皆上口、梗亮有雄氣、然性頗自負、好陵人、今與爲對、當有單複以卿待之、密爲肅陳三策、肅敬受之、祕而不宣、權常歎曰、人長而進益、如呂蒙蔣欽、蓋不可及也、富貴榮顯、更能折節好學、耽悅書傳、輕財尚義、所行可跡、並作國士、不亦休乎。

崔浩主伐涼州實本漢志讀史之益多矣。

通鑑卷百二十三魏主（太武）議伐涼州、衆云彼無水草、崔浩曰、漢書地理志稱涼州之畜爲天下饒、若無水草、畜何以蕃、又漢人終不於無水草地築城郭建郡縣也、太武用其議、至涼州時、賜太子晃詔曰、姑臧城東西門外、涌泉合於城中、其大如河、自餘溝渠流入漢中、其間乃無燥地。　按古之大將、必說禮樂敦詩書、後世大將、亦必涉獵史傳、或咨詢學者、或聽人誦讀、蜀志王平使人讀史漢諸傳記聽之、備知其大義、往往論說不失其指、晉書載記石勒嘗令儒生讀書史而聽之、亦以其意論古帝王善惡、嘗使人讀漢書、聞酈食其勸立六國後、大驚曰、此法當失、何得遂成天下、至留侯諫、乃曰賴有此耳、都可與所引孫權呂蒙崔浩之事互證、故用兵之學莫備於史、方輿紀要讀史兵略所載例證尤多、不第局部戰事制勝策敵已也。又如鼂錯言兵事疏曰、卑身以事彊、小國之形也。合小以攻大。敵國之形也。以蠻夷攻蠻夷。中國之形也。此數語括盡兵謀外交之術。漢武通西域、通西南夷、用此術也。李泌對唐德宗曰、臣能不用中國之兵、使吐蕃坐困、因言欲結回紇大食雲南與共圖吐蕃、（通鑑貞元三年）迄清季李鴻章淣俄法德三國干涉割讓遼東半島以啓日俄之戰、皆此術也、故倭人常恨李氏以夷制夷之術、古所謂蠻夷。易言之、亦卽列國。用列國以制一敵。豈非鼂錯之術。通貫古今者乎。然用此術。亦當監於前史。困學紀聞卷六曰、列國之變、極於吳越、通吳以疲楚者、晉也、通越以撓吳者、楚也、春秋於是終焉、唐以南詔攻吐蕃、而唐之亡以南詔、本朝（指宋）以女眞滅契丹、而中原之亡以女眞、女眞之將亡也、吾國又不監於宣和、而用夾攻之策、不知春秋之義也。王伯厚所謂不知春秋之義者。卽人事因果孔多。知其利而不知其害。未爲善讀史也。

反而觀之漢廷不以太史公書予諸侯王。

漢書東平思王宇傳上疏求諸子及太史公書、上以問大將軍王鳳、對曰、臣聞諸侯朝聘、考文章、正法度、非禮不言、今東平王幸得來朝、不思制節謹度以防危失、而求諸書、非朝聘之義也。諸子書或反經術、非聖人意、或明鬼神信物怪。太史公書有戰國縱橫權譎之謀。漢興之初謀臣奇策天官災異地形阨塞。皆不宜在諸侯王。不可予。

宋彭城王義康悔不知淮南王事。

通鑑卷一百三十四彭城王義康被廢在安成郡讀書、見淮南厲王長事、廢書歎曰。自古有此。我乃不知。得罪爲宜也。

可知史學之益。自持身、涉世、謀國、用兵。爲術多而且精。非徒記問撰著、卽可爲史學也。程伊川讀史、必先料成敗。

近思錄伊川先生每讀史到一半、便掩卷思量料其成敗、然後卻看、看不合處、又更精思、其間多有幸而成、不幸而敗、今人只見成者便以爲是、敗者便以爲非、不知成者煞有不是、敗者亦煞有是處。

包世臣教人讀通鑑、必如置身當時、閱衆議而籌善策。

包世臣姚生傳生一日閱通鑑數十卷、問之略能言其始末、余曰此經生對策之技、非眞學者也。通鑑善在先述其事、乃敍衆議、然後載廷議所從、而詳記其得失於後。學者閱其事、先爲畫上中下三策、然後閱衆議而驗己見之是否有合、又籌廷議所當從、再閱廷議、則後之收效與否、已可十得八九。如是則如置身當時之朝端、庶幾異日遇事能不惑也。生自是每日止盡一卷、一月之後、其意與古人合者十常四五也。

曾國藩教其弟讀史、亦曰莫妙於設身處地、記一人、怳如接其人、記一事、怳如親其事、斯皆大儒之學也。

曾文正家書（道光二十三年正月十七）讀史之法、莫妙於設身處地、每看一處、如我便與當時之人酬酢笑語於其間、不必人人皆能記也、但記一人、則怳如接其人、不必事事皆能記也、但記一事、則怳如親其事。

曹操自矜其更事之多、故能預知應變、顧人事萬變、豈能悉經、讀史則事變紛紜、比例昭著、讀史而能精通其意、雖前所未有、亦可推知、莊子謂小知不及大知、小年不及大年、讀史則知識之豐、可賅千百國、千萬年、自等大知大年矣。

魏志武帝紀毌丘興爲安定太守、公戒之曰、羌胡欲與中國通、自當遣人來、愼勿遣人往、善人難得、必將使羌胡妄有所請求、因以自利、不從便爲失異俗意、從之則無益於事、興至、遣校尉范陵至羌中、陵果敎羌使自請爲屬國都尉、公曰吾預知當爾、非聖也、但更事多。

耳。

雖然。史之爲術。蓋尤有大於此者。司馬遷自述其書曰、罔羅天下放失舊聞、王迹所興、原始察終、見盛觀衰、論考之行事、略推三代、錄秦漢、上記軒轅、下至於茲、又曰、禮樂損益、律曆改易、兵權山川鬼神、天人之際、承敝通變、又曰、扶義俶儻、不令己失時、立功名於天下、又曰、略以拾遺補蓺、成一家之言、厥協六經異傳、整齊百家雜語、藏之名山、副在京師、俟後世聖人君子、其意量之閎遠何如、班固自述其書亦曰、凡漢書、敍帝皇、列官司、建侯王、準天地、統陰陽、闡元極、步三光、分州域、物土疆、窮人理、該萬方、緯六經、綴道綱、總百氏、贊篇章、函雅故、通古今、正文字、惟學林、合之馬遷之言、知史術無所不賅、非徒可以謀一身、斷一事之借鏡也、前言古史、已舉其所掌典法則枋之弘偉、若就其中歷考之、則上之測天揆日、觀象授時、星野躔度、雲物禨祥、下之分州畫野、導山濬川、城郭宮室、封疆道路、都鄙鄉遂、井牧田萊、廛市閭館、山林川澤、無所不賅、其人則帝皇君長、官吏師儒、農工商賈、嬪婦臣妾、巫醫矇瞽、其物則九穀六畜、酒漿絲枲、金玉錫石、章服車旗、袞冕黻珽、褒旒經杖、度量權衡、鼓鐘同律、其文則詩書繫世、方志名數、版圖簡稽、盟誓約劑、其事則建國設官、陳殷置輔、分職任民、理財阜貨、懸書讀法、校比登下、師田行役、選賢興能、刑憲刺宥、慶弔賙恤、月要歲會、輔志弊謀、乃至鳥獸語言、圉畜教擾、土化糞種、瀦防涉揚、無不定其制度、存其法守、釐其倫脊、究其中失、以之作人立極、參兩天地、此史職所包函、皆儒術所貫澈、中庸曰、仲尼祖述堯舜、憲章文武、上律天時、下襲水土、特言其略耳、詳究之、則祖述憲章、上律下襲者、一一皆有實事實政、非空言高論已也、莊周知此術、故於天下篇極言古之道術、六通四辟、無所不在、而儒史所傳、特設於中國爲百家所自出。今之學者、不究其舊法世傳之全。而喜舉後之不賅不偏一曲之說。惡得爲知史哉。

莊子天下篇古之人其備乎、配神明、醇天地、育萬物、和天下、澤及百姓、明於本數、係於末度、六通四辟、小大精粗、其運無乎不在、其明而在數度者、舊法世傳之史尚多有之、其在於詩書禮樂者、鄒魯之士縉紳先生多能明之、詩以道志、書以道事、禮以道行、樂以道和、易以道陰陽、春秋以道名分、其數散於天下而設於中國者、百家之學時或稱而道之、天下大亂、賢聖不明、道德不一、天下多得一察焉以自好、譬如耳目鼻口、皆有所明、不能相通、猶百家衆技也、皆有所長、時有所用、雖然不該不偏、一曲之士也。

病儒者、動謂博而寡要。勞而少功。累世不能通其學。當年不能究其禮。實則儒者自有其要。曰中、曰和。爲自古相傳之通術。蓋自虞廷教胄、允執厥中。皋陶陳謨、廣爲九德。箕子述洪範、以正直剛柔戒頗僻。

洪範六三德、一曰正直、二曰剛克、三曰柔克、平康正直、彊弗友剛克、燮友柔克、沈潛剛克、高明柔克、惟辟作福、惟辟作威、惟辟玉食、臣無有作福作威玉食、臣之有作福作威玉食、其害於而家、凶於而國、人用側頗僻、民用僭忒、

周公言立政、以迪知忱恂章大競。

立政古之人迪惟有夏、乃有室大競、籲俊尊上帝、迪知忱恂於九德之行。（據此、知皋陶謨所陳九德、確爲虞夏名言、故周公引之也、）

而周官鄉三物之教、六德。則曰知仁聖義忠和。成均以禮樂教國子、則曰中和祗庸孝友。司徒之職曰、以五禮防萬民之僞、而教之中、以六樂防萬民之情、而教之和。宗伯之職曰、以天產作陰德、以中禮防之。以地產作陽德、以和樂防之。故曰虞夏至周、皆以中和爲教。而詩之頌湯曰、不競不絿。不剛不柔。敷政優優。百祿是遒。（商頌長發）美仲山甫曰、人亦有言。柔則茹之。剛則吐之。維仲山甫。柔亦不茹。剛亦不吐。不侮鰥寡。不畏彊禦。（大雅烝民、此詩最可推見中和之德、中和非卑弱也、故須柔亦不茹、剛亦不吐、惟其當而施之、且以見不畏彊禦者、

惟不侮鰥寡而後能、書無逸曰文王不敢侮於鰥寡、孝經曰、治國者不敢侮於鰥寡、而況於士民乎、凡侮鰥寡虐士民者、卽其自恃彊禦、遇有彊禦、則畏葸無似矣）其以中和爲主要、實源遠而流長。故中庸擧之曰、中也者、天下之大本也。和也者、天下之達道也。達道卽通術也。以周官證之、蓋自君師以至國子鄉民、皆尙中和。故推致其中和之德、可以位天地育萬物。非一人獨坐靜悟、保持中和、而天地萬物自然位育也。一人獨坐靜悟、保持中和、固亦可以感覺天地萬物與吾一體之境界。然非治國平天下之義。治國平天下、在致一人之中和、致官民之中和。又一一致之於事物、而後可達位育之效。故中庸一致字、具有無窮事理。必參之周官、而後見。自捨官禮言中庸、而儒術遂流於空寂、而騖事功者、又徒眩惑於物質、不知大本達道、而莊生所謂明於本數、係於末度、內聖外王之道、乃沈霾千載焉。嗚呼。

明乎莊周所言古之道術、然後可以知遷固所言之術。遷史言術、歸申商於黃老。

史記老莊申韓列傳、申不害者、京人也、故鄭之賤臣、學術以干韓昭侯。申子之學、本於黃老而主刑名。

又韓非者、韓之諸公子也、喜刑名法術之學、而其歸本於黃老。

其於黃老術、多連言之。

史記曹相國世家、其治用黃老術。

又陳丞相世家贊、陳丞相平少時、本好黃帝老子之術。漢書陳平傳、少時家貧、好讀書、治黃帝老子之言。

又外戚世家、竇太后好黃帝老子之言、帝及太子諸竇不得不讀黃帝老子、事其術。

漢書劉德傳、少修黃老術、有智略。

而其譏貶申屠嘉灌夫之無術、殆亦指黃老之術。

史記張丞相列傳贊周昌木彊人也、任敖以舊德用、申屠嘉可謂剛毅守節矣、然無術學、殆與蕭曹陳平異矣。（蕭曹陳平皆治黃老術、故知此所謂術學、卽指黃老之術）

又魏其武安侯列傳贊灌夫無術而不遜。

卽其譏淮陰侯不能學道謙讓、亦惜其不學此種道術也。

史記淮陰侯列傳贊假令韓信學道謙讓、不伐己功、不矜其能、則庶幾哉、於漢家勳可以比周召太公之徒、後世血食矣。

班氏譏霍光不學無術、當亦類是、夫黃老之術、何自而來、由古史而來也、其術之大、可以君人南面、卽爲將相、亦可臨民柄國、名遂身安、觀漢志之言、可以知黃老之術、卽史術矣。

漢書藝文志道家者流、蓋出於史官、歷記成敗存亡禍福古今之道、然後秉要執本、淸虛以自守、卑弱以自持、此君人南面之術也。

雖然、道家出於史、實與儒家同源、周官曰、儒以道得民、王制曰、樂正崇四術、立四教、春秋教以禮樂、冬夏敎以詩書、說文曰、儒柔也、術士之稱、故道術者、儒所專有、道家特與儒術相表裏耳、淮南要略稱墨子學儒者之業、受孔子之術、墨學亦本詩書、固儒術也、特其學有所偏、故荀卿極言墨術不逮儒術

荀子富國篇故儒術誠行、則天下大而富、使有功、撞鐘擊鼓而和、　墨術誠行、則天下尙儉而彌貧、非鬥而日爭、勞苦頓萃而愈無功、愀然憂戚非樂而日不和。

司馬談雖似揚道抑儒、而一再曰、列君臣父子之禮、序夫婦長幼之別、雖百家弗能易也、班志評九家之長短、歸於修六藝之術、可以通萬方之略、是則史家之定論、不可翻案者也。

漢書藝文志諸子十家其可觀者九家而已皆起於王道既微諸侯力政時君世主好惡殊方是以九家之術蠭出並作　若能修六藝之術而觀此九家之言舍短取長則可以通萬方之略矣（此與敍傳窮人理該萬方詞意一致儒術之長卽在窮人理該萬方也）

孔門講學根據六藝以之從政告冉有以富教語子貢以食兵示顏淵以爲邦許仲由以治賦未嘗離家國天下而言學惟其術本末始終一貫相承必自身心推暨事物無所畸輕畸重故空言心性偏尙事功亦不可謂非儒術特非其全耳其爲學也必先博文而終以約禮故論士曰推十合一爲士蓋必先從事於十百千萬之事跡文物而後歸納於一理則其持之也約而用之也弘矣推十合一卽學記大學九年大成知類通達之境也讀書講學而不能通達人事適成書廚耳孔子曰誦詩三百授之以政不達使於四方不能專對雖多亦奚以爲其警學者徒騖記誦不能貫通之病至矣孔子許子貢之達曰於從政乎何有觀其論貧富而悟衞詩切磋琢磨之功論衞君而以伯夷叔齊爲問其胸中之六通四辟可見然猶自遜爲聞一知二不逮顏子之聞一知十蓋卽同一知類通達尙有淺深高下之判也樊遲問仁問知疑愛人知人之術相違而子夏聞之卽知孔子之言函義之富爲舉例曰舜有天下選於衆舉皋陶不仁者遠矣湯有天下選於衆舉伊尹不仁者遠矣孔門之講史學如是如是蹈空炫博蓋俱無當矣

孔子欲爲東周孟子欲以齊王皆志在於用世然其同一鵠的實欲明明德於天下非今之標舉政綱競執政權所可同日語孟子且推論伯夷伊尹孔子之同曰行一不義殺一不辜而得天下皆不爲也其懸格之嚴如此孟子之學尤長於詩書（趙岐孟子題辭）其於井地之制爵祿之略皆確然有條理可見諸施行故曰始條理者智之事也終條理者聖之事也講求經史之學知類通達可以施之家國天下者始條

理之智也由之集義養氣盡心知性則終條理之聖也孟子懼人以聖爲難學則誘人曰聖人與我同類又懼人以其學非自古所傳而懼其無效則示人曰夏曰校殷曰序周曰庠學則三代共之皆所以明人倫也人倫明於上小民親於下孟子之學澈始澈終者通倫類耳司馬遷傳稷下諸子附墨子於末而獨推尊孟子且首論之曰余讀孟子書至梁惠王問何以利吾國未嘗不廢書而歎也曰嗟乎利誠亂之始也夫子罕言利者常防其原也故曰放於利而行多怨自天子至於庶人好利之弊何以異哉蓋史家歷觀好利之弊乃有以知其誠爲亂始而必有以防其原乃知孔孟之術之未嘗誤人夫自天子至庶人以好利致亂者就一國而言耳推其類則舉一國家一民族以競利而亂世界亦何以異是故孟子曰人能充無欲害人之心而仁不可勝用能充無穿窬之心而義不可勝用所患者人同此心而爲物所囿不能擴而充之耳

荀子之學尤尙倫類開卷即言倫類不通仁義不一不足謂善學（勸學篇）其稱大儒則曰法先王統禮義一制度以淺持博以古持今以一持萬苟仁義之類也雖在鳥獸之中若別白黑倚物怪變所未嘗聞也所未嘗見也卒然起一方則舉統類而應之無所儗怎張法而度之則瞭然若合符節是大儒者也（儒效篇）先王之禮義制度舉有統類以應萬事非史術乎又曰君子審後王之道而論於百王之前若端拜而議推禮義之統分是非之分總天下之要治海內之衆若使一人故操彌約而事彌大五寸之矩盡天下之方也故君子不下室堂而海內之情舉積此者則操術然也（不苟篇）唐李翰之序通典亦曰不出戶知天下未從政達人情罕更事知時變翰與杜佑之境地未知視荀子何如要其由史迹而知類通

達則一術也

荀子之學最精於禮且尤重周禮故曰人道莫不有辨辨莫大於分分莫大於禮禮莫大於聖王聖王有百吾孰法焉故曰文久而息節族久而絕守法數之有司極禮而褫故曰欲觀聖王之跡則於其粲然者矣後王是也彼後王者天下之君也舍後王而道上古譬之是猶舍己之君而事人之君也故曰欲觀千歲則數今日欲知億萬則審一二欲知上世則審周道欲知周道則審其人所貴君子故曰以近知遠以一知萬以微知明又曰五帝之外無傳人非無賢人也久故也五帝之中無傳政非無善政也久故也禹湯有傳政而不若周之察也非無善政也久故也傳者久則論略近則論詳略則舉大詳則舉小清儒論此者多謂後王爲文武俞樾推之曰荀子生於周末以文武爲後王可也若漢人則必以漢高祖爲後王唐人則必以唐高祖太宗爲後王設於漢唐之世而言三代之制是所謂舍己之君而事人之君矣豈其必以文武爲後王乎在清季以荀子之說講史學固亦甚當朱一新示學者曰史愈近者愈切實用故國朝掌故必須講求亦所謂久則論略近則論詳略則舉大詳則舉小之術也

無邪堂答問漢時去古未遠制度風俗皆於經義爲近故致用在乎窮經猶今人之言經濟當讀史也史愈近者愈切實用故國朝掌故必須講求明史亦須熟讀明嘉靖以後之事即稗史皆須博覽其朝局民風邊才軍政無一非取證之資第其書最多亦最雜又皆參以恩怨之私標榜之說非博覽而約取之不見也明史於此持論最詳慎然不博覽野史不知明史抉擇之精漢之視周猶今之視明耳鄭君注禮每以漢制況周制本朝掌故之學也

又史漢通鑑史學之綱領熟此後當讀范書陳志新五代明史通典其餘諸史以次及之稗史則惟力是視國朝掌故尤宜講求典章制

度、兵、河漕、鹽、以逮國家大政、名臣事蹟、各以類從、畢力搜討、治一事已、復治一事、此東坡自言讀書之法也、近儒史學校訂最精、但恐勞而鮮獲、且不必爲。

顧在今日、外鏡列邦、內新庶政、舉凡立國交鄰、選賢興學、民治兵役、地政路工、反惟古制、可以取資、而近史轉多隔閡、蓋聖哲創垂之制、多積極而運以精心、後史補苴之爲、多演變而失其原理、故不獨作述迥殊、其中聯貫之精神、且非囿於後世心習者所能了解、例如國防必本徵兵、役政必基鄉治、戶口版圖之核實、又必施教受教者、皆明於其義、而後可以合羣力而切實推行、非官吏奉行具文所能善其事、此中甲乙相因、子午相貫、他國之制然、吾國古制亦然、而宋元明清之記載、乃祇可證明其窳弊積惰之由、初無提高改進之要、此治史者所不可不知也。

知類通達之術、源出於易、同人卦象曰、君子以類族辨物、蓋自庖犧仰觀俯察、近取遠取之餘、乃畫卦以通神明之德、類萬物之情、而一切政教、遂出於此、繫辭曰、方以類聚、物以羣分、易其吾國類書之祖乎、顧乾卦文言已有本乎天者親上、本乎地者親下、各以其類之說、坤卦象辭又曰、牝馬地類、行地無疆、西南得朋、乃與類行、何卦何爻不以類示象、而獨於同人曰類族辨物者、以人類心同理同、精究之無不可通也。然其象曰、惟君子爲能通天下之志、知小人必不通矣、易之六十四卦象言君子以者五十有三、先王八、后二、大人一、以者用也、用其術以應人事也、人之與人類也、而君子卽大人、大人爲一類、小人爲一類、小人祇謀其一身一家、君子大人則必通其志於國家天下、故先王之道、仁義之統、將爲天下生民之屬、長慮顧後而保萬世、而偷生淺知之屬、不之知也、（荀子榮辱篇語）秦漢以降、聖哲政教陵遲衰微矣、然勵志篤學者猶往往爲天下長慮顧後范滂爲淸詔使登車攬轡慨然有澄淸天下之志陳蕃曰大丈夫處世當掃除天下安事一室乎范仲淹先天下之憂而憂後天下之樂而樂是則古先大人君子流風餘韻所孕育者也此又讀後世之史當與古之經傳通觀而類擇者也

道家與儒同源尤精於知類通達之術惟視史籍事迹爲糟粕不屑屑依六藝爲說然其通天下之志則一舌存齒敝老聃以喻剛柔暮四朝三莊周以判名實其言雖約若就史迹證之固貫通古今莫之能外也（略舉其例如唐改租庸調爲兩稅明合銀差力差爲一條鞭及近日改田賦徵收貨幣爲實物皆不過一轉移耳）莊生曰不龜手一也或以封或不免於洴澼絖則所用之異也呂覽亦曰古之人貴能射也以長幼養老也今之人貴能射也以攻戰侵奪也其細者以劫弱暴寡也以遏奪爲務也仁人之得飴以養疾侍老也跖與企足（高注企足莊蹻也）得飴以開閉取楗也（異用）故史籍之用亦視學者之用心何如用之當則可爲人類謀幸福爲國家臻治平用之不當則可以啓亂飾姦如王莽王安石用周官之不得其效而騖博溺心譁衆取寵者更無論矣

文史通義釋通首述易曰惟君子爲能通天下之志又曰先王懼人之有匿志於是乎以文明出治通明倫類而廣同人之量焉是其意亦隱以同人卦象所謂類族辨物者爲一切學術之來源惟謂人官分職絕不爲通則猶泥於形式而未察其貫通之妙

文史通義釋通易曰惟君子爲能通天下之志說者謂君子以文明爲德同人之時能達天下之志也書曰乃命重黎絕地天通說者謂人神不擾各得其序也夫先王懼人有匿志於是乎以文明出治通明倫類而廣同人之量焉先王懼世有棼治於是乎以人官分職

絕不爲通而嚴畔擾之防焉自六卿分典五史治書學專其師官守其法是絕地天通之義也（此文蓋推本官守以言專門之學其意實從漢志某家者流出於某官而來然後世之不該不徧實與古官守有殊即以五史而論典法則枋以春官之屬而與天官相通其他可知）數會於九書要於六雜物撰德同文共軌是達天下志之義也。

又其下盛論撰著之通歷舉諸書類例謂經解之通失其本旨史部之通亡其大原。

釋通師法失傳而人情怯於復古末流浸失而學者囿於見聞訓詁流而爲經解一變而入於子部儒家再變而入於俗儒語錄三變而入於庸師講章不知者習而安焉知者鄙而斥焉而不知出於經解之通而失其本旨者也載筆彙而爲通史一變而流爲史鈔再變而流爲策士之括類（文獻通考之類雖仿通典而分析次比實爲類書之學書無別裁通識便於對策敷陳之用）三變而流爲兔園之摘比不知者習而安焉知者鄙而斥焉而不知出於史部之通而亡其大原者也。

而於周孔孟荀老莊之學之通者未之及也。（第亦散見易教諸篇未可謂章氏無所見惟章氏生淸中葉實不敢言史之大用雖標舉春秋經世要偏重撰著之通識別裁他非所及）夫就史書而論史學固僅爲商榷歷代撰著之類例若就史學而言通則必就史學與心身家國天下之關繫而言不獨孔老之史學如是即馬班之書所謂俟後世聖人君子窮人理該萬方者亦必由吾說而後知其言之非誇誕也夫後世撰著之類例亦自古先聖哲類族辨物之全體中演變而爲一部分之術必以遠大眼光求之始可觀其會通姑就讀史而言如顧氏日知錄趙氏廿二史劄記所爲治史之方法何一非類族辨物及推十合一之術然顧氏之治史求通之於心身家國天下趙氏之治史祇求通於史籍耳。

史術之正在以道濟天下參贊位育禮樂兵刑經緯萬端非徒智效一官行比一鄉德合一君能徵一國

已也。第人事之對待、安危存亡禍福利害、亦演變而無窮。治史者、必求其類例、以資鑑戒。則原始察終、見盛觀衰、又爲史術所最重者也。詩曰、殷鑒不遠、在夏后之世。召穆公述文王曰咨者七、是鑒觀前史、文王之法也。

詩序、蕩、召穆公傷周室大壞也。厲王無道、天下蕩蕩、無綱紀文章、故作是詩。　蕩蕩上帝、下民之辟。疾威上帝、其命多辟。天生烝民、其命匪諶。靡不有初、鮮克有終。　文王曰咨、咨女殷商、曾是彊禦、曾是掊克、曾是在位、曾是在服、天降慆德、女興是力。　文王曰咨、咨女殷商、而秉義類、彊禦多懟、流言以對、寇攘式內、侯作侯祝、靡屆靡究。　文王曰咨、咨女殷商、女炰烋於中國、斂怨以爲德、不明爾德、時無背無側、爾德不明、以無陪無卿。　文王曰咨、咨女殷商、天不湎爾以酒、不義從式、既愆爾止、靡明靡晦、式號式呼、俾晝作夜。　文王曰咨、咨女殷商、如蜩如螗、如沸如羹、小大近喪、人尚乎由行、內奰於中國、覃及鬼方。　文王曰咨、咨女殷商、匪上帝不時、殷不用舊、雖無老成人、尚有典刑、曾是莫聽、大命以傾。　文王曰咨、咨女殷商、人亦有言、顛沛之揭、枝葉未有害、本實先撥、殷鑒不遠、在夏后之世。

(鄭玄詩譜序云、勸民恤功、昭事上帝、則受頌聲、弘福如彼、若違而不用、則被劫殺、大禍如此、吉凶之所由、憂娛之萌漸、昭昭在斯、足作後王之鑒、此吾國之詩所以爲史、而學詩即可達之於政、非徒抒情感爲文藝也。)

召公奭本此術、以誥成王周公。

召誥、我不可不監於有夏、亦不可不監於有殷、我不敢知曰有夏服天命、惟有歷年、我不敢知曰不其延、惟不敬厥德、乃早墜厥命、我不敢知曰有殷受天命、惟有歷年、我不敢知曰不其延、惟不敬厥德、乃早墜厥命。

周公亦本此術、歷舉殷周先王、勞逸修短、資成王之監戒。

無逸、周公曰、嗚呼、我聞曰、昔在殷王中宗、嚴恭寅畏天命、自度治民、祗懼不敢荒寧、肆中宗之享國、七十有五年、其在高宗、時舊勞於外爰暨小人、作其卽位、乃或亮陰、三年不言、其惟不言、言乃雍、不敢荒寧、嘉靖殷邦、至於小大、無時或怨、肆高宗之享國、五十有九年、其在祖甲、不義惟王、舊爲小人、作其卽位、爰知小人之依、能保惠於庶民、不敢侮鰥寡、肆祖甲之享國、三十有三年、（此以賢勞而享祚久者）自時厥後立王、生則逸、生則逸、不知稼穡之艱難、不聞小人之勞、惟耽樂之從、自時厥後、亦罔或克壽、或十年、或七八年、或五六年、或四三年、（此以逸樂而短祚者）周公曰、嗚呼、厥亦惟我周太王王季、克自抑畏、文王卑服、卽康功田功、徽柔懿恭、懷保小民、惠鮮鰥寡、自朝至於日中昃、不遑暇食、用咸和萬民、文王不敢盤於遊田、以庶邦惟正之供、文王受命惟中身、厥享國五十年。周公曰、嗚呼、繼自今嗣王、則其無淫於觀、於逸、於遊、於田、以萬民惟正之供、無皇曰今日耽樂、乃非民攸訓、非天攸若、時人丕則有愆、無若殷王受之迷亂、酗於酒德哉。

故周之國史、明於得失之迹。（詩大序）而師氏掌國中失之事、以教國子弟。（周官地官）史之專重鑑戒。遂垂爲數千年定法。周書載左史戎夫取遂事之要戒、朔望以聞於穆王。所舉亡國二十有四。國之分裂者二、民叛及君走各一。蓋最古之史記、足資鑑戒者多矣。戎夫撮其要以儆危亡、讀之可以使人懍然聳懼。

逸周書史記解、維正月王在成周、昧爽召三公左史戎夫曰、今夕朕寤、遂事驚予、乃取遂事之要戒、俾戎夫主之、朔望以聞、（序曰、穆王思保位惟難、恐貽世羞、欲自警悟、作史記　竹書紀年穆王二十四年命左史戎夫作記、）信不行、義不立、則哲士凌君政、禁而生亂、皮氏以亡。　諂諛日近、方正日遠、則邪人專國政、禁而生亂、華氏以亡。　好貨財珍怪、則邪人進、邪人進、則賢良日蔽而遠、賞罰無位、隨財而行、夏后氏以亡。　嚴兵而不仁者、其臣懾、其臣懾、則不敢忠、不敢忠、則民不親吏、刑始於親、遠者寒心、殷商以亡。　樂專於君者、權專於臣、權專於臣、則刑專於民、君娛於樂、臣爭於權、民盡於刑、有虞氏以亡。（有虞商均之後）奉孤以專命者、謀主必畏其威、而疑其前事挾德而責數日疏、位均而爭平林以亡。　大臣有錮職譁誅者危、昔者質沙三卿朝而無禮、君怒而久拘之、譁而弗加、三卿謀變、質沙以亡。　外內相閒、下撓其民、民無所附、三苗以亡。　弱小在彊大之間、存亡將由之、則無天命矣、不知命者死、夏之方興也、扈氏弱而不恭、身死國亡。　嬖子兩重者亡、昔者義渠氏有兩子、異母、皆重、君疾、大臣分黨而爭、義渠以亡。　功大不賞者危、昔平州之臣功大而不賞、諂臣日貴、功臣日怒而生變、平州之君以走出。　召遠不親者危、昔有林氏召離戎之君而朝之、至而不禮、留而弗親、離戎逃而去之、林氏誅之、天下叛林氏。　昔者曲集之君伐智而專事、彊力而不信其臣、忠良皆伏、愉州氏伐之、君孤而無使、曲集以亡。　斧小不勝柯者亡、昔有鄶君嗇儉、滅爵損祿、羣臣卑讓、上下不臨、後鄶小弱、禁罰不行、重氏伐之、鄶君以亡。　久空重位者危、昔有共工自賢、自以爲無臣、久空大官、下官交亂、民無所附、唐氏伐之、共工以亡。　犯難爭權疑者死、昔有林氏上衡氏爭權、林氏再戰而勝、上衡氏僞義弗克、俱身死國亡。　知能均而不親並重事君者危、昔有南氏有二臣貴寵、力鈞勢敵、下爭朋黨、君弗能禁、南氏以分。　昔有果氏好以新易故、故者疾怨、新故不和、內爭朋黨、陰事外權、有果氏以亡。　爵重祿輕、比口不成者亡、昔有畢程氏損祿增爵、羣臣貌匱、比而戾民、畢程氏以亡。　變故易常者亡、昔陽氏之君自伐、而好變、事無故業、官無定位、民運於下、陽氏以亡。　業形而愎者危、昔穀平之君愎類無親、破國弗剋、業形用國、內外相援、穀平以亡。　武不止者亡、昔阪泉氏用兵無已、誅戰不休、并兼無親、文無所立、智士寒心、徙居至於獨鹿、諸侯畔之、阪泉以亡。　佷而無親者亡、昔者縣宗之君佷而無聽、執事不從、宗職者疑、發大事、羣臣解體、國無立功、縣宗以亡。　昔者玄都賢鬼道、廢人事天、謀臣不用、龜策是從、神巫用國、哲士在外、玄都以亡。　文武不行者亡、昔者西夏性仁非兵、城郭不修、武士無位、惠而好賞、財屈而無以賞、唐氏伐之、城郭不守、武士不用、西夏以亡。　美女破國、昔者績陽彊力四征、重丘遺之美女、績陽之君悅之、熒惑不治、大臣爭權、遠近不相聽、國分爲二。　宮室破國、昔者有洛氏宮室無常、池囿廣大、工功日進、以後更前、民不得休、農失其時、饑饉

無食成商伐之有洛以亡

大學引康誥惟命不于常釋之曰道善則得之不善則失之又引詩云殷之未喪師克配上帝儀監於殷峻命不易釋之曰道得衆則得國失衆則失國古之大學教人學史亦惟此爲兢兢耳中庸言中和位育之功始於戒愼恐懼大學陳絜矩治平之效亦本於誠意愼獨古人豈故偏於畏葸怯劣不示人以奮厲振興哉歷睹成敗存亡推求因果知人心一念之縱肆欺詐可推演而成無涯之禍謂非兢兢業業無一時之不愼不能成盛德大業且以此通天下之志知世人同此心理無一人可以受欺詐而願侵陵欲其同情於我惟有以至誠極恕感之捨此更無妙術凡恃己之私智謂人甘受其愚者皆至愚之見也秦漢以來有國者亦知鑒於前事惟未能澈底率循儒術而略取其一部分之制度或微師其一二端之精神故其鑒往史而植國基者亦不無高下差等漢光武鑒於西漢王莽而能存儒道之精神行以柔道不事四夷而其後世尙能摧滅匈奴歷久而後失國宋太祖鑒於唐季五代亦知操儒家之八柄優待士夫以靖國內而其後世卒至屈於異族矯枉病其過中由是可知鑒於前史而精神意量之中微有等差其得失卽懸絕而不知鑒戒肆無忌憚者更無論矣

後漢書光武帝紀建武十七年宗室諸母因酣悅相與語曰文叔少時謹信與人不款曲唯直柔耳今乃能如此帝聞之大笑曰吾理天下亦欲以柔道行之（此語最堪玩味以許書儒柔也證之柔道者儒術也亦卽道家君人南面之術也易大有彖曰柔得尊位大中而上下應之曰大有蓋易義爲儒道所同遵內剛外柔知雄守雌其術一也）

又臧宮傳匈奴饑疫自相分爭帝以問宮宮曰願得五千騎以立功帝笑曰常勝之家難與慮敵吾方自思之二十七年宮乃與揚虛侯

馬武上書曰、匈奴貪利、無有禮信、窮則稽首、安則侵盜、緣邊被其毒痛、內國憂其抵突、虜今人畜疫死、旱蝗赤地、疫困之力、不當中國一郡、萬里死命、縣在陛下、福不再來、時或易失、豈宜固守文德而墮武事乎、今命將臨塞、厚縣購賞、喻告高句驪烏桓鮮卑攻其左、發河西四郡天水隴右羌胡擊其右、（此卽鼂錯以蠻夷攻蠻夷之術、臧馬等具有將略、非徒自恃其勇、）如此北虜之滅、不過數年、臣恐陛下仁恩不忍、謀臣狐疑、令萬世刻石之功不立於聖世、詔報曰、黃石公記曰、柔能制剛、弱能制彊、柔者德也、剛者賊也、弱者仁之助也、彊者怨之歸也、故曰有德之君、以所樂樂人、無德之君、以所樂樂身、樂人者其樂長、（孟子曰以大事小者樂天者也、樂天者保天下、光武其知之矣、後漢此時力足以覆匈奴、而光武不輕用兵者、其所以為有德、宋初之力卽不足以制契丹、而宋初惟約束武人、其事不同、）樂身者不久而亡、舍近謀遠者、勞而無功、舍遠謀近者、逸而有終、逸政多忠臣、勞政多亂人、故曰務廣地者荒、務廣德者彊、有其有者安、貪人有者殘、殘滅之政、雖成必敗、（歐史英雄、皆陷此轍、）今國無善政、災變不息、百姓驚惶、人不自保、而復欲遠事邊外乎、孔子曰、吾恐季孫之憂不在顓臾、且北狄尙彊、而屯田警備傳聞之事、恆多失實、誠能舉天下之半以滅大寇、豈非至願、苟非其時、不如息人、自是諸將莫敢復言兵事者。　論曰、山西既定、威臨天下、戎羯喪其精膽、羣帥賈其餘壯、是誠雄心尙武之幾、先志翫兵之日、臧宮馬武之徒、撫鳴鏑而抵掌、志馳於伊吾之北矣、光武審黃石、存包桑、閉玉門以謝西域之質、卑辭幣以禮匈奴之使、其意防蓋已弘深、豈其顚沛平城之圍、忍傷黥王之陳乎。

又儒林傳、光武中興、愛好儒術、未及下車、而先訪儒雅、採求闕文、補綴漏逸、先是四方學士、多懷挾圖書、遁逃林藪、自是莫不抱負墳策、雲集京師、　建武五年、乃修起太學、稽式古典、籩豆干戚之容、備之於列、（王莽以經術飾其姦、光武戒其欺飾、而仍尊經崇儒、不因噎廢食也、）　論曰、自光武中年以後、干戈稍戢、專事經學、自是其風世篤焉。其服儒衣、稱先王、遊庠序、聚横塾者、蓋布之於邦域矣。　所談者仁義、所傳者聖法也、故人識君臣父子之綱、家知違邪歸正之路、（此段上論漢儒分爭王廷、樹朋私里、繁其章條、穿求崖穴、以合一家之說之弊、然其根本之美在此、此亦可見范氏史識）自桓靈之間、君道秕辟、朝綱日陵、國隙屢啓、自中智以下、靡不審其崩離、而權彊之臣、息其闚盜之謀、豪俊之夫、屈於鄙生之議者、（注謂董卓欲大起兵、鄭泰止之、卓從其言）人誦先王言也、下畏逆順勢也、（注言政化雖壞、而朝久不傾危者、以經籍道行、下人懼逆順之勢、）至如張溫皇甫嵩之徒、功定天下之半、聲馳四海之表、俯仰顧盼、則天業可移、猶鞠躬昏主之下、狼狽折札之命、散成兵就繩約、而無悔心、暨乎剝撓自極、人神數盡、然後羣英乘其運、世德終其祚、跡衰敗之所由致、而能多歷年所者、斯豈非學之效乎、故先師垂典文、褒勵學者之功、篤矣切矣。（此論推究因果、不但可爲後漢一朝總論、亦可謂爲歷代總論、自漢以降、政法雖不及周、崇儒亦不盡用、要以人誦先王之言、識父子君臣之綱、故歷久而不敝、此中國史跡最大之因果、亦即司馬談所謂百家弗能易者矣、）

宋葉適上孝宗皇帝劄子、國家規模特異前代、本緣唐季陵夷、其極爲五代廢立士卒、斷制之禍、是以收攬天下之權、銖分以上、悉總於朝、上獨專操制之勞、而下獲享其富貴之逸、故內治柔和、無狡悍思亂之民、不煩寸兵尺鐵、可以安枕無事、此其得也、然外網疎漏、有驕橫不臣之虜、雖聚重兵勇將、而無一捷之用、卒不免屈意損威、以就和好、此其失也、論者方偏樂安靖、以爲寧有外虞、而無使內變、課其功效、固已過於漢唐遠矣、且靖康之事、未聞我有一城一邑、敢爲叛命、而坐視胡虜長驅直入、惕息待死、屠戮之慘、與五代何異、則得失之算、豈不明哉、夫徒鑒五代之致亂、而不思靖康之得禍、故李綱請裂河南爲鎮、范宗尹嘗割邊面爲鎮撫、皆隨以廢格、陛下循守舊模、而欲驅一世之人以報君仇、則形勢乖阻、誠無展力之地、

儒道二家之學、皆精於用兵、孔子曰、我戰則克、蓋得其道矣。老子曰、以正治國、以奇用兵、皆可見其深有以自信、而禁攻寢兵之說、亦爲儒道二家所屏。（觀呂氏春秋蕩兵等篇之言可見）然又極戒兵禍、此非徒執一端者所能喻也。孟子曰、吾今而後知殺人親之重也、殺人之父、人亦殺其父、殺人之兄、人亦殺其兄、然

則非自殺之也一間耳其論用兵之因果深切著明迄今不可易也史家持論亦多與此合者觀班書武五子傳論可見。

漢書武五子傳贊曰、巫蠱之禍、豈不哀哉、此不惟一江充之辜、亦有天時、非人力所致焉、建元六年、蚩尤之旗見、其長竟天、後遂命將出征、略取河南、建置朔方、其春戾太子生、自是之後、師行三十年、兵所誅屠夷滅死者不可勝數、及巫蠱事起、京師流血、僵尸數萬、太子子父皆敗、故太子生長於兵、與之終始、何獨一嬖臣哉。秦始皇即位三十九年、內平六國、外攘四夷、死人如亂麻、暴骨長城之下、頭盧相屬於道、不一日而無兵、由是山東之難興、四方潰而逆秦、秦將吏外畔、賊臣內發、亂作蕭牆、禍成二世、故曰兵猶火也、弗戢必自焚、信矣、是以倉頡作書、止戈爲武、聖人以武禁暴整亂、止息兵戈、非以爲殘而興縱之也。

夫積善餘慶、積不善餘殃。普通人事之因果、豈至立國、而遂不同。故謂國家道德、與尋常人事道德、相殊者、必未切究歷史之因果也。馬遷述白起陳平李廣事、及論蒙氏受禍之由、雖若止爲個人鑒戒、要以見佳兵不祥、而不仁之禍、爲尤酷也。

史記白起列傳、武安君引劍將自剄曰、我何罪於天而至此哉、良久曰、我固當死、長平之戰、趙卒降者數十萬人、我詐而盡阬之、是足以死。

又蒙恬列傳、蒙恬喟然太息曰、我何罪於天、無過而死乎、徐曰、恬固當死矣、起臨洮屬之遼東、城塹萬餘里、此其中不能無絕地脈哉、此乃恬之罪也、乃吞藥自殺。　太史公曰、吾適北邊、自直道歸、行觀蒙恬所爲秦築長城亭障、塹山堙谷、通直道、固輕百姓力矣、夫秦之初滅諸侯、天下之心未定、痍傷者未瘳、而恬爲名將、不以此時彊諫、振百姓之急、養老存孤、務修衆庶之和、而阿意興功、此其兄弟遇誅、不亦宜乎、何乃罪地脈哉。

二二二

又陳丞相世家始陳平曰、我多陰謀、是道家之所禁、吾世即廢亦已矣、終不能復起、以吾多陰禍也、其後曾孫陳掌以衛氏親貴戚願得續封陳氏、然終不得。

又李廣列傳廣嘗與望氣王朔燕語曰、自漢擊匈奴、而廣未嘗不在其中、而諸部校尉以下才能不及中人、然以擊胡軍功取侯者數十人、而廣不爲後人、然無尺寸之功以得封邑者何也、豈吾相不當侯邪、且固命也、朔曰、將軍自念豈嘗有所恨乎、廣曰、吾嘗爲隴西守、羌嘗反、吾誘而降、降者八百餘人、吾詐而同日殺之、至今大恨獨此耳、朔曰、禍莫大於殺已降、此乃將軍所以不得侯者也。

大學曰、一家仁、一國興仁。一家讓、一國興讓。一人貪戾、一國作亂。其機如此。此謂一言僨事、一人定國。儒書究國家治亂興衰之因果。以柄國者負責最多。故歸本於一人一家。然切究其旨、則社會中人、固無一不與社會相爲因果。孟子稱殷之故家遺俗。微子痛殷之草竊姦宄。其義相反而相成。

孟子紂之去武丁未久也、其故家遺俗流風善政猶有存者、又有微子微仲王子比干箕子膠鬲皆賢人也、相與輔相之、故久而後失之也。

書微子殷罔不小大好草竊姦宄、卿士師師非度、凡有辜罪、乃罔恆獲、小民方興、相爲敵讎。

魚爛土崩必歸於多人之積因。

公羊傳僖公十九年梁亡、此未有伐者、其言梁亡何、自亡也、其自亡奈何、魚爛而亡也。

穀梁傳梁亡自亡也、湎於酒、淫於色、心昏耳目塞、上無正長之治、大臣皆叛、民爲寇盜、梁亡自亡也。

漢書徐樂傳天下之患在於土崩、不在瓦解、古今一也、何謂土崩、秦之末世是也。　民困而主不恤、下怨而上不知、俗已亂而政不修、此三者陳涉之所以爲資也、此之謂土崩。

故觀周初之興盛兎罝野人可備干城

詩兎罝序關雎之化行則莫不好德賢人衆多也　肅肅兎罝椓之丁丁赳赳武夫公侯干城

論漢宣之時世技巧工匠皆足稱述

漢書宣帝紀贊孝宣之治信賞必罰綜核名實政事文學法理之士咸精其能至於技巧工匠器械自元成間鮮能及之亦足以知吏稱其職民安其業也遭值匈奴衰亂推亡固存信威北夷單于慕義稽首稱藩功光祖宗業垂後嗣可謂中興侔德殷宗周宣矣（論漢宣帝之能伸威北夷不但政事文學法理之士與有關繫即技巧工匠器械之精亦其成功之原因此義古今一也讀史者必於此等因果特加注意鼂錯言兵事書謂勁弩長戟射疏及遠匈奴之弓弗能格堅甲利刃長短相雜遊弩往來什伍俱前匈奴之兵弗能當匈奴之長技三中國之長技五可見漢之工匠技術在漢初已優越異族推其原且當溯之先秦考工之法矣陳湯稱胡兵五而當漢兵一何者兵刃朴鈍弓弩不利今聞頗得漢巧然猶三而當一漢之能制匈奴豈徒恃武宣之主衞霍之將哉讀史者不知注意且厚誣吾民族謂自來器械工巧不逮異族矣）

而干寶論西晉之亂敗曰朝寡純德之士鄉乏不貳之老風俗淫僻恥尙失所學者以莊老爲宗而黜六經談者以虛薄爲辯而賤名檢行身者以放濁爲通而狹節信進仕者以苟得爲貴而鄙居正當官者以望空爲高而笑勤恪又曰選者爲人擇官官者爲身擇利而秉鈞當軸之士身兼官以十數大極其尊小錄其要機事之失十恆八九又曰婦女裝櫛織紝皆取成於婢僕未嘗知女工絲枲之業中饋酒色之事先時而婚任情而動故皆不恥淫佚之過不拘妬忌之惡有逆於舅姑有反易剛柔有殺戮妾媵有黷亂上下父兄弗之罪也天下莫知非也又況責之聞四教於古修貞順於今以輔佐君子者哉（晉紀總論）

夫漢族淪胥由於黜經鄙正苟得奔競且由士夫及於婦女之不恥淫佚爲國亡本顯之證痛哉言乎顧

亭林謂易姓改號、謂之亡國。仁義充塞而至於率獸食人、人將相食、爲亡天下。又曰保國者其君其臣肉食者謀之、保天下者匹夫之賤與有責焉。（日知錄正始）以干氏之言衡之、當推廣顧氏之語曰、保天下者匹夫匹婦之賤與有責焉矣。（曾國藩原才曰、能移習俗而陶鑄一世之人、非特居高明之地者然也、凡一命以上皆與有責焉者也、亦本顧氏之說、其實講學者何必待受一命、但知天下國家之休戚與一己相通、則此志自不容不立矣）

史化第十

食稻菽衣絲麻持箸而運筆尙陶而飲茶單音之語遐邇皆通形聲之文流播至廣建築合於衞生醫藥多所全活藝術有其特色工作不憚勤劬鄉黨尙齒貿遷貴信處事咸知講理教子恆期成人重貞淑而賤淫邪守分際而恥攘竊武術兼具剛柔娛樂亦存風雅設塾則敬禮文士論治則崇尙清官刑禁協於倫理敎宗未釀戰爭方志綿延木刻普徧坊表碑碣散見於僻壤遐陬楣語楹聯廣及於窮簷茆屋宗祠譜牒之聯繫以氏族爲里巷村莊燕粵海隴之迢遙雖疏逖若家庭兄弟外史多具錄於吾籍學人每卓著於異邦此非吾之史化耶悉數之不能終其物也

史之爲化有因有革其初因天因地因物其繼因人之性因人之情因先覺因舊習而成史分至因日朔望因月裘葛因寒暑州域因山川水工因地勢城郭宮室相陰陽而觀流泉由是而因物因人更僕難數故聖哲之說多言因如

論語因民之所利而利之斯不亦惠而不費乎

中庸故天之生物必因其材而篤焉故栽者培之傾者覆之

王制凡居民材必因天地寒暖燥濕廣谷大川異制民生其間者異俗剛柔輕重遲速異齊五味異和器械異制衣服異宜修其敎不易其俗齊其政不易其宜

禮器是故昔先王之制禮也因其財物而致其義焉爾故作大事必順天時爲朝夕必放於日月爲高必因丘陵爲下必因川澤是故天

時雨澤、君子達亹亹焉。

周官大司徒以土會之法、辨五地之物生、一曰山林、其動物宜毛物、其植物宜皁物、其民毛而方。二曰川澤、其動物宜鱗物、其植物宜膏物、其民黑而津。三曰丘陵、其動物宜羽物、其植物宜覈物、其民專而長。四曰墳衍、其動物宜介物、其植物宜莢物、其民皙而瘠。五曰原隰、其動物宜贏物、其植物宜叢物、其民豐肉而庳。因此五物者民之常而施十有二教焉。一曰以祀禮教敬則民不苟、二曰以陽禮教讓則民不爭、三曰以陰禮教親則民不怨、四曰以樂禮教和則民不乖、五曰以儀辨等則民不越、六曰以俗教安則民不偷、七曰以刑教中則民不虣、八曰以誓教恤則民不怠、九曰以度教節則民知足、十曰以世事教能則民不失職、十有一曰以賢制爵則民愼德、十有二曰以庸制祿則民興功

荀子解蔽篇由天謂之道盡因矣、

呂氏春秋貴因篇三代所寶莫如因、因則無敵、禹通三江五湖決伊闕溝迴陸注之東海、因水之力也、舜一徙成邑再徙成都三徙成國、而堯授之禪位因人之心也、湯武以千乘制夏商因民之欲也　夫審天者察列星而知四時因也、推曆者視月行而知晦朔因也、禹之裸國裸入衣出因也、墨子見荊王錦衣吹笙因也、孔子道彌子瑕見釐夫人因也、湯武遭亂世臨苦民揚其義成其功因也、故因則功專則拙、因者無敵、國雖大民雖衆何益（愼大覽首曰賢主愈大愈懼愈彊愈恐蓋懼敵之因其強大而覆之也此篇末語與之相呼應）

孫子作戰篇善用兵者役不再籍糧不三載取用於國因糧於敵　虛實篇水因地而制流兵因敵而制勝、　用間篇因間者因其鄉人而用之內間者因其官人而用之、反間者因其敵間而用之、

公羊傳隱公元年三月、公及邾婁儀父盟於眛　與公盟者衆矣、曷爲獨褒於此、因其可褒而褒之

史記管仲列傳下令如流水之原、令順民心、故論卑而易行、俗之所欲因而予之、俗之所否因而去之、其爲政也、善因禍而爲福、轉敗而

為功。

又貨殖列傳故善者因之、其次利道之、其次教誨之、其次整齊之、最下者與之爭。

又太史公自序道家無為、又曰無不為、其實易行、其辭難知、其術以虛無為本、以因循為用、（率循不越是為因循、其流弊亦曰因循、）無成勢、無常形、故能究萬物之情、不為物先、不為物後、故能為萬物主、有法無法、因時為業、有度無度、因物與合、故曰聖人不朽、時變是守、虛者道之常也、因者君之綱也。

皆最精之言。班孟堅謂凡民函五常之性。而其剛柔緩急音聲不同、繫水土之風氣、故謂之風、好惡取舍動靜無常、隨君上之情欲、故謂之俗。推論風俗。得其主因而因之革之之道寓焉。是故知因然後知革。易革卦象曰君子以治曆明時。蓋古代曆法改革最為立國臨民務農行政之要事、故舉此為說。然曆之原則因日月者也。行之久而與原則不符則必革之以求復合於所因之原則焉。推之湯武革命順乎天而應乎人。亦緣國君之原則因天人者也。（書曰天降下民、作之君、作之師、荀子曰天之生民非為君也、天之立君以為民也、故古者列地建國非以貴諸侯而已、列官職差爵祿非以尊大夫而已、大明）夏商行之久而與原則不符、故湯武必革之以求復合於所因之原則焉。推之後世嬴秦新莽、違背因天因人之原則、而羣雄紛起。猶之他國之以政術競選。然陳勝項籍更始隗囂公孫述等皆失敗、而劉邦劉秀乃當選焉。亦以其用兵立政有漸合於所因之原則者在也。孔子曰、殷因於夏禮、所損益可知也。周因於殷禮、所損益可知也。其或繼周者、雖百世可知也。損者革也。革其漸行漸久不合於所因之原則者。又就當時之需要、益以若干合於原則者。而所因之原則、故未嘗變。此其所以百世可知也。戴記大傳曰、聖人南面而聽天下、所且先者五、民不與焉、一曰治親。二曰報功。三曰舉賢。四曰使能。五曰存愛。五者一得於天下。民無不足。無不贍者。五者一物紕繆。民莫得其死。聖人南面而治天下。必自人道始矣。立權度量。考文章。改正朔。易服色。殊徽號。異器械。別衣服。此其所得與民變革者也。其不可得變革者則有矣。親親也。尊尊也。長長也。男女有別。此其不可得與民變革者也。此觀史化者所宜深味也。

王國維殷周制度論有精言曰。周之所以綱紀天下。其旨則在納上下於道德。而合天子諸侯卿大夫士庶民以成一道德之團體。又曰、古之所謂國家者。非徒政治之樞機。亦道德之樞機也。使天子諸侯大夫士各奉其制度典禮。以親親尊尊賢賢明男女之別於上。而民風化於下。此之謂治。反是則謂之亂。故天子諸侯卿大夫士者。民之表也。制度典禮者。道德之器也。周人爲政之精髓實存於此。（觀堂集林卷十）王氏精研周制。謂中國政治與文化之變革莫劇於殷周之際、且究其立制之本意。出於萬世治安之大計。其心術與規摹。迥非後世帝王所能夢見。故其例證多就周之宗法服術之類言之。實則所謂合天下以成一道德之團體之精髓。周制獨隆。而前此必有所因。雖周亡而其精髓依然爲後世之所因。不限於有周一代也。以近今而論。祠祭喪服。遠異於周。然其意何嘗不由周而來。猶存什之一二。故千古共同之鵠的。惟此道德之團體。歷代之史。匪帳簿也。臚陳此團體之合此原則與否也。地方志乘。家族譜諜。一人傳記。亦匪帳簿也。臚陳此團體中之一部分合此原則與否也。吾謂史出於禮。熟察之。莫非王氏所謂精髓之所寄也。

爲國以禮。爲史以禮。禮者理也。以故迄今大多數之人。猶都明理。此其化之源遠流長。有如李白詩所謂抽刀斷水水更流者不易以時代畫分也第有一事往往爲今人所不喻蓋禮莫大於等威之辨而與今人所持平等觀念鑿枘也荀卿最精於禮而極言制禮義以分之謂之至平

荀子榮辱篇夫貴爲天子富有天下是人情之所同欲也然則從人之欲則勢不能容物不能贍也故先王案爲之制禮義以分之使有貴賤之等長幼之差知愚能不能之分皆使人載其事而各得其宜然後使慤（俞樾曰慤當作穀）祿多少厚薄之稱是夫羣居和一之道也故仁人在上則農以力盡田賈以察盡財百工以巧盡械器士大夫以上至於公侯莫不以仁厚知能盡官職夫是之謂至平故或祿天下而不自以爲多或監門御旅抱關擊柝而不自以爲寡故曰斬而齊枉而順不同而一夫是之謂人倫

又其表示最平等之義曰雖王公士大夫之子孫不能屬於禮義則歸之庶人雖庶人之子孫也積文學正身行能屬於禮義則歸之卿士大夫（王制篇）此自春秋譏世卿以至後世之重世族門第終歸於考試之原理具於是矣強不平爲平何如因其智愚賢不肖爲之差等之爲平乎

抑又有進者他族之言平等多本於天賦人權之說吾國之言平等則基於人性皆善之說然人性皆善特原其始耳至列於禮之階級則相差而不平矣吾之聖哲又爲之下一定義曰自天子以至於庶人壹是皆以修身爲本（大學）則禮之階級爲表而修身之平等爲裏顯示階級制度不足以限人而人之平等者惟在道德何其言之無賸義也孟子曰人皆可以爲堯舜荀子亦曰塗之人可以爲禹（性惡篇）是從原始言孟荀之說或殊（後世多本孟子）從標準言孟荀之說無二也大學言修身平等中庸更就知行言平等曰或生而知之或學而知之或困而知之及其知之一也或安而行之或利而行之或勉強而行之及其成功一也大學中庸皆言禮之書也禮之精髓能合智愚賢不肖而平等此吾史所以無階級爭

門之故歟

他國以憲法制裁君主之強暴吾國則惟以教育覺悟權貴之昏愚賈生陳政事疏及大戴記保傅篇言之綦備是卽天子必以修身爲本之見於實事者觀其所引學禮之言雖未能斷爲何時之制度然以呂氏春秋尊師篇所言證之蓋必自古相傳居高位者必從師而受學可斷言也

保傅篇學禮曰帝入東學上親而貴仁則親疏有序而恩相及矣帝入南學上齒而貴信則長幼有差而民不誣矣帝入西學上賢而貴德則聖智在位而功不遺矣帝入北學上貴而尊爵則貴賤有等而下不踰矣帝入太學承師問道退習而考於太傅太傅罰其不則而匡其不及則德智長而治道得矣此五學者旣成於上則百姓黎民化輯於下矣

呂氏春秋尊師篇神農師悉諸黃帝師大撓帝顓頊師伯夷父帝嚳師伯招帝堯師子州支父帝舜師許由禹師大成贄湯師小臣文王武王師呂尚周公旦齊桓公師管夷吾晉文公師咎犯隨會秦穆公師百里奚公孫枝楚莊王師孫叔敖沈尹巫吳王闔廬師伍子胥文之儀越王句踐師范蠡大夫種此十聖人六賢者未有不尊師者也

秦人蔑學而始皇阬儒之時扶蘇諫曰天下初定遠方黔首未集諸生皆誦法孔子今上皆重法絕之臣恐天下不安是秦自扶蘇以至天下諸生皆誦法孔子也史稱漢高祖不修文學然楚元王交好書多材藝少時嘗與魯穆生白生申公俱受詩於浮丘伯伯者孫卿門人也（漢書楚元王交傳）兄弟之間豈無擩染叔孫通制朝儀亦及帝左右之爲學者（漢書叔孫通傳注左右謂近臣也爲學謂素有學術）陸賈爲帝著秦所以失天下漢所以得之者及古成敗之國凡十篇每奏一篇帝未嘗不稱善（漢書陸賈傳）後世若司馬光之資治通鑑范祖禹之唐鑑眞德秀之大學衍義邱濬之大學衍義補皆此意也而凡臨雍視學養老

乞言、開經筵獻圖說諸事。抑此政權所集至高無上之身。俯同學子。視臺諫爭執於後。史家貶斥於終者。尤有先事圖維之妙用。雖不學、或學而不行者。歷世多有。而其陰銷殘暴。牖啓仁明。蓋已多矣。

王船山最惡異族之襲吾文化。故謂石勒起明堂辟廱靈臺。拓跋宏修禮樂立明堂。皆敗類之儒。鬻道統而教之竊。而君臣皆自絕於天。（讀通鑑論卷十三）又謂自胡后死。宏始親政。以後五年之間。作明堂正祀典。定祧廟。祀圜丘。迎春東郊。定次五德。朝日養老。修舜禹周孔之祀。耕耤田。行三載考績之典。禁胡服胡語。親祠闕里。求遺書。立國子大學四門小學。定族姓。宴國老庶老。聽羣臣終三年之喪。小儒爭豔稱之以爲榮。凡此者、典謨之所不道。孔孟之所不言。立學終喪之外、皆漢儒依託附會。逐末舍本。雜讖緯巫覡之言。塗飾耳目。是爲拓跋宏所行之王道而已。尉元爲三老。游明根爲五更。豈不辱名教而羞當世之士哉。（卷十六）其義峻矣。然異族襲吾華化。固未得吾聖哲之眞精神。第卽其旃裘毳幙、戰鬥、嚚頑之習。能折服於吾禮法。雖曰塗飾觀瞻。要亦不無影響。推聖哲有教無類之義。亦未始不可以進之。故由種族而言。固宜力嚴其辨。而由文化而論。則又宜容保無疆。觀唐裴光庭請許賜吐蕃諸書。欲使忠信禮義化流無外。則知後來女眞滿清諸帝之嚮學。趙曾諸氏稱之。亦未爲失當矣。

通鑑二百十三開元十九年、吐蕃使者稱公主求毛詩春秋禮記正字、于休烈上疏以爲東平王漢之懿親、求史記諸子、漢猶不與、況吐蕃國之寇讎、今資之以書、使知用兵權略、愈生變詐、非中國之利也、事下中書門下議之、裴光庭等奏吐蕃聾昧頑嚚、久叛新服、因其有請、賜以詩書、庶使之漸陶聲教、化流無外、休烈徒知書有權略變詐之語、不知忠信禮義、皆從書出也、上曰善、遂與之。

廿二史劄記金代文物遠勝遼元　曾國藩先正事略序（可參考）

史迹之蛻變。有由簡質而漸臻繁賾者。有由廣博而漸卽單純者。未可一概論也。由邃古之榛狉。累進而至有周之禮教。此由簡質而臻繁賾也。秦漢以降。雖亦由周制而演變。而論其教化。則時時有由廣博而趨單純之勢。周之爲教也。曰知仁聖義忠和。曰孝友睦婣任恤。曰禮樂射御書數。又曰中和祗庸孝友。曰興道諷誦言語。曰雲門大卷大咸大磬大夏大濩大武。又曰三德。曰六藝。曰六儀。其目繁矣。其舉人也。閭書敬敏任恤。族書孝弟睦婣有學。黨書德行道藝。州考德行道藝。（均見周官）亦與所教之繁賾相應。越數百年。典籍漸湮。制度漸廢。乃變爲專事讀書及游說干進二途。（如蘇秦讀陰符簡鍊以爲揣摩歷說列國之類）自漢以降。教學亦惟讀書。而選士取人。往往設科雖多。而惟重其一二。如漢時雖有賢良方正直言極諫茂材異等可使絕國及敦朴有道賢能直言獨行高節質直清白敦厚之屬。（參漢書武帝紀後漢書左雄傳論）而仕進之途。惟選舉孝廉及博士弟子爲重。簡言之。行則孝廉。學則讀書而已。唐制常貢之科。有秀才。有明經。有進士。有明法。有書。有算。自京師郡縣皆有學。而士族所趨嚮。唯明經進士二科。（通典選舉三）簡言之。則讀書作文而已。古意之漸演漸湮。由禮樂政教之胥替。而蛻化之中。亦自有其精髓者存。是不可以不察也。

漢自惠帝四年。詔舉民孝弟力田者復其身。高后元年。置孝弟力田二千石者一人。不知爲何人所倡議也。至武帝元光元年。初令郡國舉孝廉各一人。又制郡國口二十萬以上歲察一人。四十萬以上二人。六十萬三人。八十萬四人。百萬五人。百二十萬六人。不滿二十萬。二歲一人。不滿十萬。三歲一人。後漢和帝時。又令緣邊郡口十萬以上。歲舉孝廉一人。不滿十萬。二歲舉一人。五萬以下。三歲舉一人。（通典注推當時戶口一歲所貢不過二百餘人、然其立法甚均平、由內地及於邊郡、無不察舉、故視周之比閭族黨之選舉、德目爲簡、而懸孝與廉爲選人之標準、則各地易知易行也）其於人之所求孝與廉而已、擇德目能知其要、教國民深探其本、不可謂無識也。雖自武帝時政俗已敝、議者力言宜貴孝弟、賤賈人、進眞賢、舉實廉、知貴孝弟舉實廉、非帝王一人之所偏嚮、而爲士大夫所共祈求矣。

漢書貢禹傳、禹又言孝文皇帝時、貴廉絜、賤貪污、賈人贅壻及吏坐贓者、皆禁錮不得爲吏、賞善罰惡、不阿親戚、罪白者伏其誅、疑者以與民、亡贖罪之法、故令行禁止、海內大化、天下斷獄四百、與刑錯亡異、武帝始臨天下、尊賢用士、闢地廣境數千里、自見功大威行、遂從耆欲、用度不足、乃行一切之變、使犯法者贖罪、入穀者補吏、（此法與選孝廉之義相矛盾）是以天下奢侈、官亂民貧、盜賊並起、亡命者衆、郡國恐伏其誅、則擇便巧史書習於計簿能欺上府者、以爲右職、姦軌不勝、則取勇猛能操切百姓者、以苛暴威服下者、使居大位、故亡義而有財者顯於世、欺謾而善書者尊於朝、誖逆而勇猛者貴於官、故俗皆曰、何以孝弟爲、財多而光榮、何以禮義爲、史書而仕宦、何以謹愼爲、勇猛而臨官、故黥劓而髡鉗者、猶復攘臂爲政於世、行雖犬彘、家富勢足、目指氣使、是爲賢耳、故謂居官而置富者爲雄、處姦而得利者爲壯士、兄勸其弟、父勉其子、俗之壞敗、乃至於是、（此皆俗人之觀念、在有識者觀之是爲壞敗）察其所以然者、皆以犯法得贖罪、求士不得眞賢、相守崇財利、誅不行之所致也、今欲興至治、致太平、宜除贖罪之法、相守選舉不以實、及有贓者、輒行其誅、亡但免官、則爭盡力爲善、貴孝弟、賤賈人、進眞賢、舉實廉、而天下治矣。

游牧之俗、遷徙無常、賤老貴壯、故以夫婦爲本位、而父子可不相聞、農稼之俗、世業相承、老幼一體、故以父子爲本位、而夫婦重其相代、（冠義冠於阼以著代也、昏義舅姑共饗婦以一獻之禮、奠酬、舅姑降自西階、婦降自阼階、以著代也）故吾謂喪考妣三年之俗、蓋在唐虞之前已有之、緣國族之由漁牧而進於農耕、殆已經若干萬年聖哲之倡孝德特因其俗而爲之節文耳孔子曰、天地之性人爲貴人之行莫大於孝又曰、父子之道天性也君臣之義也父母生之續莫大焉上原天性下推相續蓋農業民族天性特厚有非游牧民族之習於涼薄所得喩者且卽喩之而於吾聖哲之制爲節文之精猶難體察也士禮喪服傳最精之言曰禽獸知母而不知父野人曰父母何算焉都邑之士則知尊禰矣大夫及學士則知尊祖矣故不知孝者無論知矣而知母不知父其去禽獸未遠也又進而曰父母何算焉猶是野人之見也至都邑之士之尊禰始爲由野蠻而進於文明此吾國之文明所以早軼於他族也（唐明之改服制已由周之都邑之士之見、退而至於野人、然更有由野人而益降者、則墨家兼愛之說也。墨家之說曰、視人之父若己之父。驟聆之、似若較儒家之說爲博大、然人之父惡得若己之父。此卽其說之最不通者。故曰由野人而益降也。析理不精、反若說理之粗者爲可貴。世之欲以墨易儒者多矣。）

莊子雖有繙十二經之語而先秦諸子引據詩書、未有以詩經書經稱者惟呂氏春秋察微篇、引高而不危滿而不溢等語明著曰孝經而蔡邕明堂論曾引魏文侯孝經傳其書更早於呂覽矣公羊疏引孝經鉤命決曰孔子在庶德無所施功無所就志在春秋行在孝經以春秋屬商孝經屬參而曾子之名最著於戰國莊子多以曾史並稱（胠篋篇曰削曾史之行、鉗楊墨之口、在宥篇曰曾史之術、天地篇曰跖與曾史行義有間矣）蓋以曾史爲忠孝之代表、然史鰌爲魏名臣、曾子之位不之逮、荀卿多詆史鰌於曾子無間然蓋由人性之尙孝故信鄕曾子若是篤也秦人家富子壯則出分家貧子壯則出贅借父鉏耰慮有德色母取箕帚立而誶語抱哺其子與公併倨婦姑不相說則反脣而相稽其慈子耆利不同禽獸者亡幾耳（漢書賈誼傳）而秦儒爲呂不韋著書作孝行覽曰夫孝三皇五帝之本務而萬事之紀也夫執一術而百善至百邪去天下從者其惟孝也使非人性有所同然其說惡能鳴之於秦國吾以是知漢惠帝呂后及武帝之以孝教天下殆由於秦儒之說而秦儒之說又自堯舜禹契周公及孔曾而來漢人乃因此遠源以爲教也貢禹述俗人之言曰何以孝弟爲財多而光榮漢末之諺曰舉秀才不知書舉孝廉父別居（見抱朴子）俗之易澆而難化可見矣然漢代諸帝皆以孝爲謚而天下皆誦孝經（後漢書荀爽傳漢制使天下皆誦孝經）蓋自天子以至於庶人皆以孝爲本務之義漢武帝雄才大略不拘拘於儒說也而其行之無愧於孝武之謚者有二焉一曰援公羊之誼而征匈奴

漢書匈奴列傳漢既誅大宛威震外國天子意欲遂困胡迺下詔曰高皇帝遺朕平城之憂高后時單于書絕悖逆昔齊襄公復九世之讎春秋大之是歲太初四年也

一曰守先帝之法而誅昭平君

漢書東方朔傳隆慮公主子昭平君尙帝女夷安公主隆慮主病因以金千斤錢千萬爲昭平君豫贖死罪上許之隆慮主卒昭平君日驕醉殺主傅獄繫內官以公主子廷尉上請請論左右人人爲言前又入贖陛下許之上曰吾弟老有是一子死以屬我於是爲之垂涕歎息良久曰法令者先帝所造也用弟故而誣先帝之法吾何面目入高廟乎又下負萬民迺可其奏哀不能自止

而東方朔傳敘昭平君事尤可見帝之至性過人不以私情而損國法俗人惡知此之爲孝乎讀史者知此義然後知宋光宗不過重華宮張居正奪情戀政以君相之尊爲舉世所非宋之濮議明之大禮皆帝王家事無與於國事而徇私情以爲孝不合於禮士夫乃不憚昌言力爭均由天子至於庶人以孝爲修身之本之誼深中於人心其身不修卽不能宴然居於臣民之上士大夫之持清議者不容不辨此當時

所以認爲大事史家所以必爲詳書否則以今日之心習眼光觀之何能解此意義耶

教孝一術耳而秦儒言其廣義曰凡爲天下治國家必務其本而後末所謂本者非耕耘種植之謂務其人也（此所謂人本主義）務其人非貧而富之寡而衆之務其本也務本莫貴於孝人主孝則名章榮下服聽天下譽人臣孝則事君忠處官廉臨難死士民孝則耕芸疾守戰固不罷北其言蓋自曾子所謂居處不莊事君不忠蒞官不敬朋友不信戰陳無勇皆非孝而來夫人羣至渙也豈惟生存競爭蓋必有同情互助之爲其羣始可以膠固而發達世之立國者或以宗教或以法律或以經濟皆以膠此渙散之羣而使之發展者也然不本於性情之正其膠也反以促其爭惟吾聖哲以孝爲教實本於天性而合於人情而國家社會緣以永久而益弘其爲義曰資於事父以事母而愛同資於事父以事君而敬同故母取其愛而君取其敬兼之者父也又曰愛親者不敢忤於人敬親者不敢慢於人建國家安社會胥從孝出蓋人子之於父母同情出於天性由是而服勞奉養由是而屈己受教其犧牲私利私見以助他人以從他人之心習自童稚至成人時已於家庭無形養成則其致身於社會國家至順之勢也故曰聖人因嚴以教敬因親以教愛其所因者本也（孝經）歷代政教惟曹操有或不仁不孝而有治國用兵之術其各舉所知勿有所遺之令（魏志注）外此未有不以孝爲重者夫以孝爲重卽訓練一世之人不自私而利人之基礎由其基礎深厚雖亦未嘗無儇薄橫逆悖於家族害於羣衆之流而愛羣奉法砥節首公明於致身之義者不可勝數極之精忠大節取義成仁皆自其眞性情中發出非浮慕虛名漫拚一死或宗教法律經濟誘惑而約束之由是國族綿延疆宇恢擴廣之任恤睦婣（如范文正設義莊之類）斂之循分守法

斯豈無故而然哉。

孝廉之選，北周以降不復舉（北周宣帝大成元年詔州舉高才博學者爲秀才、郡舉經明行修者爲孝廉）。孝弟力田之科，至中唐而遂罷（唐代宗廣德二年五月禮部侍郎楊綰奏歲貢孝弟力田無實狀及童子科皆僥倖悉罷之）。宋蘇軾謂設科立名以取之，是教天下相率而爲僞也。上以孝取人，則勇者割股，怯者廬墓；上以廉取人，則敝車羸馬，惡衣菲食，凡可以中上意者，無所不至。德行之弊，一至於此（論貢舉疏）。雖至清世俗之稱，猶目舉人爲孝廉（陔餘叢考今世俗別稱舉人曰孝廉以孝廉本郡國所舉也）。每帝即位，直省府縣各舉孝廉方正一人，固與漢制迥殊矣。然風化所重，實深入於人心，不繫於科目之有無。觀於古禮漸久漸湮，惟喪服之名相承不墜，雖衰麻升數等差莫辨，禮之深於文者，惟經生知之，而俗尚所沿，未始不存其意。百行孝爲先之語，普及於社會（即呂氏春秋所謂執一術百善至百邪去之意）。史化之深，無有過於此者矣。遷、固二大史家，皆由繼承父志。姚思廉、歐陽修之行業，亦猶遷、固也。讀龍門執手垂泣之言，味瀧岡其來有自之語，其精神能感人於百世，此其史之所以不朽者乎。

漢之以廉與孝並重也，有近因焉，有遠因焉。就其近者言之，六國之亡，漢室之興，多由金錢之關繫。用是知貪人敗類，苟相率於拜金，則舉國家軍隊皆可爲多金者所市。故雖出身狗屠之樊噲，猶知勸沛公勿爲富家翁。此漢家開國君臣共同之意識。

史記信陵君列傳：公子威振天下，秦王患之，乃行金萬斤於魏，求晉鄙客，令毀公子於魏王。

又李牧傳：秦多與趙王寵臣郭開金，爲反間，言李牧、司馬尚欲反，趙王乃使趙蔥及齊將顏聚代李牧。

二二八

又李斯列傳秦王乃拜李斯爲長史、聽其計、陰遣謀士齎持金玉以游說諸侯、諸侯名士可下以財者、厚遺結之、不肯者、利劍刺之、離其君臣之計。

又高祖本紀使酈生陸賈往說秦將、啗以利、因襲攻武關破之。

又聞豨（陳豨）將皆故賈人也、上曰、吾知所以與之、乃多以金啗豨將、豨將多降者。

又陳丞相世家絳侯灌嬰等咸讒陳平曰、平受諸將金、金多者得善處、金少者得惡處、漢王召讓平、平曰、臣臝身來、不受金、無以爲資、大王誠能出捐數萬斤金、行反間、間其君臣、以疑其心、項王爲人意忌信讒、必內相誅、漢因擧兵而攻之、破楚必矣、漢王以爲然、乃出黃金四萬斤、與陳平、恣所爲、不問其出入、陳平多以金縱反間於楚。

又留侯世家沛公入秦宮、宮室帷帳狗馬重寶婦女以千數、意欲留居之、樊噲諫沛公出舍、沛公不聽、良曰、夫秦爲無道、故沛公得至此、夫爲天下除殘賊、宜縞素爲資、今始入秦、卽安其樂、此所謂助桀爲虐、且忠言逆耳利於行、毒藥苦口利於病、願沛公聽樊噲言、沛公乃還軍霸上。集解徐廣曰、一本噲諫曰、沛公欲有天下邪、將欲爲富家翁耶、沛公曰、吾欲有天下、噲曰、今臣從入秦宮、所觀宮室帷帳珠玉重寶鐘鼓之飾、奇物不可勝極、入其後宮、美人婦女以千數、此皆秦所以亡天下也、願沛公急還霸上、無留宮中。（通鑑採此語）

又項羽本紀范增說項羽曰、沛公居山東時、貪於財貨、好美姬、今入關、財物無所取、婦女無所幸、此其志不在小。

故自文帝卽以廉吏爲民之表。

漢書文帝紀十二年詔曰、孝悌天下之大順也、力田爲生之本也、三老衆民之師也、廉吏民之表也。

景帝又以廉士失職貪夫長利爲戒。

漢書景帝紀後二年詔曰、人不患其不知、患其爲詐也、不患其不勇、患其爲暴也、不患其不富、患其亡厭也、其惟廉士、寡欲易足、今訾算十以上乃得官、（應劭曰、古者疾吏之貪、衣食足知榮辱、限訾十算迺得爲吏、十算十萬也、賈人有財不得爲吏、廉士無訾又不得官、故減訾算得官矣、）廉士不必衆、有市籍不得官、（即所謂賈人有財不得官也、）無訾又不得官、朕甚愍之、訾算四得官、亡令廉士久失職、貪夫長利。

武帝既捌舉孝廉之法。又置部刺史。以六條察州。而侵漁百姓聚斂爲姦、通行貨賂割損正令之弊占六條之二。

漢書百官公卿表武帝元封五年、初置部刺史、掌奉詔條察州、注引漢官典職儀云、刺史班宣周行郡國、省察治狀、以六條問事、二條二千石不奉詔書遵行典制、倍公向私、旁詔守利、侵漁百姓、聚斂爲姦。六條二千石違公下比、阿附豪强、通行貨賂、割損正令。

以貢禹之言觀之、似武帝時貪風甚熾、然張湯與賈人錢通、而其死也、家產直不過五百金、皆所得奉賜、無他業、霍去病以外戚爲大將、能知匈奴未滅、無以家爲、其尚廉之化固行於貴近矣。

史記酷吏列傳張湯傳、湯之客田甲雖賈人、有賢操、始湯爲小吏時與錢通、及湯爲大夫、甲所以責湯行義過失、有烈士風、湯死、家產直不過五百金、皆所得奉賜、無他業。

又霍去病傳、天子爲治第、令驃騎視之、對曰、匈奴未滅、無以家爲也。

至論其遠原、則自盤庚已以無總於貨寶、生生自庸爲訓、卒以草竊姦宄亡國、故周之六計、以廉爲本。

周官小宰以官府之六計、弊羣吏之治、一曰廉善、二曰廉能、三曰廉敬、四曰廉正、五曰廉法、六曰廉辨。

蓋必廉而後可善可能可敬可正可法可辨、未有不廉而善且正者也、管子以廉爲四維之一、而釋之曰

廉不蔽惡蓋廉之本義爲廉隅卽凡事皆有界限之謂臨財毋苟得者卽審於羣己公私之界限不敢爲惡而肆爲欺蔽也

管子牧民國有四維一維絕則傾二維絕則危三維絕則覆四維絕則滅傾可正也危可安也覆可起也滅不可復錯也何謂四維一曰禮二曰義三曰廉四曰恥禮不踰節義不自進（尹注自進謂不自薦舉也）廉不蔽惡（注隱蔽其惡非貞廉也）恥不從枉（注詭隨邪枉無羞之人）故不踰節則上位安不自進則民無巧詐不蔽惡則行自全不從枉則邪事不生

儒者制行砥厲廉隅不隕穫於貧賤不充詘於富貴（儒行）與周官管子之持義一也然其精義則在胸襟之高有超乎富貴貧賤之境中庸曰素富貴行乎富貴素貧賤行乎貧賤君子無入而不自得故孔子飯疏食飲水曲肱而枕之樂亦在其中有此境界始能視不義之富貴如浮雲自孔子以身示範戰國時人卽已誦述其說如蔡澤說應侯曰聖人曰飛龍在天利見大人不義而富且貴於我如浮雲（史記蔡澤傳）可見戰國時人心服此說尊孔子爲聖人舉其說與易並重也孟子嚴義利之辨視孔子之說尤詳穿窬乞墦譬喻痛切斥壟斷嗜利者爲賤丈夫而定大丈夫之標準曰富貴不能淫貧賤不能移威武不能屈漢孝文時孟子已立博士其學說爲漢人所信仰可想故漢之舉士以廉與孝並重又有此等遠源非徒鑒於秦楚之際矣

古之爲政正德與利用厚生相劑其言理財以生之者衆爲之者疾爲主初非不知經濟惟事消極保息養民亦曰安富而其懲游惰之不生產者又有法焉曰凡宅不毛者有里布田不耕者出屋粟無職事者出夫家之征又曰凡無職者出夫布凡庶民不畜者祭無牲不耕者祭無盛不樹者無椁不蠶者不帛不

績者不衰（均見周官）其重生計至矣。然此爲凡民言耳。至於士大夫則不能假口於此。孔子曰、君子仕則不稼、田則不漁、食時不力珍、大夫不坐羊、士不坐犬（坊記）孟獻子曰、畜馬乘不察於雞豚、伐冰之家不畜牛羊、百乘之家不畜聚斂之臣、與其有聚斂之臣、寧有盜臣。蓋經濟宜分公私、士大夫當爲國民謀公經濟、不得以其地位與凡民爭私經濟。士大夫與國民爭私經濟、則公經濟何自增進而平均乎。董生知此義、舉公儀休以告漢武。

漢書董仲舒傳、受祿之家、食祿而已、不與民爭業、然後利可均布、而民可家足、此上天之理、而亦太古之道、天子之所宜法以爲制、大夫之所當循以爲行也。故公儀子相魯、之其家、見織帛、怒而出其妻、食於舍而茹葵、慍而拔其葵、曰、吾已食祿、又奪園夫紅女利虖。古之賢人君子在列位者、皆如是。是故下高其行而從其教、民化其廉而不貪鄙。及至周室之衰、其卿大夫緩於誼而急於利、亡推讓之風、而有爭田之訟。故詩人疾而刺之曰、節彼南山、惟石巖巖、赫赫師尹、民具爾瞻。爾好誼、則民鄉仁而俗善、爾好利、則民好邪而俗敗。由是觀之、天子大夫者、下民之所視效、遠方之所四面而內望也。近者視而放之、遠者望而效之、豈可以居賢人之位、而爲庶人行哉。夫皇皇求財利、常恐乏匱者、庶人之意也。皇皇求仁義、常恐不能化民者、大夫之意也。易曰、負且乘、致寇至。乘車者、君子之位也、負擔者、小人之事也。此言居君子之位、而爲庶人之行者、其患禍必至也。若居君子之位、當君子之行、則舍公儀休之相魯、亡可爲者矣。

史遷亦知此義、故舉公儀休以式循吏。後史之美清廉、貶貪墨、及歷朝之重除貪、罔非本此義也。

日知錄、漢時贓罪被劾、或死獄中、或道自殺。唐時贓吏多於朝堂決殺、其持有者、乃長流嶺南。睿宗太極元年四月制、官典主司枉法贓一匹已上、並先決一百。而改元及南郊赦文、每曰大辟罪已下、已發覺未發覺、已結正未結正、繫囚見徒、罪無輕重、咸赦除之、官典犯贓不在此限。然猶有左降遐方、謫官蠻徼者、而盧懷愼重以爲言、謂屈法惠姦、非正本塞源之術。是知亂政同位、夏后作其丕刑、貪以敗官、夏書訓之必殺、三代之王、罔不由此道者矣。　宋初郡縣吏承五季之習、黷貨厲民、故尤嚴貪墨之罪、開寶三年董元吉守英州、受贓七十餘萬、帝以嶺表初平、欲懲掊克之吏、特詔棄市、而南郊大赦、十惡故劫殺及官吏受贓者不原、史言宋法可以得循吏者三、而不赦犯贓其一也、天聖以後、士大夫皆知飾簠簋而厲廉隅、蓋上有以勸之矣（參閱廿二史劄記明代重懲貪吏條）

史家持論、或有憤疾濁世、故爲激宕之言。如史記游俠列傳序、謂季次原憲、閭巷人也、讀書懷獨行君子之德、義不苟合當世、當世亦笑之。又曰、伯夷醜周、餓死首陽山、而文武不以其故貶王、跖蹻暴戾、其徒誦義無窮。由此觀之、竊鉤者誅、竊國者侯、侯之門仁義存、非虛言也。其感慨至矣。然其上文以何知仁義、已饗其利者爲有德、屬於鄙人之言。蓋史公鄙王侯爲跖蹻之行、故設此論也。歷觀史事、廉正之能化人者多矣。張奐能化羌豪。

後漢書張奐傳、張奐字然明、敦煌酒泉人也、少游三輔、學歐陽尚書。　永壽元年、遷安定屬國都尉、初到職、而南匈奴左薁鞬臺耆且渠伯德等七十餘人寇美稷、東羌復舉種應之、而奐壁唯有二百許人、聞卽勒兵而出、軍吏以爲力不敵、叩頭爭止之、奐不聽、遂進屯長城、收集兵士、遣將王衛招誘東羌、因據龜茲、使南匈奴不得交通東羌、諸豪遂相率與奐和親、共擊薁鞬等、連戰破之、伯德惶恐、將其衆降、郡界以寧。羌豪感奐恩德、上馬二十匹、先零酋長又遺金鐻八枚、奐並受之、而召主簿於諸羌前、以酒酹地曰、使馬如羊、不以入廄。使金如粟、不以入懷。悉以金馬還之。羌性貪而貴吏清。前有八部都尉、率好財貨、爲所患苦。及奐正身絜己、威化大行。

袁紹畏見許劭。

後漢書許劭傳、同郡袁紹、公族豪俠、去濮陽令歸、車徒甚盛、將入郡界、乃謝遣賓客曰、吾輿服豈可使許子將見、遂以單車歸家。

毛玠之倡廉節。楊綰之格豪侈。知風氣固亦惟人所轉移。

魏志毛玠傳玠嘗爲東曹椽、與崔琰並典選舉、其所舉用、皆清正之士、雖於時有盛名而行不由本者、終莫得進、務以儉率人、由是天下之士、莫不以廉節自勵。

通鑑二百二十五大曆十二年夏四月壬午、以太常卿楊綰爲中書侍郎、禮部侍郎常衮爲門下侍郎、並同平章事、綰性淸儉簡素、制下之日、朝野相賀、郭子儀方宴客、聞之、減坐中聲樂五分之四、京兆尹黎幹騶從甚盛、卽日省之、止存十騎、中丞崔寬第舍宏侈、亟毀撤之。

至如武侯佐蜀、宣公相唐、遺表矢無贏財、史徵其實、饋遺一皆拒絕、詔知其清、偉人長德、其高潔之出於至誠者、信當時而垂弈世、則有守而又有猷爲、非徒以廉靖鎭俗矣。

蜀志諸葛亮傳亮自表後主曰、成都有桑八百株、薄田十五頃、子弟衣食、自有餘饒、至於臣在外任、無別調度、隨身衣食、悉仰於官、不別治生、以長尺寸、若臣死之日、不使內有餘帛、外有贏財、以負陛下、及卒、如其所言。

通鑑三百三十四貞元九年、上使人諭陸贄曰、卿清愼太過、諸道饋遺、一皆拒絕、恐事情不通、如鞭靴之類、受亦無傷、贄上奏曰、監臨受賄、盈尺有刑、（胡注律諸監臨之官受所監臨財物者、一尺笞四十、諸監臨主司受財而枉法者、一尺杖一百）至於士吏之微、尙當嚴禁、矧居風化之首、反可通行、賄道一開、展轉滋甚、鞭鞾不已、必及金玉、目見可欲、何能自窒於心、已與交私、何能中絕其意、是以涓流不絕、溪壑成災矣、又曰、若有所受、有所却、則遇却者疑乎見拒而不通矣、若俱辭不受、則咸知不受者乃其常理、復何嫌阻之有乎。

孟子曰、無恆產而有恆心者、惟士爲能、歷代士風雖隆汚不一、而以其習於教訓、愼於名檢、與商賈、胥吏殊科、有時以士人治財務而見特效、劉晏之治鹽運、湘軍之舉釐金、皆得士力、原士之多廉者、浸淫漸漬於儒史之化也、此又治史者所當深察也。

通鑑二百二十六劉晏常以爲辦集衆務在於得人故必擇通敏精悍廉勤之士而用之至於句檢簿書出納錢穀必委之士類吏惟書符牒不得輕出一言常言士陷贓賄則淪棄於時名重於利（此亦可見唐時風化）故士多清修吏雖潔廉終無顯榮利重於名故吏多貪污。

王闓運湘軍志籌餉篇刑部侍郎雷以諴治軍揚州用錢江謀奏榷商稅關稅正則本千而取三榷之廛肆則入千而取十謂之釐金言金取一釐也釐金雖始於揚州然無所得（蓋雷所用者多官吏徒以滋弊）曾國藩克武昌下九江乃令胡大任何玉棻孫謀於漢口行之姦民訴之總督下檄名捕大任等大任者禮部主事故國藩亦移咨楊霈爭之霈不得已委過藩司未幾武昌漢口復陷而湖南釐局興矣郭嵩燾尤喜言釐金始倡用士人使其弟佐總局而府縣釐局皆舉貢生員（彼時舉貢生員皆讀孔孟書不染胥吏商賈之習故能奏效）商民便之院司雖或委員總成列銜而已（實則湘軍成功多由士學不止於辦釐金專用士人淮軍不逮湘軍以其將領不皆士也然李鴻章師友曾左猶足爲晚清偉人士學之效如是）

古之爲學自童時舞勺舞象學射御長而學干戈羽籥習射習鄉不惟以諷誦爲事也孔子謂立於禮成於樂又曰執御乎執射乎至孟子始專言誦詩讀書荀子曰學惡乎始惡乎終曰其數則始乎誦經終乎讀禮（勸學篇）於禮言讀與孔子之執禮已不盡同呂氏春秋尊師亦曰疾諷誦問書意後世之學偏重讀書所由來遠矣漢法學僮能諷書九千字以上乃得爲吏司馬遷十歲則誦古文東方朔雖嘗學擊劍及孫吳兵法戰陣之具鉦鼓之敎然所自詡者在能誦若干萬言

漢書東方朔傳年十二學書三冬文史足用十五學擊劍十六學詩書誦二十二萬言十九學孫吳兵法戰陣之具鉦鼓之敎亦誦二十二萬言凡臣朔固已誦四十四萬言（學兵法亦是讀書趙括徒讀父書可與朔言相證）

故董遇教學者初不爲講解第曰讀書百徧而義自見。

三國志王肅傳注董遇性質訥而好學人有從學者遇不肯教而云必當先讀百徧言讀書百徧而義自見。

鍾會自述四歲讀孝經至後按年讀諸經可以見其時士大夫家教子弟之程序。

三國志鍾會傳注會爲其母傳曰夫人性矜嚴明於教訓會雖童稚勤見規誨年四歲授孝經七歲誦論語八歲誦詩十歲誦尙書十一誦易十二誦春秋左氏傳國語十三誦周禮禮記十四誦成侯易記十五使入太學。

以段玉裁十三歲所讀書證之漢魏及淸世家之教讀書前後一軌而天資之高者十三四歲卽能讀若干古書初不損其腦力也。

段玉裁朱子小學跋乾隆丁卯余年十三先君子授以小學是年應學使者童子試試之日能背誦小學四子書詩書易周禮禮記春秋左氏傳吏部侍郎尹公元孚爲孺子可教賜飯寵異之。

六代以降世益尙文詞之美科舉考試競於文藝韓愈自述其學曰非三代兩漢之書不敢觀（答李翊書）又曰上規姚姒渾渾無涯周誥殷盤佶屈聱牙春秋謹嚴左氏浮誇易奇而法詩正而葩下逮莊騷太史所錄子雲相如同工異曲（進學解）柳宗元曰文者以明道是固不苟爲炳炳烺烺務采色誇聲音而以爲能也又曰本之書以求其質本之詩以求其恆本之禮以求其宜本之春秋以求其斷本之易以求其動此吾所以取道之原也參之穀梁氏以厲其氣參之孟荀以暢其支參之莊老以肆其端參之國語以博其趣參之離騷以致其幽參之太史以著其潔此吾所以旁推交通而以爲之文也（答韋中立書）故雖專尙文章去古益遠而其根本仍在讀書且所讀惟周秦兩漢之書此豈迷信及功令使然其必出於

讀、及、惟此是讀者實經若干時代若干人物選擇考慮知他途之不逮是也。

宋以來學者讀書之程序見於程端禮讀書分年日程。大抵先讀朱子小學、次讀大學論語孟子中庸。次讀孝經易書詩儀禮禮記春秋經及三傳。次看通鑑、讀韓文、讀楚辭。其言讀法尤詳

讀書分年日程、日止讀一書、自幼至長皆然、隨日力資性、自一二百字漸增至六七百字、日永年長、可近千字而已、每大段內必分作細段、每細段必看讀百徧、倍讀百徧、又通倍讀二三十徧、（如此用工、便可終身不忘）後凡讀經書倣此。　每夙興、即先自倍讀已讀冊首書至昨日所讀書一徧、內一日看讀、一日倍讀、生處誤處記號以待夜間補正徧數、其間日看讀、本爲童功文理未通誤不自知者設、年十四五以上者、只倍讀、師標起止於日程空眼簿、凡冊首書爛熟、無一句生誤、方是工夫已到、方可他日退在夜間與平日已讀書輪流倍溫、如未精熟、遽然退混諸書中、則溫倍漸疏、不得力矣、凡倍讀熟書、逐字逐句、要讀之綏而又綏、思而又思、使理與心浹、朱子所謂精思、所謂虛心涵泳、孔子所謂溫故知新、以異於記問之學者、在乎此也。

數百年間。塾師之教、雖不盡同、大都先倍誦而後理解。世多病其戕賊兒童、不知人生數十寒暑、惟童時記憶力最強、前人深知此意、利用天機、不使浪費、而多讀有用之書、如農種穀、非朝蒔而暮穫、必俟秋至而後豐收、如賈儲金、非旦入而夕支、必俟年久而得厚利。且其法抑人浮躁、勉使沈潛、養其恆心、歸於篤實、故對所讀之書、能切實從事。者長而執業服務、求所未知未能之學、即亦不憚繁難、而必求其精當、養成良好之心習、實基於讀書。焉自漢以來、經師文士、層出疊進、傳世名家、各有獨造者、以其讀之熟也。且自羣經之外、天文曆算、地記史志、醫藥方術、名著如林、非科目所必治、非學校所嘗授、而爲之者、光溢前史。蓋讀書之習、既成、弓冶箕裘、知類通達、故能就其性之所近、銳精赴之也（例如唐有三史科、宋則無此科目、

然宋人史學最精史部撰著最富可以爲證）夫漢唐迄清政法禮樂遠不及古交通物質又不逮今而崛起競興而爲名臣名將循吏名賢者項背相望其原因固不一蓋必有一總因爲此千數百年之中人物所自出此總因者何讀書也其讀書之法等於儲金年愈久而利愈厚相率而支用不窮也名人傑出者無論卽村塾童稚家庭婦女所誦不多而寸語片言深入心坎觸事値機咸悟其用吾國人多明理殆基於此衡其所讀固似遠於治生常識及科學工藝之初基然政治（如曰政者正也及爲政在人）經濟（如曰不患寡而患不均不患貧而患不安及生財有大道生之者衆爲之者疾諸語）倫理（如爲人君止於仁爲人臣止於敬爲人父止於慈爲人子止於孝與國人交止於信之類）教育（如學而時習之有教無類之類）種種要言及歷史之經驗卽所謂歷史哲學者皆儲之兒童腦中自通都大邑及於邊鄙鄉村積千百年之教化纚纚相承當時習之者不之覺今日反之者亦不之察苟靜思之謂吾國舊教育乃舉今日大學校中人文科學之各種原理原則納之於兒童教育之中不亦奇耶唐仇士良教其徒勿令人主讀書初不料清季以來之言教育者乃持仇士良之術以對吾四萬萬之主人翁也

通鑑二百四十七會昌三年六月癸酉仇士良以左衞上將軍內侍監致仕其黨送歸私第士良教以固權寵之術曰天子不可令閑常宜以奢靡娛其耳目使日新月盛無暇更及他事然後吾輩可以得志愼勿使之讀書親近儒生彼見前代興亡必知憂懼則吾輩疏斥矣其黨拜謝而去

孔門重博學儒行言強學（夙夜強學以待問）董仲舒論學謂事在彊勉

漢書董仲舒傳曰非大亡道之世者天盡欲扶持而安全之事在彊勉而已矣彊勉學問則聞見博而知益明彊勉行道則德日進而大

有功此皆可使還至而立有效者也。

頗似前人立教專強人所難。實則古之教義最重因材而篤。即讀書而論。亦非專舉上智以督人。敏睿之資如鍾會段玉裁者。十三四歲已徧誦羣經。此爲特出之人而非定制。所望定制則爲中人計。不強以讀多書。兒童必讀者。蓋惟孝經論語。（漢昭帝年十三通保傅傳孝經論語尚書。宣帝年十八師受詩論語孝經。均著帝紀。可見漢時孝經論語爲自天子至於庶人所通習。唐試童子科者。十歲以下能通一經及孝經論語。卷誦文十通予出身。國子生習孝經論語限一年業成。見唐志及六典）長而治經。則止限一經或二經。漢之博士。各授一經。守其家法。傳其章句。已足爲學。唐分大中小經。（禮記左氏春秋爲大經。周易毛詩周禮儀禮爲中經。尚書春秋穀梁公羊爲小經）國學生治一大經。即不兼他經。中小經乃使兼習。許鄭賈孔諸通儒。俟其自求。非懸格以相強也。明代至清乾隆中葉。試士以經分房。士子各占一經。其通習者四子書耳。上智不加限制。（分經試士時。亦有兼治五經得第者）羣材皆可勉爲。前人制事之準情理若是。徒以上智無多。而常人不可不詔以困勉。困勉則可與生知安行者平等。而天下皆無棄材。必待其有興味而自求。率不免於時過而後學。且於讀書縱其惰性。何能期其涖事必矢恆心講求。教化其亦深慮及此乎。清初顏元李塨。有鑒於宋明以來專知讀書之弊。欲反之於周官三物之教。其實顏李之學。正由讀書得來。眞讀書者。自知盡己及人物之性。昔之教也偏於盡人。今之教也偏於盡物。由周官而通之。諷誦必兼六藝。即知格致。亦必讀書矣。

任何國族之心習。皆其歷史所陶鑄。惟所因於天地人物者有殊。故演進各循其軌轍。吾之立國。以農業。以家族。以士大夫之文化。以大一統之國家。與他族以牧獵。以海商。以武士。以教宗。以都市。演爲各國並立者孔殊而其探本以爲化亦各有其獨至驟觀之若因循而不進若陳腐而無當又若廣漠而不得要領深察之則其進境實多（如疆域之推廣種族之鎔化物產之精製文藝之深造等）而其本原不二近世承之宋明宋明承之漢唐漢唐承之周秦其由簡而繁或由繁而簡者固由少數聖哲所創垂要亦經多數人民所選擇此史遷治史所以必極之於究天人之際也大學曰物有本末事有終始知所先後則近道矣又曰其本亂而末治者否矣吾之人本主義即王氏所謂合全國爲一道德之團體者過去之化若斯未來之望無旣通萬方之略弘盡性之功所願與吾明理之民族共勉之

民國三十七年二月發行
民國三十七年二月初版

大學用書 國史要義（全一冊）

定價國幣八元二角
（郵運匯費另加）

著者 柳詒徵

發行人 中華書局股份有限公司代表 李虞杰

印刷者 上海澳門路八九號 中華書局永寧印刷廠

發行處 各埠中華書局

（一三五二三）

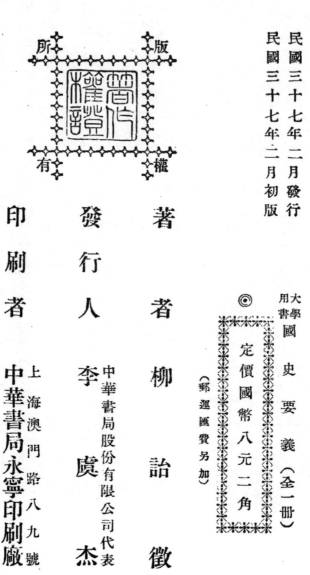